Entre modernité et postmodernité, cette collection d'essais a pour vocation première d'encourager des réflexions originales sur l'avenir d'une civilisation caractérisée par les interactions entre traditions et technosciences.

NOUVEAUX FRONTS ÉCOLOGIQUES

Essais d'éthique environnementale et de philosophie animale

DANS LA MÊME COLLECTION

Activité physique et exercices spirituels. Essais sur la philosophie du sport, D. Moreau et P. Taranto (éd.), 2010.

CHABOT P., *La philosophie de Simondon*, 2003.

COURTINE-DENAMY S., *Le souci du monde. Dialogue entre Hannah Arendt et quelques-uns de ses contemporains*, 1999.

DALED P. F., *Le matérialisme occulté et la genèse du sensualisme : Écrire l'histoire de la philosophie en France*, 2005.

FISETTE D. et POIRIER P., *Philosophie de l'esprit. État des lieux*, 2002.

GATEAU V., *Pour une philosophie du don d'organes*, 2009.

GOFFETTE J., *Naissance de l'anthropotechnie : De la médecine au modelage de l'humain*, 2006.

GOFFI J.-Y., *Regards sur les technosciences*, 2007.

HOTTOIS G., *Essais de philosophie bioéthique et biopolitique*, 1999.

– *Pour une métaphilosophie du langage*, 2000.

– *La science entre valeurs modernes et postmodernité*. Conférence au Collège de France, 2005.

– *Species technica*. Suivi d'un *Dialogue philosophique autour de* Species technica *vingt ans plus tard*, 2002.

KAPP E., *Principes d'une philosophie de la technique*, traduit de l'allemand et présenté par G.Chamayou, 2007.

L'homme-machine et ses avatars. Entre science, philosophie et littérature. XVIIe-XXIe siècles, D. Kunz Westerhoff et M. Atallah (dir.), 2011.

Les philosophes et la technique, P. Chabot et G. Hottois (dir.), 2003.

Narration et identité. De la philosophie à la bioéthique, M.-P. Pinsart (éd.), 2008.

PERBAL L., *Gènes et comportements à l'ère post-génomique*, 2011.

PINSART M.-G., *Hans Jonas et la liberté : Dimensions théologiques, ontologiques, éthiques et politiques*, 2002.

QUELQUEJEU B., *Sur les chemins de la non-violence. Études de philosophie morale et politique*, 2010.

Regards critiques sur le principe de précaution. Le cas des OGM, A. Marciano et B. Tourrès (éd.), 2011.

ROBINET A., *La justice et la terreur : Leibniz et le principe de raison*, 2001.

– *Le sera : Existiturientia* (G.W. Leibniz), 2004.

– *Les signes et l'insignifiant*, 2005.

– *L'il a été : Destin et liberté*, 2006.

Socrate pour tous : Enseigner la philosophie aux non-philosophes, J. Ferrari, P. Kemp, D. Evans (dir.), 2003.

Techniques et philosophies des risques, C. Kermisch, G. Hottois (éd), 2007.

VAN-SEVENANT A., *Philosophie de la sollicitude*, 2001.

Pour Demain

NOUVEAUX FRONTS ÉCOLOGIQUES

Essais d'éthique environnementale et de philosophie animale

par

Hicham-Stéphane AFEISSA

PARIS
LIBRAIRIE PHILOSOPHIQUE J. VRIN
6, Place de la Sorbonne Ve

2012

Imprimé en France

ISSN 0180-4847

ISBN 978-2-7116-2435-5

www.vrin.fr

INTRODUCTION

L'éthique environnementale, telle qu'elle s'est constituée comme champ d'investigation philosophique au début des années 1970, est une entreprise qui vise à déterminer les conditions sous lesquelles il est légitime d'étendre la communauté des êtres et des entités à l'endroit desquels les hommes doivent se reconnaître des obligations, de la forme de vie animale la plus fruste à l'ensemble des écosystèmes qui composent notre environnement naturel.

Dans le contexte de la philosophie anglo-saxonne où elle a émergé, l'éthique environnementale a d'abord été une forme d'éthique appliquée au domaine particulier de l'environnement, prenant place à côté de l'éthique appliquée des affaires, de l'éthique appliquée d'entreprise, et autres éthiques d'accompagnement du développement industriel. Mais à la différence de ces dernières, l'éthique environnementale a rapidement été contrainte à plus de radicalité, et à ne pas se préoccuper exclusivement des conditions de mise en application de diverses théories normatives disponibles, au profit d'un questionnement portant sur les conditions sous lesquelles une morale comme telle peut être constituée, du type d'obligation qu'elle est censée prescrire, du genre de preuve qu'on est en droit d'attendre de sa part, de l'aide qu'elle est capable d'apporter dans le processus de décision, des critères que doit satisfaire un être ou une entité pour faire l'objet d'une considération morale, etc. – problèmes de *fondement* qui relèvent de ce que l'on a appelé la « méta-éthique », où tous les présupposés, tous les énoncés, toutes les hypothèses constitutives de la philosophie morale sont mis à plat et examinés.

Ce nouveau courant philosophique a d'abord eu assez mauvaise presse en France, et il a reçu, dans quelques autres pays du continent européen, un accueil qui, pour être dans l'ensemble plus favorable, est demeuré néanmoins assez réservé. L'histoire, qui reste à écrire, de la réception manquée, ou en tout cas différée, de l'éthique environnementale pourrait sans doute se raconter sous la forme d'une chronique des partis pris polémiques et des imprécations tonitruantes à quoi elle s'est limitée dans une certaine mesure, surtout en France[1] – même s'il y aurait quelque injustice à l'y réduire, car certaines voix se sont très tôt élevées – discrètes mais insistantes – pour proposer une interprétation plus charitable du courant de pensée incriminé, tandis que d'autres voix se faisaient entendre au même moment pour rappeler que des théoriciens tels qu'Edgar Morin, René Passet ou André Gorz n'entretenaient pas le moindre rapport avec les filiations idéologiques douteuses dans le prolongement desquelles l'éthique environnementale était censée s'inscrire.

Mais cette histoire pourrait aussi s'écrire sous la forme du récit d'un différend portant sur le fond de l'affaire, qui aurait eu pour effet, sinon de fragiliser en son principe même toute entreprise d'éthique environnementale, à tout le moins de mettre en question la manière dont ce projet a été pris en charge. De ce point de vue, il conviendrait de se référer à la tentative d'explication poursuivie depuis les années 1980 sous la plume des philosophes anglo-saxons qui ont saisi l'occasion, selon des stratégies variées, d'élucider les attendus qui, pour le meilleur et pour le pire, ont créé au sein de la « pensée continentale » un climat intellectuel défavorable à la cause d'une philosophie écologique, en vue de déterminer les exigences théoriques auxquelles le programme d'une éthique environnementale doit satisfaire pour faire la preuve de sa consistance et de sa crédibilité. C'est ainsi qu'a été évalué, avec une remarquable honnêteté intellectuelle, tout le parti pouvant être légitimement tiré de l'analyse critique que certaines « philosophies continentales » (avec primauté de la déconstruction de Jacques Derrida et de la théorie critique de Jürgen Habermas) permettent d'exercer à l'encontre des concepts que l'éthique environnementale place au centre de toutes ses élaborations[2].

1. Nous nous y sommes essayés brièvement dans le premier chapitre de *La communauté des êtres de nature*, Paris, Editions MF, 2010, p. 24-32.

2. La critique a essentiellement portée sur les concepts mêmes de « nature » et de « nature sauvage », dont l'on s'est demandé s'ils étaient plus et autre chose que le résultat de constructions sociales et linguistiques fluctuantes. C'est également dans cet esprit que le reproche de « naturalisme » a pu être adressé aux théoriciens d'éthique environnementale, tant sur le plan méta-éthique (en raison du passage abusif du descriptif au normatif), que sur le plan métaphysique (en raison d'une essentialisation de la nature). Pour une mise au point récente portant sur ce reproche de « naturalisme », voir C. Larrère, « Nature et naturalisme dans les éthiques environnementales », dans S. Haber et A. Macé (éd.), *Anciens et modernes par delà nature et société*, Besançon, Presses Universitaires de Franche-Comté, Besançon, 2012, p. 187-211. La bibliographie raisonnée en fin de volume fournit les références des principaux textes qui ont alimenté ce débat.

Enfin, dans le style cette fois-ci d'une histoire-fiction, il serait loisible d'imaginer que la réception critique des problématiques environnementales – ou plutôt leur non réception, puisque dans cette hypothèse de lecture, les textes font défaut : le débat n'a tout simplement pas eu lieu – pourrait être directement liée à l'identification de ces dernières à des formes résurgentes idéologiques, dont l'analyse et la dénonciation constituent précisément le premier objet de la vigilance républicaine, comprise comme nouvelle responsabilité historique des intellectuels. Même si une telle critique, de fait, n'a pas été élaborée, et même si elle n'a, par conséquent, aucun titre à figurer dans les archives de l'histoire de la réception de l'éthique environnementale en France, il nous semble toutefois qu'elle vaut d'être examinée de près dans la mesure où s'y trouvent réunis les motifs de résistance les plus profonds et peut-être les plus durables à l'endroit du genre de questionnement que promeuvent de nos jours les penseurs de l'environnement. C'est donc vers cette histoire-fiction que nous allons nous tourner ici, dans l'espoir de vaincre de telles résistances et d'inviter les penseurs de bonne volonté à prendre position au sein des nombreux débats qui agitent aujourd'hui le domaine de la philosophie de l'environnement – ces *nouveaux fronts écologiques* qui nous paraissent définir l'horizon philosophique de notre modernité.

Aux fins de conduire notre analyse, nous recourrons dans ce qui suit aux outils conceptuels et à la lecture de la modernité auxquels les travaux de Marcel Gauchet ont donné la plus grande rigueur théorique, depuis la publication en 1985 du *Désenchantement du monde* jusqu'à celle de *L'avènement de la démocratie*, dont le troisième et avant-dernier tome est paru en 2010[1].

Dans la perspective très large qui aura toujours été celle de Marcel Gauchet et qui aura conféré une cohérence à son travail aux multiples orientations – à savoir celle d'une philosophie politique visant à rendre intelligible la genèse de la démocratie –, la dynamique occidentale qui a conduit historiquement à l'État démocratique moderne chargé de la

1. M. Gauchet, *Le désenchantement du monde. Une histoire politique de la religion*, Paris, Gallimard, 1985, et *L'avènement de la démocratie* : 1) *La révolution moderne*, 2) *La crise du libéralisme*, 3) *A l'épreuve des totalitarismes*, parus entre 2007 et 2010, quatrième tome à paraître. Parmi les autres auteurs dont l'approche nous paraît partager une même inspiration – sans préjudice des réelles différences théoriques qui les séparent par ailleurs –, il conviendrait de citer F. Furet, P. Manent, M. Ozouf, P. Raynaud et P. Rosanvallon. La revue *Le Débat*, que dirigent M. Gauchet et P. Nora, et la Fondation Saint Simon, sont les lieux d'élection où cette pensée s'est développée.

fonction gouvernementale et légitimé par la souveraineté populaire, comprend schématiquement deux stades.

Le premier stade est constitué par le passage de l'État monarchique et de droit divin à l'État administratif moderne qui retire aux diverses communautés la tâche de gouverner leurs membres, en « désaffiliant », pour ainsi dire, les sujets et en leur conférant le statut d'« individus » autonomes dont l'État est en mesure de garantir l'identité. Au centre de cette transition historique majeure que Gauchet s'est employé à reconstituer patiemment, se trouve une métamorphose de ce qu'il appelle le « lien de société ». La société féodale apparait comme une société hautement hiérarchisée, multipliant entre les hommes les liens de dépendance – qu'ils soient de parenté, de lignage, de vassalité – et par là même les distinctions – de richesse, de puissance, de classes et de castes –, organisée autour d'une multiplicité de communautés, de corporations, de fiefs et de principautés territoriales doués d'une relative autonomie gouvernementale. Au sein de cette société, le roi est « un échelon privilégié dans la hiérarchie des puissances, le médiateur reliant au principe invisible la chaîne visible des communautés naturelles, pourvues chacune de leur cohésion propre »[1]. L'ordre qui préside à la vie des hommes en commun est effectué du dehors, selon une logique d'hétéronomie conférant à cette société trois caractéristiques essentielles : l'extériorité du fondement, l'intangibilité de la règle et l'unité du groupe[2].

Extériorité du fondement car la Loi vient d'en haut, et est d'origine divine. *Intangibilité de la règle* car toute l'action des hommes est encadrée par une Loi omniprésente et perpétuelle, sans qu'il leur soit possible de définir, de modifier ou de contrôler cet ordre immuable. Nul ne peut inventer un chemin solitaire, chacun sait comment se conduire et tenir sa place parmi ses semblables. Aussi n'existe-t-il pas à proprement parler, dans ce type de sociétés, d'« individus » capables de déterminer leurs actions indépendamment de l'ordre social auquel ils sont soumis – l'identité est affaire non pas de psychologie ou de caractère, mais plus simplement de fonction sociale. *Unité du groupe* car, dans la mesure où l'autorité qui commande la société lui est complètement extérieure, et qu'aucun membre ne peut prétendre parler ni édicter des lois en son nom – pas même le Roi, dont l'autorité « de droit divin » ne l'autorise pas à modifier *ad libitum* les règles de la collectivité –, il en résulte paradoxalement une situation

1. M. Gauchet, *Le désenchantement du monde*, *op. cit.*, p. 249.
2. *Ibid.*, p. 20.

d'égalité, au sein de cette société pourtant profondément inégalitaire, et un sentiment communautaire très puissant.

Le second stade se caractérise par ce que l'on pourrait appeler l'invention de l'autonomie ou l'avènement de l'individu. La collectivité en est venue à réclamer et finalement à obtenir l'essentiel de la souveraineté en s'appropriant le privilège de légitimer les fonctions gouvernementales de l'État. Le fondement du pouvoir n'est plus d'origine divine, mais terrestre, il procède de l'association volontaire des hommes, dont les théories du contrat livrent alors la version philosophique. Le Prince ou le souverain se substitue à la figure du Roi, et il devient le mainteneur exclusif par la volonté duquel existe une collectivité politiquement liée. « Il se voit attribuer », écrit Gauchet, « le monopole d'un lien de société sans plus rien de commun en son essence avec la cohésion spontanée que créent les liens du sang, du sol ou de la corporation ». A la pluralité ordonnée des communautés et des corps, poursuit-il, le souverain tend idéalement à substituer l'unité réfléchie d'un être collectif primitivement constitué à partir de la volonté de société de ses membres individuels. L'ordre qui préside à la vie des hommes en commun n'est plus une donne qui leur viendrait du dehors : « il faut vouloir le faire être pour qu'il soit, il suppose l'effort intentionnel d'une puissance entièrement dévouée à ce dessein et parfaitement libre de ses moyens et de ses mouvements pour se perpétuer » [1]. On entre alors dans l'ère de la représentation politique, où le souverain est l'instrument du rapport de la communauté humaine à elle-même, l'instance spécialisée au travers de laquelle la communauté accède à la subjectivité, l'opération unifiante du souverain la faisant se correspondre à elle-même dans toutes ses parties et coïncider avec son principe instituant – son pacte fondateur – qu'elle contient tout entier en elle-même.

Apparaît du même coup un nouveau problème politique : comment garantir l'unité de l'ensemble social ? Car le monde où l'union intime du pouvoir et de la société s'effectue par l'opération de la volonté souveraine est un monde où la pensée de la société selon l'origine et la définition de la bonne forme politique comme réitération du pacte primordial n'offrent pas de sens à l'unité du groupe : la construction politique moderne apparaît à ses membres comme étant à la fois artificielle (puisque le contrat social est censé sortir les hommes d'un hypothétique « état de nature ») et abstraite (puisqu'elle repose sur un contrat). D'où résulte inéluctablement une aliénation inédite de cette figure de la subjectivité qui réduit les individus à

1. M. Gauchet, *Le désenchantement du monde*, *op. cit.*, p. 249.

la fonction de mandants et d'administrés, sans leur fournir en contrepartie la possibilité de faire une expérience significative de la souveraineté et de leur appartenance au groupe social. L'entrée dans la modernité politique se caractérise donc par l'appropriation monopolistique par l'État de l'institution du lien de société, et corrélativement par le démembrement des anciens îlots de socialité et la dissolution de l'organicité du lien communautaire, par où s'explique, selon Gauchet, que les sociétés démocratiques soient des sociétés de faible cohésion, où l'individu a la possibilité de se désintéresser de la vie collective en s'abstenant de participer aux élections, en se retranchant dans la sphère privée, en se déclarant indifférent au sort commun[1].

C'est dans ce contexte de démembrement des communautés filiatives, affiliatives et locales, qu'ont pu émerger hier les États « idéologiques » nationalistes et fascistes restituant l'expérience d'une communauté originaire (soudée par la terre, le sang, les mythes), et que peuvent se multiplier aujourd'hui les mouvements féministes, minoritaires et écologiques – l'identité des femmes et des minorités se situant à mi-chemin entre celle d'un peuple et celle d'une classe, tandis que les amis de la terre se verraient à la fois comme ses enfants et ses protecteurs affiliés. Les deux totalitarismes – fascisme et communisme – sont deux tentatives de restaurer une unité sociale là où la division menace par un procédé commun qui consiste à riposter à la déliaison des individus en reconduisant l'ancienne subordination de la société à une visée organisatrice une fois pour toutes définies du dehors par la force et l'autorité[2]. Comme le dit Gauchet, le principe même de la visée totalitaire est d'« obtenir en pratique l'équivalent de l'ordre ancien par les moyens du moderne »[3], par le maintien d'une armature communautaire et hiérarchique qui continue de prêter vie et sens, ici aux supériorités aristocratiques, là au commandement militaire, ailleurs aux obligations de famille, autre part encore à l'intangibilité des corporations. Certes, les moyens ne peuvent plus être les mêmes car les appartenances anciennes n'ont plus d'efficace. Il serait vain de vouloir ressusciter le village, la famille ou le corps de métier. « Ce n'est qu'au niveau de la grande société », écrit Gauchet, « celle où l'histoire se joue, que l'absorption de soi

1. Voir M. Gauchet, « Pacification démocratique, désertion civique » (1990), repris dans *La démocratie contre elle-même*, Paris, Gallimard, 2002, p. 176-98.

2. Les analyses les plus poussées de Gauchet sur ce point se trouvent désormais dans le tome 3 de *L'avènement de la démocratie*, *op. cit.* Voir aussi « L'expérience totalitaire et la pensée de la politique » (1976), repris dans M. Gauchet, *La condition politique*, Paris, Gallimard, 2005, p. 433-464.

3. M. Gauchet, *A l'épreuve des totalitarismes*, *op. cit.*, p. 49.

dans le collectif peut trouver, désormais, un débouché à la hauteur de ses espérances », et c'est pourquoi les visées totalitaires ont pour spécificité de se présenter sous la forme d'idéologies proposant « une vision de l'histoire érigeant le moment présent en un moment à part, unique, décisif dans l'histoire : ou bien celui de son achèvement, ou bien celui de l'arrachement à son règne, compris comme une illusion temporaire, au profit du renouement de continuité avec l'ordre éternel des sociétés humaines et les lois immuables de la domination »[1].

Telle est en son fond l'ambition de l'entreprise totalitaire, et telle est la raison de son apparition dans notre modernité politique : il s'est agi de rendre le politique coextensif au social, d'assurer la présence la société entière auprès du pouvoir, de restituer aux individus une carte praticable de leur monde et leur permettre de se sentir à nouveau membres d'un corps collectif. « C'est, en un mot, établir – ou rétablir – cette société digne de ce nom que la société disloquée, éparpillée, atomisée qu'est la société libérale, ne peut en aucun cas prétendre être.[2] » Le sens ultime des entreprises totalitaires réside dans le dessein de reconstituer les rouages de l'unité de l'intérieur et à partir de la modernité individualiste, égalitaire, représentative, comme s'il était possible de renouer avec l'appartenance organique à partir de la mobilisation des individus et de la convergence de leurs volontés. De là l'enthousiasme qu'elles ont suscité en leur temps, par la promesse enivrante de ramener à l'existence la communion de toutes les parties de la collectivité.

De ce point de vue, il semble que l'environnementalisme moderne, en certaines de ses versions, participe à sa manière des mêmes formations idéologiques à prétention totalitaire en ceci qu'il offre lui aussi de restaurer l'expérience d'une inclusion communautaire et de la conjonction hiérarchique, passant par le rapport à la Terre, par un enracinement naturel, dont l'on pourrait trouver certaines prémices dans le courant « *völkisch* » et le biologisme à la fin du XIXe siècle en Allemagne[3]. Ici aussi il est question d'un ajustement de la partie au tout, d'une entière adéquation du collectif à une loi fondatrice venue du dehors, de l'organicité du lien communautaire enfin rétablie. De quoi est-il question, pour prendre un exemple précis, dans l'écocentrisme de John Baird Callicott si ce n'est de l'expérience d'un emboîtement de diverses « communautés » auxquelles un être peut

1. M. Gauchet, *A l'épreuve des totalitarismes*, *op. cit.*, p. 532 et p. 543.

2. *Ibid.*, p. 533.

3. Sur ce point, voir M. Gauchet, *A l'épreuve des totalitarismes*, *op. cit.*, p. 198 *sq.* Soulignons que l'auteur ne fait pas lui-même ce rapprochement.

appartenir simultanément, et qui est censé tirer de cette dépendance même la règle de son agir?

Callicott distingue trois types fondamentaux de « communautés » en les disposant les unes par rapport aux autres à l'intérieur de cercles concentriques[1]: le premier cercle, autour duquel s'enrouleront tous les autres, correspond à la communauté que nous formons avec les membres de notre famille, avec nos amis, nos voisins, nos concitoyens, nos compatriotes, nos compagnons d'humanité; le second correspond à la communauté que nous formons avec ces êtres hybrides que sont les animaux de compagnie, les animaux domestiques ou de jardins zoologiques, les animaux d'élevage, etc., qui ne sont pas membres à proprement parler des communautés sociales humaines, mais qui n'évoluent pas non plus au sein d'écosystèmes naturels; le troisième correspond à la communauté que nous formons, en tant que « compagnons voyageurs des autres espèces dans l'odyssée de l'évolution »[2], avec un certain nombre d'espèces animales et végétales, avec les écosystèmes qui composent la biosphère et l'écosphère considérées dans leur totalité. Dans la mesure où l'appartenance à une « communauté » – en entendant par là tout ensemble d'êtres ou d'entités interdépendants, de la communauté filiative au phylum en passant par le groupe coopératif et l'association entre êtres vivants[3] – est censée constituer comme telle un critère suffisant de considérabilité morale, le principal problème que doit résoudre une théorie morale de ce type est de savoir comment ordonner de façon hiérarchique les multiples obligations incombant à un agent moral qui est membre simultanément de plusieurs communautés.

1. Modèle fréquemment utilisé en éthique environnementale : voir R. Routley et V. Routley, « Human Chauvinism and Environmental Ethics », dans D. Mannison, M. McRobbie, R. Routley (éd.), *Environmental Philosophy*, Canberra, Australian National University, 1980, p. 107 *sq.*, où il est question d'« *annular picture* » des types d'objets de considérabilité morale, et P. S. Wenz, *Environmental Justice*, Albany, SUNY Press, 1988, p. 310-335.

2. Selon la formule bien connue, à laquelle nous nous référons souvent, de l'ouvrage d'A. Leopold, *Almanach d'un comté des sables suivi de quelques croquis* (1949), trad. fr. A. Gibson, Paris, Flammarion, 2000, p. 145.

3. Conformément à la définition large que donne Callicott du concept de communauté, qui signifie à ses yeux la même chose que « groupe coopératif » ou encore « société », *In Defense of the Land Ethic : Essays in Environmental Philosophy*, Albany, SUNY Press, 1989, p. 64 et p. 80. Il explique encore que le concept de communauté écologique a au mieux un sens « analogique », voire « métaphorique », qui doit être compris en référence aux communautés humaines, *In Defense of the Land Ethic*, *op. cit.*, p. 72-73, et *Beyond the Land Ethic : More Essays in Environmental Philosophy*, Albany, SUNY Press, 1999, p. 131.

La réponse que proposait Callicott, au début des années 1980, consistait à défendre la thèse selon laquelle le bien de la communauté biotique est la mesure ultime de la valeur morale, tandis que la valeur de ses membres individuels est purement instrumentale et est fonction de la contribution qu'ils apportent au maintien de l'intégrité, de la stabilité et de la beauté de la communauté de vie. Le problème était alors de trouver la situation et le point de vue intégrateur permettant d'ordonner les valeurs ainsi trouvées, conformément à la leçon célèbre que tire Aldo Leopold dans l'un de ses récits intitulé « Penser comme une montagne » [1]. Le modèle de compréhension des phénomènes naturels sur lequel l'action devait se régler comprenait donc trois termes : les composantes individuelles, les ensembles systémiques et enfin les processus d'échange, les interrelations, les interdépendances qui lient les multiples éléments des écosystèmes qui composent l'écosphère considérée dans sa totalité.

Mais l'implication immédiate de cette version de la *land ethic*, comme n'ont pas manqué de le faire remarquer pertinemment de nombreux critiques, n'était-elle pas que des membres individuels de la communauté biotique devraient être sacrifiés sans hésitation si l'équilibre global l'exigeait – l'homme y compris ? Une approche qui subordonne le bien de l'individu à celui de l'ensemble de la nature ne prête-t-elle pas le flanc au reproche d'« écofascisme » [2] ? Callicott s'est efforcé de répondre [3] que le fait de fournir la possibilité d'une considération morale des ensembles ne se fait pas nécessairement au détriment des individus. La *land ethic* ne

1. A. Leopold, *Almanach d'un comté des sables*, *op. cit.*, p. 168-73. C. Larrère la résume en ces termes : « S'il semble être de l'intérêt du chasseur de se débarrasser des loups, pour être seul prédateur des cerfs, la pullulation de ceux-ci entraînent des phénomènes d'érosion qui affectent toute la montagne, hommes et cerfs compris. "Penser comme une montagne", c'est comprendre que c'est au niveau de la montagne que l'on peut apprécier les conséquences de la disparition du loup. C'est donc trouver le contexte, dont on fait partie, et dans lequel on peut penser l'action ». Voir C. Larrère, « Ethique et environnement. Peut-on réconcilier humanisme et écocentrisme ? », *Res Publica*, 1999, n°20, p. 43.

2. Les critiques allant en ce sens ont été nombreuses : W. Aiken, « Ethical Issues in Agriculture », dans T. Regan (éd.), *Earthbound : New Introductory Essays in Environmental Ethics*, New York, Random House, 1984, p. 274-88, M. Kheel, « The Liberation of Nature : A Circular Affair », *Environmental Ethics*, 1985, n°7, p. 135-49, F. Ferré, « Persons in Nature : Toward an Applicable and Unified Environmental Ethics », *Ethics and the Environment*, 1996, n°1, p. 15-25, K. Shrader-Frechette, « Individualism, Holism, and Environmental Ethics », *Ethics and the Environment*, 1996, n°1, p. 55-69, T. Regan (le père de l'expression d'« écofascisme »), *The Case for Animal Rights*, Londres, Routledge, 1983, p. 362.

3. Nous suivons presque à la lettre le résumé qu'il donne de sa propre position dans « Environmental Ethics », *Encyclopedia of Bioethics*, W. T. Reich (éd.), New York, Macmillan Library Reference, 1995, vol. 2, p. 683.

remplace ni n'annule les obligations interhumaines antérieures engendrées socialement – obligations à l'endroit des membres de sa famille, de ses voisins, des êtres humains et de l'humanité tout entière. L'évolution sociale humaine consiste en une série d'additions et non pas de substitutions. La sphère morale, dont la circonférence s'agrandit à chaque étape du développement social, ne s'étend pas à la façon d'un ballon, sans laisser de trace de ses limites antérieures; bien plutôt, de nouveaux cercles concentriques s'ajoutent aux précédents, chaque cercle correspondant à une communauté socio-éthique émergente. La découverte de la communauté biotique a simplement pour effet d'ajouter plusieurs nouvelles orbites situées à l'extérieur de la communauté humaine, accompagnées des obligations corollaires concernant les nouveaux membres de la communauté ainsi élargie, tout en laissant intactes nos liens sociaux plus intimes et nos allégeances envers les communautés proches. Par là même, conclut Callicott, il nous est possible de mettre en balance nos devoirs récemment découverts à l'endroit de la communauté biotique et de ses membres avec nos obligations sociales, plus vénérables et plus insistantes, d'une manière qui nous soit entièrement familière, et qui nous paraisse pleinement raisonnable et humaine.

Il n'entre pas dans nos intentions ici d'évaluer la pertinence de cette théorie écocentrique pour elle-même[1], et pas davantage, bien entendu, de reprendre à notre compte les critiques dénonçant le prétendu antihumanisme larvé de l'éthique environnementale[2]. L'intérêt qu'il y a à lire, nous semble-t-il, certaines des propositions des penseurs de l'environnement à la lumière de l'élucidation de la modernité politique élaborée par Marcel Gauchet tient à ce qu'un tel procédé permet de se rendre attentif à la forme dernière, vestigiale, que peut revêtir à notre époque ce que l'auteur du *Désenchantement du monde* a appelé les « religions séculières », en entendant par là les tentatives visant à recomposer l'image d'un ordre laïc en termes d'ordre du dehors, soit par décalque du contenu, soit par emprunt des structures des régimes politiques prémodernes[3]. Il nous paraît que nombre de discours écologiques contemporains sont effectivement tendus vers un idéal d'inclusion communautaire, dont il s'agit à la fois d'élargir

1. Nous avons déjà exprimé nos réserves dans *La communauté des êtres de nature*, *op. cit.*, p. 95-98.

2. Regrettons à ce sujet que M. Gauchet ait ajouté sa voix à ce chœur des critiques dans « Sous l'amour de la nature, la haine des hommes » (1990), repris dans M. Gauchet, *La démocratie contre elle-même*, *op. cit.*, p. 199-206.

3. Sur ce concept voir M. Gauchet, *A l'épreuve des totalitarismes*, *op. cit.*, notamment p. 544 *sq.*

les limites au-delà de l'humanité, et de renforcer l'ordonnancement par référence à un système de régulation externe et transcendant dont l'écologie, comprise comme science qui étudie les interactions entre les organismes, les communautés biotiques et leur environnement, détermine la norme. Mais loin d'y voir un « mirage passéiste »[1], faisant croire de manière illusoire à la possibilité de retrouver l'unité hiérarchique, organique et traditionnelle à partir de l'État-nation souverain, et demandant comme telle à être dénoncée au nom de la vigilance républicaine, nous pensons qu'un tel idéal est pleinement significatif dans la mesure où sa formation procède d'une compréhension renouvelée des modalités de l'existence de l'homme compris comme *habitant du monde*. L'appartenance originaire vers laquelle font signe les discours des environnementalistes, et à laquelle ils s'efforcent de faire droit chacun à leur manière, c'est celle de l'homme au monde qu'il habite : tel est, à nos yeux, le point aveugle du diagnostic formulé par Marcel Gauchet, et tel est le principal intérêt théorique des modernes entreprises environnementalistes.

L'analyse de cette forme récente de pensée, dont il ne nous paraît pas que l'on puisse réellement trouver d'antécédents dans l'histoire des idées[2], demande, pour livrer des résultats pertinents, d'être déplacée sur le terrain d'une réflexion *métaphysique* prenant pour objet la spécificité de la manière dont l'homme se rapporte au monde où il séjourne. Précisons : si la définition de l'homme comme habitant du monde ne constitue pas à proprement parler un apport inédit des philosophies environnementales contemporaines, où elle demeure le plus souvent implicite et inarticulée, et s'il faut chercher les éléments d'une telle conception dans le cadre du criticisme kantien et de la phénoménologie husserlienne – ainsi que nous allons tenter de le montrer brièvement ci-dessous –, il nous semble toutefois que nous devons à la pensée écologique d'avoir révélé toute la portée de cette nouvelle représentation. A défaut de prendre en compte la nouveauté de la détermination de l'homme comme habitant du monde, qui constitue le socle métaphysique de l'environnementalisme contemporain, les critiques cherchant à dénoncer la rémanence, dans cette forme de pensée, de formes idéologiques obsolètes, risquent fort de manquer leur objet.

Qu'est-ce pour l'homme qu'habiter le monde? Aussi massive que puisse paraître cette question, un regard sur l'histoire des idées atteste qu'elle n'a pourtant presque jamais été posée, participant à ce titre au même

1. M. Gauchet, *A l'épreuve des totalitarismes*, *op. cit.*, p. 113.

2. Pour l'établissement de ce point, nous nous permettons de renvoyer à notre essai *Qu'est-ce que l'écologie ?*, Paris, Vrin, 2009.

oubli de l'être qui commande avant tout de ne pas interroger le mode d'existence de cet être dont l'appartenance au monde détermine le trait le plus essentiel. Sans qu'il nous soit loisible, dans les limites de cette introduction, d'apporter toutes les précisions requises, nous avançons la thèse que la philosophie kantienne est la première à mettre un terme à cet oubli de l'être de l'homme, la première à pleinement élucider la condition métaphysique de l'homme comme habitant du monde. Ainsi que nous nous sommes efforcés de le montrer ailleurs [1], la thématique de l'homme comme « habitant du monde » (*Weltbewohner*) apparaît au croisement de ces trois grandes entreprises kantiennes que sont l'élaboration d'une épistémologie de la géographie physique en tant qu'elle comporte nécessairement, selon Kant, un examen des modalités de l'existence de l'homme sur Terre; le projet constamment remis en chantier d'une réfutation de l'idéalisme, qui conduit à définir l'homme par son appartenance au monde, non pas au sens d'une *inclusion* spatiale du sujet dans une sphère plus vaste qui serait le monde, mais au sens d'une subjectivité qui ne peut se définir dans ce qu'elle a de propre qu'au terme d'une certaine *épreuve du monde*; et enfin, la constitution d'une anthropologie pragmatique qui, tout en unifiant les thématiques précédentes les élargit en les intégrant dans la perspective de la destination pratique de l'homme auquel incombe la tâche de réaliser les conditions de son existence mondaine d'agent moral.

Aux fins de la démonstration qui nous intéresse ici, il suffira de se limiter à la leçon à retenir de la réfutation de l'idéalisme. Sommairement résumée, celle-ci avance que, pour que nous puissions connaître notre propre existence, ce qui n'est possible qu'en prenant conscience de soi-même en tant que déterminé dans le temps, il faut nécessairement que soit donnée à notre conscience la présence d'un terme qui soit à la fois doué de permanence et distinct de la seule conscience de soi et de sa forme, terme qui peut servir comme référentiel permettant de situer notre existence dans le temps, de l'ordonner selon l'avant et l'après d'une succession de représentations, et de subsumer cette multiplicité sous une unité. L'extériorité réciproque des parties et leur juxtaposition dans un espace unique offrent précisément à la conscience cette extériorité par rapport à elle-même et à sa temporalité sans laquelle elle ne pourrait pas appréhender les

1. Voir notre étude « L'habitant du monde. Essai d'interprétation d'une thématique kantienne », *Revue philosophique de Louvain*, 2007, t. 105, n° 4, p. 590-625. Nous livrerons bientôt l'intégralité de la recherche que nous avons conduite sur le sujet dans un ouvrage intitulé *L'habitant du monde selon Kant et Husserl*, à paraître chez Vrin.

moments successifs du temps en leurs différents rapports et en l'unité qu'ils forment au sein d'une séquence déterminée de temps. Or la capacité à saisir des objets à l'extérieur de soi est cela même qui définit le sens externe, dont la forme est l'espace. Donc la conscience empirique de soi implique non seulement une extériorité présente dans le sens externe et la référence à un permanent situé en elle, mais encore une priorité de l'expérience externe sur l'expérience interne qui ne peut se saisir elle-même que par la médiation de la saisie des objets dans le monde.

A ce titre, la subjectivité que met au jour l'analyse kantienne est bel et bien, comme l'énonce Kant dans le texte décisif des *Feuillets de Leningrad*, un « être du monde », auquel il faut reconnaître une « existence cosmologique » :

> L'aperception cosmologique, qui considère mon existence comme grandeur dans le temps, me place en rapport avec d'autres choses qui existent, existaient et existeront. (...) Ce n'est que dans la mesure où j'appréhende des objets dans le temps, à savoir des objets de l'espace, que je détermine mon existence dans le temps – il est nécessaire qu'*a priori* je puisse prendre conscience de moi-même comme être en relation avec d'autres choses avant même de les percevoir (...). Je n'ai [donc] pas besoin d'un raisonnement pour (...) conclure à l'existence d'un objet extérieur, puisque celle-ci est indispensable à la conscience de ma propre existence dans le temps, à savoir à la conscience empirique de moi-même (de ma coexistence avec d'autres choses) (...). Je suis immédiatement et originellement conscient de moi-même en tant qu'être du monde [1].

La conscience de soi empirique implique nécessairement la conscience d'un rapport du sujet empirique avec d'autres choses du monde spatio-temporel auquel appartient également le sujet en tant qu'il n'a aucun titre à se soustraire au régime général de l'expérience. Cette conscience d'un rapport avec des réalités intramondaines est dite nécessaire *a priori* pour que le sujet puisse prendre conscience de soi – *a priori* c'est-à-dire qu'elle est indépendante des perceptions effectives du sens externe. C'est pourquoi

1. E. Kant, Du sens interne. Un texte inédit d'Emmanuel Kant (=*Feuillets de Leningrad*), *Cahiers de la revue de théologie et de philosophie*, 1988, n°13, p. 13 recto (lignes 22-35) et verso (lignes 1-5). Texte précieux, qui n'est toutefois pas le seul à énoncer de telles thèses : le terme de *Weltwesen* est employé dans la *Critique de la raison pratique*, dans *La religion dans les limites de la simple raison*, et dans la *Reflexio* 6313. Les références exactes sont données par G. Mohr et G. Seel dans leur édition commentée des *Feuillets de Leningrad*.

il n'est nul besoin de conclure par un raisonnement à l'existence d'objets extérieurs en général. La conscience *a priori* de l'espace définit la présupposition commune à la connaissance des objets extérieurs ainsi qu'à la conscience et à la connaissance empiriques de moi-même. C'est de manière proprement originaire que le sujet se place *a priori* dans l'espace occupé par l'ensemble des objets du monde extérieur, comme un être fondamentalement mondain, c'est-à-dire un être qui est du monde en ce sens où il occupe nécessairement un point dans l'espace. Chose parmi les choses, le sujet prend place dans le même réseau de relations qui relie les choses extérieures les unes aux autres dans le monde. Dire de l'homme qu'il est un être du monde, Kant y insiste, signifie qu'il y a toujours déjà trouvé sa place : « Nous sommes avant tout pour nous-mêmes un objet du sens externe, car autrement nous ne pourrions pas percevoir notre place dans le monde, et ainsi nous percevoir nous-mêmes en relation avec les autres choses [1] ».

Mais si le sujet ne peut avoir conscience de soi qu'en tant qu'être du monde occupant un point de l'espace, cela ne signifie-t-il pas encore qu'il est nécessairement incarné, et que les représentations qui sont les siennes doivent être référées, dans leur intelligibilité dernière, à la localisation spatiale de son corps ? La conclusion est assumée par Kant lui-même dans la suite du texte que nous venons de citer : « L'âme comme objet du sens interne ne peut pas percevoir sa place à l'intérieur du corps, mais se trouve au lieu où se situe l'homme [2] ». Plutôt que de circonscrire la localisation corporelle du sujet pensant à un point donné du corps, ce qui suppose que « je puisse me percevoir moi-même dans une relation extérieure » [3], c'est le corps dans son ensemble qui doit donc devenir le lieu du sujet, parce qu'en l'absence d'un corps, tout le système de détermination temporelle de la conscience de soi serait inopérant.

C'est en ce point précis qu'il y aurait grand intérêt à prolonger la doctrine kantienne du sens interne par la phénoménologie husserlienne du corps, dans laquelle nous chercherons la seconde grande élucidation de la détermination métaphysique de l'homme comme habitant du monde. Une telle thèse, touchant Husserl, ne peut faire sens que si l'on travaille à faire justice de la critique portée à son encontre, au terme de laquelle le sujet

1. E. Kant, *Reflexio*, n°6315, *Kants Gesammelte Schriften*, hrsg. Von der Preussischen Akademie der Wissenschaften zu Berlin, Berlin, 1902, t. XVIII, p. 619. Dans le même sens, dans le même texte : « Je suis moi-même un objet d'intuition externe et sans cela je ne pourrai pas connaître ma position dans le monde », *op. cit.*, p. 620.

2. E. Kant, *Reflexio* n°6315, *op. cit.*, t. XVIII, p. 619.

3. E. Kant, *Metaphysik Λ*, *op. cit.*, t. XXVIII, p. 225 (voir aussi p. 282).

transcendantal husserlien, nonobstant l'intentionnalité de la conscience et la structure d'horizon des visées perceptives, ne pourrait rien savoir du problème du monde et devrait être défini comme un « Moi sans monde ». A l'inverse, une lecture attentive, dont nous ne pouvons ici, une fois encore, que résumer les acquis, pourrait démontrer que Husserl a su poser avec toute la clarté exigible et en toutes ses dimensions constitutives un tel problème : d'une part, en faisant de la présence au monde comme présence du monde un objet d'étude spécifique, en tant que cette présence est tout autre chose que la présence des choses présentes, parce qu'elle est irréductible à la totalité de ce qui est dans le monde ; d'autre part, en révélant que le « sujet » ne fait pas lui-même partie de ce qu'il ouvre et rend accessible, dans la mesure où l'ego transcendantal-charnel, qui est doué d'un système de sensations kinesthésiques, doit nécessairement être distingué de l'ego empirique qui dispose d'un corps à la façon d'une chose parmi d'autres choses intramondaines, et ne peut par conséquent être décrit comme étant «dans» le monde et «dans» l'espace, à la façon justement d'un corps matériel qui s'y laisserait localiser, mais doit plutôt être caractérisé comme se rapportant au monde sur le mode de l'habitation, du séjour ou de la demeure.

C'est chez Husserl que se voient réunies les conditions nécessaires d'une thématisation philosophique d'une appartenance de l'homme au monde, comprise non plus comme l'enveloppement d'un terme par un autre, ou comme l'inscription voire l'emboîtement d'un espace plus petit dans un espace plus grand, mais bien comme la situation ou l'être-situé constitutive de la subjectivité. Séjourner auprès du monde, c'est être présent au monde de telle sorte que cette présence est en même temps ce qui ouvre le monde en faisant place à tout ce qu'il contient. Faisant place à toutes les choses, aucune ne peut plus nous être réservée, au sens où elle nous contiendrait comme une chose parmi d'autres choses. Notre présence séjournante est ainsi totale en ce qu'elle donne la présence à tout, et seulement en un second temps parce qu'elle donne sur tout ce qui est. Nous sommes dans le monde en tant que tel dans la mesure où notre présence dans le monde est en même temps une présence du monde pour nous. Etre présent dans le monde sur le mode de l'habitation, c'est, pour nous, être présent à la présence, à cette présence dans laquelle toutes les choses qui forment le contenu du monde trouvent leur lieu.

C'est Husserl qui, le premier au XXe siècle, ouvre un vaste champ d'enquête portant sur les modalités de l'habitation de l'homme au sein de ce monde dont il fait le lieu de son séjour – enquête relevant, pur ainsi dire, d'une *topo-phénoménologie*, en entendant par là une phénoménologie des lieux de notre habitation, déjà partiellement mise en œuvre par le père de la phénoménologie non seulement à travers le concept clé de « monde de la vie » compris comme « lieu d'habitation » (*Wohnstätte*), mais encore, de manière corollaire, à travers le programme visant à restituer le sens oublié et recouvert d'une manière traditionnelle de vivre les uns avec les autres au sein du monde de la vie, un certain type de prestation communautaire que l'on pourrait appeler *l'avoir-lieu* de la vie intersubjective, comprise comme l'écriture, à même la surface de la terre, de la vie d'une communauté, dont les caractères sont la « contrée », la « province », la « nation », le « village », la « maison », le « chez-soi », les « frontières flexibles », etc.[1]

S'il est vrai qu'en l'absence de ces sites de la vie intime et communautaire nous n'aurions *nulle part* où séjourner, en sorte que vivre reviendrait à se déplacer d'un point de l'espace à un autre au sein d'une extériorité sans repli, alors il importe de montrer qu'une relation a été détruite par la superposition colonisatrice d'un stéréotype géométrique aveugle à la diversité et à l'organisation subtile des lieux qui se succèdent, menaçant de provoquer un exil d'un genre inédit et de donner naissance à un monde *dé-vasté*, *dis-loqué* – au sens strict, c'est-à-dire, vidé de ses lieux. Un tel projet, que d'autres après Husserl poursuivront avec des moyens théoriques différents des siens et dans une autre perspective que la sienne[2], n'est-il pas à sa manière un projet *écologique* – non pas au sens d'une *écologie verte*, soucieuse de la pollution visible et substantielle de la faune, de la flore, de l'atmosphère et de l'hydrosphère, mais au sens de ce que nous appellerons, en référence aux travaux de Paul Virilio[3], une *écologie grise*, à savoir une écologie qui s'inquiète de cette autre pollution, invisible et immatérielle, des distances, de l'espace pratique, des sites d'habitation.

1. Sur tous ces points, nous nous permettons de renvoyer à nos études, « Phénoménologie husserlienne et écologie grise. Le monde de la vie comme lieu de notre séjour », *Alter. Revue de phénoménologie*, 2005, n°13, p. 69-100, « Kant, néokantismes et phénoménologie husserlienne. Le manquement du phénomène du monde », *Recherches husserliennes*, 2006, vol. 24, p. 65-98, « L'habitant du monde », *Alter. Revue de phénoménologie*, 2006, n°14, p. 391-409.

2. Nous pensons principalement à A. Perez-Gomez, *L'architecture et la crise de la science moderne*, trad. fr. J.-P. Chupin, Bruxelles, P. Mardaga, 1987, B. Goetz, *La dislocation. Architecture et philosophie*, Paris, Les éditions de la passion, 2001 et les remarquables travaux de C. Norberg-Schultz, *Genius Loci. Paysage, ambiance, architecture*, trad. fr. O. Seyler, Bruxelles, P. Mardaga, 1981, *L'art du lieu. Architecture et paysage, permanence et mutations*, trad. fr. A. Guglielmetti, Paris, Le Moniteur, 1996.

3. Voir P. Virilio, *La vitesse de libération*, Paris, Galilée, 1995, notamment p. 75-87, ainsi que la série d'entretiens avec P. Petit publié sous le titre *Cybermonde, la politique du pire*, Paris, Textuel, 1996, p. 42-49 et 56-61.

N'est-ce pas encore un projet inspiré par la prise en compte de ce qu'habiter le monde signifie pour l'homme que conduisent pour leur compte les penseurs, dont l'appartenance au courant de pensée environnementaliste – au sens élargi que nous proposons ici – est méconnue, au moyen d'une insertion, dans le cadre de l'écologie grise, de la problématique urbaine, architecturale et paysagère? S'il revient en effet à l'architecture d'aménager des lieux pour l'habitation des hommes et de contribuer ainsi à l'établissement d'un monde; et si les objets de l'architecture ne sont pas des « objets partiels » qui relèveraient de la technique ou de la fonctionnalité, mais s'inscrivent dans un tissu urbain en y déployant des vides et des pleins, des intervalles et des seuils, des passages et des interstices, alors ne convient-il pas de reconnaître que les modalités d'aménagement déterminent radicalement les conditions de toute habitation humaine? Par ses échelles, ses articulations et ses différences, le bâti accueille le corps de l'habitant du monde et, par la médiation de ce corps, d'une part, l'arrime à la terre et aux vivants, d'autre part, l'intègre parmi les autres hommes des générations passées et des générations vivantes, en enracinant leur mémoire et en donnant un fondement matériel à leur institution – ce que Françoise Choay résume sous le beau nom de « compétence d'édifier » [1].

De ce point de vue, veiller à l'ajustement du bâti à son contexte, à son dimensionnement aux mesures de notre corporéité et à l'agencement des pleins et des vides où va se jouer l'intersubjectivité, n'est autre que promouvoir l'établissement d'un monde habitable. L'espace urbain, architectural et paysager, en tant qu'ils constituent des modalités indissociables de l'aménagement de l'espace, et en tant qu'ils ne se livrent pas à la manière d'un champ opératoire quasi abstrait, mais comme le résultat empirique d'une très longue et très lente stratification qui enregistre les modalités sous lesquelles les hommes se sont établi à demeure, requièrent également à ce tire tous trois eux aussi une vigilance égale – d'un autre type, assurément, que la vigilance républicaine promue par Marcel Gauchet –, vigilance qui devrait prendre forme dans le cadre d'une politique globale de protection.

Restituer au séjour des hommes sur terre son épaisseur sensible et la plénitude de ses droits: telle pourrait est la formule provisoire d'une philosophie de l'environnement à la mesure de l'habitant du monde, capable de se prolonger sous la forme d'une politique de l'aménagement du territoire rendue sensible à sa responsabilité écologique, prenant compte

1. Voir F. Choay, *La règle et le modèle. Sur la théorie de l'architecture et l'urbanisme*, Paris, Seuil, 1980 et *L'allégorie du patrimoine*, Paris, Seuil, 1992.

des spécificités effectives, de la continuité de sens qui définit un lieu au fil du temps, du tissu complexe de la sédimentation territoriale qui en constitue l'identité physionomique, correspondant à la façon dont s'établit historiquement dans un lieu le sens de la vie collective. Et cela, non pas au nom un désir de conservation muséale des témoignages d'un passé si rapidement emporté, puis transformé en objet d'une impossible réappropriation nostalgique; mais au nom de cette idée selon laquelle l'habitation, comme processus de configuration d'un lieu de séjour, est le produit d'une lente et imprévisible appropriation traditionnelle, un ensemble complexe d'actions, de mémoires, d'identités. Un territoire habité est une sorte de diagramme du sens qu'une communauté ou une culture s'est donnée à elle-même en l'inscrivant dans la configuration visible d'un paysage et d'un milieu bâti propres, en le rendant lisible à ses descendants au fil des siècles[1].

Si l'on admet que le domaine construit et l'espace paysager peuvent être définis comme formant une « localité culturelle », alors la violation de leur identité formelle et symbolique aura comme conséquence, en tant que bouleversement des valeurs esthétiques, mémorielles et naturelles, d'affecter les conditions sous lesquelles une communauté intergénérationnelle historiquement donnée a su imprimer son style propre à un ensemble environnemental pour le constituer en une région du monde de la vie (ou « biorégion »). L'absence ou la présence de « qualités esthétiques » d'un territoire ne doit donc pas être pensée en liaison avec cette superficielle et fausse patine d'esthétisation poursuivie ici et là comme « cosmétisation » ou fixation muséale d'oasis protégées ou privilégiées, dans un panorama généralement dégradé soumis à des logiques d'usage qu'il ne peut supporter. Cette dimension « esthétique » (ou mieux : « éthique », en un sens rigoureusement étymologique) redevient la qualité intrinsèque d'un territoire où s'expriment un type de culture, ses orientations, sa vitalité.

Entrent en jeu dès lors des aspects non quantifiables, non calculables, de l'ordre du symbolique, de l'histoire, du patrimoine, etc., qui déterminent

1. Voir en ce sens les travaux magnifiques de J. B. Jackson, *A la découverte du paysage vernaculaire*, trad. fr. X. Carrère, Paris, Actes Sud, 2003 et le n° de la revue *Le visiteur* qui lui est largement dédié, n°5, 2000. En ce point pourraient converger la tradition « continentale » (sous la forme du « projet local » italien) et le questionnement issu de l'éthique environnementale (sous la forme du « biorégionalisme » anglo-saxon). Voir respectivement les articles de L. Bonesio et d'E. Zarelli publiés dans la revue *Eléments. Pour la civilisation européenne*, n°100, 2001, et K. Sale, *Dwellers in the land. The Bioregional Vision*, Athens, University of Georgia Press, 1991, C. Plant et al. (éd.), *Home! A Bioregional Reader*, Philadelphia, New Catalysts Books, 1990 et M. V. McGinnis, *Bioregionalism*, London, Routledge, 1999.

autant de responsabilités écologiques inédites, dont l'on pourrait envisager de contrôler et de maîtriser la portée politique – en exorcisant par là même la crainte des dérives totalitaires contre lesquelles Marcel Gauchet nous a alertés – par exemple au moyen de leur intégration dans le système de légitimité de la « cité civique » tel que Laurent Thévenot et Luc Boltanski en ont formé le modèle[1].

Vaste programme en vérité, nous dira-t-on ! Il va de soi que les quelques essais réunis dans ce volume ne prétendent pas accomplir un tel projet, mais tout au plus à en poser les premiers jalons, en resserrant l'attention autour de l'éthique environnementale qui nous paraît la plus à même de porter les enjeux d'une philosophie de l'habitant du monde. Le premier chapitre, (intitulé « Qu'est-ce que l'éthique environnementale ? ») entend clarifier les fondamentaux de ce courant philosophique, et servir d'introduction générale aux études de détail qui lui font suite, portant respectivement sur le rapport entre la problématique urbaine et celle de la pensée environnementale (troisième chapitre, « Écologie des villes, écologie des champs »), l'esthétique et l'éthique environnementales (quatrième chapitre, « *De mirabilibus mundi.* Vers une esthétique et une éthique environnementales »), l'éthique environnementale et l'éthique animale (cinquième chapitre « Comme chiens et chats. Le conflit fratricide entre éthique environnementale et éthique animale »).

La thèse que nous souhaiterions défendre est qu'il en va toujours en éthique environnementale de penser à nouveaux frais les modalités d'une appartenance de l'homme au monde, dans un style qui est tout à fait propre à ce courant de pensée, et qui le distingue de l'environnementalisme continental, qui consiste à prendre sur le vivant et la nature en général une perspective fondamentalement instruite par le darwinisme et l'écologie comme science, dont les multiples variantes d'éthique environnementale élaborées à ce jour entreprennent, chacune à leur manière, de tirer les leçons philosophiques et morales – raison pour laquelle, ainsi que nous nous efforçons de le montrer dans le deuxième chapitre (intitulé « *Naturphilosophie* et éthique environnementale »), ce courant philosophique souffre la comparaison avec la *Naturphilosophie* allemande de la fin du XIXe siècle. L'habitant du monde y est compris essentiellement comme un vivant parmi d'autres vivants, membre originaire de la communauté de vie sur Terre, ou plutôt *des* communautés multiples et variées avec lesquelles

1. L. Thévenot et L. Boltanski, *De la justification. Les économies de la grandeur*, Paris, Gallimard, 1991.

il a coévolué et au milieu desquelles il doit s'efforcer de trouver la juste place qui lui revient. Le modèle d'inclusion communautaire que propose Callicott doit être compris, nous semble-t-il, comme une tentative typiquement moderne de penser cette coappartenance, dans laquelle on aurait tort de voir l'ultime avatar d'une forme de pensée idéologique ou un « mirage passéiste », au sens de Marcel Gauchet. De la même manière, le concept de « *storied residence* » élaboré par Holmes Rolston III, que nous mettons au centre du troisième chapitre, est une autre tentative visant à se donner des outils théoriques pour penser l'appartenance de l'homme au monde lorsque l'homme est compris à la façon d'un être un vivant et le monde comme la scène où se déroule l'odyssée de la vie sur Terre.

Le dernier chapitre de ce livre (intitulé « L'homme au miroir de l'animal. A partir de Condillac »), soumet à la critique certains des présupposés métaphysiques de l'éthique environnementale, tels que les a fait apparaître l'étude précédente sur le conflit fratricide entre éthique environnementale et éthique animale. La question qui y est examinée est de savoir quelle conception de la subjectivité autorise de tenir l'homme pour un vivant parmi les autres, membre de la communauté de vie sur Terre. Si, comme nous le pensons, cette détermination métaphysique demande à être révisée, de quelle façon convient-il alors de produire les critères de démarcation anthropozoologique sans perdre le bénéfice de la compréhension de l'homme comme habitant du monde, arrimé à la terre et aux vivants ? Sans avancer de réponse à cette question, nous proposons une méthode permettant de l'instruire, à laquelle nous donnons le nom de « méthode de co-variation eidétique »[1].

1. Certaines des analyses que nous présentons ici ont fait l'objet d'une première publication en revue ou dans des Actes de colloques. Elles ont toutes été revues et complétées en vue du présent volume. Nous remercions vivement les revues et les éditeurs qui nous ont permis de reprendre ces textes : *Dictionnaire de théorie politique* (premier chapitre), Editions La Découverte (troisième chapitre), *VertigO* (quatrième chapitre).

QU'EST-CE QUE L'ÉTHIQUE ENVIRONNEMENTALE ?

L'éthique environnementale est le nom d'un champ de recherche philosophique qui s'est formé dans le courant des années 1970 dans les pays de langue anglaise, et plus spécialement en Amérique du Nord. La philosophie s'est alors dotée d'un nouvel objet de réflexion – l'environnement ou la nature – en soulevant la question de savoir si le domaine de la moralité est essentiellement coextensif à l'humanité au point de se refermer sur les seuls êtres humains, ou bien s'il y a un sens à inclure les entités du monde naturel (les animaux, les plantes, les ensembles naturels comme les écosystèmes, etc.) dans la classe des sujets susceptibles de bénéficier d'une considération morale [1].

Depuis les publications pionnières de Lynn White jr. [2], de Arne Naess [3], de Joel Feinberg [4] et de quelques autres encore, et depuis la consécration académique qu'a indéniablement apportée à ce jeune courant philosophique la fondation de la revue *Environmental Ethics* en 1979 par Gene Hargrove et Holmes Rolston III, l'éthique environnementale n'a cessé de se développer et de gagner en ampleur. On peut estimer sans exagération qu'elle est devenue de nos jours une composante à part entière de

1. Une sélection de quelques ouvrages proposant une introduction au courant d'éthique environnementale est donnée dans la bibliographie raisonnée en fin de volume. Une anthologie des textes clés d'éthique environnementale est disponible en français : H.-S. Afeissa (éd.), *Ethique de l'environnement. Nature, valeur, respect*, Paris, Vrin, 2007.

2. L. White jr., « The Historical Roots of Our Ecological Crisis », *Science*, 1967, p. 1203-1207, trad. fr. J. Morizot dans J.-Y. Goffi, *Le philosophe et ses animaux. Du statut éthique de l'animal*, Nîmes, J. Chambon, 1994, p. 291-309.

3. A. Naess, « The Shallow and the Deep, Long-Range Ecology Movement : A Summary », *Inquiry*, 1973, n°16, p. 95-100, trad. fr. H.-S. Afeissa dans H.-S. Afeissa (éd.), *Ethique de l'environnement*, *op. cit.*, p. 51-60.

4. J. Feinberg, « The Rights of Animals and Unborn Generations », dans W. T. Blackstone (éd.), *Philosophy and Environmental Crisis*, Athens, University of Georgia Press, 1974, p. 43-68, trad. fr. H.-S. Afeissa dans la revue *Philosophie*, 2008, n°97, p. 59-90.

l'institution académique et universitaire américaine, où quelques chaires d'enseignement et de recherche ont été créées depuis le début des années 1980. En dépit de sa relative nouveauté dans le paysage culturel, l'éthique environnementale compte déjà ses revues spécialisées, ses collections réservées chez quelques grands éditeurs, ses spécialistes reconnus, ses historiens, ses classiques. Comme de juste, la bibliographie des travaux accomplis dans ce domaine est pléthorique et défie tout relevé exhaustif.

La principale difficulté qu'il y a à présenter les idées clés de ce champ de recherche tient à ce que ce dernier ne se prête pas volontiers à un tel exercice. L'éthique environnementale n'est pas un courant philosophique homogène, unifié autour d'un certain nombre de principes ou de problématiques dans lesquels tous les penseurs se reconnaîtraient. Elle est bien plutôt une nébuleuse en expansion permanente traversée par des tendances de sens opposées, en compétition les unes avec les autres. Une autre difficulté consiste en ceci que l'éthique environnementale ne se laisse pas présenter isolément, parce qu'elle est en vérité intimement liée aux nombreux courants intellectuels qui ont renouvelé en profondeur la réflexion philosophique dans les pays anglo-saxons dans presque tous les domaines (en philosophie morale, en métaphysique, en épistémologie, etc.), lesquels demandent en outre à être considérés dans leur conjonction avec les bouleversements que les sciences du vivant ont connus tout au long du XXe siècle.

LES ORIGINES INTELLECTUELLES DU COURANT D'ÉTHIQUE ENVIRONNEMENTALE

Bien que la tradition écologiste américaine soit relativement jeune, elle s'est montrée plus féconde, plus complète et plus dense que celle dont pourraient se réclamer certaines nations du Vieux Continent. Elle dispose surtout d'un degré d'unification sans équivalent, en tant qu'elle a fait très tôt l'objet d'une thématisation explicite au sein de la culture américaine, dont elle est notoirement l'une des parties constitutives [1].

Les sources de la sensibilité à la nature au XIXe siècle y sont fort nombreuses, à commencer par la signification toute spéciale que revêt la *wilderness* (la nature sauvage) dans l'éthique protestante, en passant par le rôle central du mythe de la Frontière théorisé par Frederik Jackson Turner

1. Voir sur ce point F. Duban, *L'écologisme aux États-Unis. Histoire et aspects contemporains de l'environnementalisme américain*, Paris, L'Harmattan, 2000.

(1861-1932) dans la formation de l'identité américaine, sans oublier l'influence exercée par les romans de James Fenimore Cooper (1789-1851), par la poésie de William Wordsworth (1770-1850) et de Walt Whitman (1819-1892), par le transcendantalisme d'Emerson (1803-1882), par la vie et l'expérience de Henry David Thoreau (1817-1862), par la peinture de l'école américaine du sublime dont Thomas Cole (1801-1848) et Fréderic Edwin Church (1826-1900) sont les représentants les mieux connus. Ce mouvement d'idées diffus, qu'il faut évidemment situé dans le prolongement du romantisme apparu dans les dernières décennies du XVIIIe siècle sur le Vieux Continent, a inspiré les premières entreprises de grande ampleur de préservation de la nature et de création de parcs nationaux initiées par John Burroughs (1937-1921) et John Muir (1838-1914), et s'est surtout accompagné de l'apparition d'une culture écologique, savante et populaire, dont l'éthique environnementale contemporaine est l'héritière directe.

Parmi les figures importantes de cette culture écologique en voie de constitution, citons le diplomate, juriste et géographe George Perkins Marsh (1801-1882), auteur en 1864 d'un traité intitulé *Man and Nature, or Physical Geography as Modified by Human Action*[1], dans lequel les dégradations multiformes de la nature consécutives au développement de nos sociétés, depuis l'antiquité la plus profonde jusqu'aujourd'hui, sont dénoncées et analysées par le menu, et dans lequel se trouve énoncée, pour la première fois peut-être, l'idée que, par opposition aux catastrophes naturelles (telle une éruption volcanique ou une tornade), l'action des hommes peut provoquer des destructions et bousculer des équilibres naturels de façon presque irréversible.

Liberty Hyde Bailey (1858-1954), William Temple Hornaday (1854-1937) et Gifford Pinchot (1865-1946) sont les trois successeurs immédiats de Marsh, qui ont tous, d'une manière ou d'une autre, apporté leur pierre à l'édifice des savoirs écologiques, chacun depuis son propre poste d'observation privilégié : le premier depuis le siège de la société américaine d'horticulture dont il fut le cofondateur, et d'où il a avancé l'idée – promise à un bel avenir – de la valeur intrinsèque du monde naturel ; le second en occupant le poste de directeur du parc zoologique de New York, où il a appris à se soucier de la protection des espèces animales qu'il souhaitait mettre à l'abri du commerce des hommes en préconisant une interdiction

1. G. P. Marsh, *Man and Nature, or Physical Geography as Modified by Human Action*, Londres, Sampson Low, 1864.

sélective de la chasse, à une époque où les États-Unis tiraient de la vente du gibier des profits colossaux; et le troisième en prenant place au sein les cabinets ministériels de l'administration de William McKinley (1843-1901), de Theodore Roosevelt (1858-1919) et de Howard Taft (1857-1930), à la tête du Service des forêts, où il a élaboré une politique nationale de gestion et de conservation des ressources naturelles dans une perspective délibérément tournée vers l'avenir et les générations futures[1].

La figure majeure de l'environnementalisme américain – à la fois figure de transition qui récapitule et synthétise la culture écologique du siècle précédent, et figure du prophète qui ouvre une voie de réflexion inédite et inaugure un nouvel âge de la pensée – est sans conteste Aldo Leopold (1887-1948), dont l'ouvrage le plus connu paraît en 1949 sous le titre de *Almanach d'un comté des sables*[2]. L'auteur est un intellectuel polyvalent tout à fait fascinant. Responsable régional de l'administration des eaux et forêts, il est également en charge d'un enseignement à l'Université du Wisconsin, et se distingue par une exceptionnelle capacité de pensée qui le conduit, dans ses écrits, à aborder aussi bien les problèmes de l'érosion des sols, ou celui des espèces menacées, de la gestion des forêts, du destin des sols dans le sud-ouest des États-Unis, que des questions de fond beaucoup plus théoriques où il en va de définir ce que peut bien être une « conscience écologique », ou encore, de manière plus décisive, ce qu'il nomme une *land ethic*, c'est-à-dire une éthique des communautés biotiques dans ce qu'elles ont de territorialisé, au sein desquelles l'homme apparaît comme un citoyen parmi les autres[3]. On ne saurait surestimer l'influence que la *land ethic* a exercée sur le courant d'éthique environnementale, où l'œuvre de Leopold est inlassablement commentée et où son héritage est âprement disputé.

Parallèlement au développement de l'écologie scientifique anglophone par des savants tels que Stephen Forbes (1844-1930), Jan Smuts (1870-

1. Sur quelques-unes de ces figures pionnières de l'écologisme aux États-Unis, voir D. G. Payne, *Voices in the Wilderness: American Nature Writing and Environmental Politics*, Londres, University of New England, 1996, D. Lowenthal, *George Perkins Marsh : Prophet of Conservation*, Londres, University of Washington Press, 2000, B. A. Minteer, « Biocentic Farming? Liberty Hide Bailey and Environmental Ethics », *Environmental Ethics*, 2008, n°4, p. 341-59.

2. A. Leopold, *A Sand County Almanach*, Oxford, Oxford University Press, 1949, trad. fr. A. Gibson, *Almanach d'un comté des sables, suivi de quelques croquis* Paris, Flammarion, 2000.

3. Voir sur ce point C. Larrère, *Les philosophies de l'environnement*, *op. cit.*, p. 60-71. Le lecteur trouvera dans la bibliographie raisonnée un certain nombre de références concernant la pensée d'A. Leopold.

1950), Arthur C. Tansley (1871-1955), Frederic Clements (1874-1945), Henry A. Gleason (1882-1975), Charles Elton (1900-1991), Raymond Lindeman (1915-1942), Eugene et Howard Odum (respectivement, 1913-2002 et 1924-2002), et, dans un autre courant écologique dont l'ancêtre est le savant d'origine russe Wladimir Vernardsky (1863-1945), l'élaboration par James Lovelock (1919-) de l'« hypothèse Gaïa », a commencé a apparaître une littérature inclassable, mi-scientifique mi-polémique, attirant l'attention du grand public sur les dangers de l'explosion démographique, de l'extinction massive des espèces animales et végétales, de l'épandage des pesticides sur les récoltes agricoles, etc., qui a précipité en quelque sorte la prise de conscience écologique mondiale. Rachel Carson (1907-1964) Barry Commoner (1917-) et Paul Ehrlich (1932-) ont joué, de ce point de vue, le rôle des principaux « tireurs d'alarmes » (*whistleblowers*), dont les mises en garde ont trouvé une si large audience qu'elles ont fini par donné l'impulsion à la première « journée de la terre » (*Earth Day*) en 1970 et à la constitution de mouvements politiques spécifiquement dévolus à la défense de l'environnement.

L'éthique environnementale apparaît ainsi au croisement de multiples sources culturelles, religieuses et disciplinaires. A ce titre, son avènement dans le courant des années 1970 ne procède en aucune façon d'un effet de mode, mais bien plutôt des efforts cumulés de plusieurs générations de chercheurs et de penseurs aux travaux desquels elle a apporté ce qui leur manquait encore : une philosophie.

LES PRINCIPALES PROBLÉMATIQUES DE L'ÉTHIQUE ENVIRONNEMENTALE

En tant qu'elle vise à l'élaboration d'une philosophie, et non pas seulement à déterminer les modalités de l'application de telle ou telle morale normative au champ des activités humaines pouvant avoir des incidences sur le monde naturel, l'éthique environnementale se devait de soumettre à examen les fondements de la crise environnementale contemporaine.

L'une des convictions que partagent bon nombre d'éthiciens de l'environnement est qu'il est nécessaire d'interroger explicitement les modalités générales du rapport à la nature tel qu'il a été pensé par la tradition philosophique, morale, scientifique et religieuse occidentale, si bien qu'il ne nous soit plus possible de puiser sereinement dans cette tradition les éléments permettant de fournir une solution aux problèmes écologiques auxquels nous sommes confrontés, dans la mesure où, par hypothèse, cette tradition fait elle-même partie du problème. De là résultent à la fois une mise en cause massive de l'ensemble de la tradition occidentale considérée de telle façon que les phénomènes de crise paraissent résulter de ce qui lui est le plus propre, et le travail historique de mise au jour de ce qui, au sein de cette tradition, a rendu possible à terme le pillage généralisé des richesses de la terre.

L'article de l'historien Lynn White jr.[1] a pour mérite d'avoir avancé une réponse simple à cette question – consistant à lier le caractère anthropocentrique de la culture occidentale à la crise écologique – qui a eu pour effet d'ouvrir un vaste champ de recherche, lequel s'est révélé à ce point fécond qu'il continue d'être exploré jusqu'aujourd'hui. Selon cet auteur, les prémisses de la crise environnementale datent de la victoire que le christianisme a remportée sur le paganisme, dans laquelle il voit « la plus grande révolution psychique de notre histoire culturelle ». Deux mondes en sont venus alors à s'opposer : d'une part, le monde fondamentalement animiste de l'antiquité gréco-romaine où toutes les entités naturelles possèdent leur esprit tutélaire, obligeant celui qui projetait d'intervenir d'une façon ou d'une autre dans le cours de la nature à se concilier l'esprit des lieux et à se ménager ses bonnes grâces ; d'autre part, le monde monothéiste qu'institue le christianisme dans lequel l'exploitation de la nature peut s'effectuer dans un climat d'indifférence à l'endroit d'un environnement que les esprits et les divinités ont fui – un monde désenchanté à aménager par étapes progressives, réduit à l'état de matière inerte, offert aux manipulations des technosciences pour le seul profit des êtres humains.

Il importe de bien comprendre de quelle manière cette vision du monde a pu engendrer, selon Lynn White jr., un anthropocentrisme des valeurs. Dans la mesure où l'homme est clairement donné comme étant l'unique bénéficiaire de la création, celui qui, en tant que tel, a le droit de soumettre la nature et de l'exploiter, l'ensemble des entités du monde naturel n'a dès lors par rapport à lui qu'une « valeur instrumentale », au sens où elles n'ont que la valeur que lui confère l'usage que les êtres humains peuvent en avoir. A usage équivalent, rien ne distingue une chose d'une autre, elles sont essentiellement interchangeables et ne possèdent aucune propriété qui leur conférerait une valeur incomparable – une « valeur intrinsèque ».

Une morale non anthropocentrée soucieuse d'apporter des solutions à la crise écologique – une éthique environnementale – devra, par voie de conséquence, se donner pour tâche prioritaire de rompre avec cette représentation de l'homme consistant à le situer au sein d'une hiérarchie de

1. L. White jr., « The Historical Roots of Our Ecological Crisis », art. cit.

l'être comprise comme ordre de perfection. Il est nécessaire d'apprendre à percevoir l'homme, non plus comme le rejeton choyé de la création, mais bien plutôt comme « un compagnon voyageur des autres espèces dans l'odyssée de l'évolution »[1], dans une perspective nettement darwinienne, où la théorie de la descendance avec modification et l'image de l'arbre phylogénétique sont appelées à jouer un rôle décisif pour extirper des consciences l'idée d'une échelle des êtres.

Par là même apparaît l'espace au sein duquel vont pouvoir s'élaborer quelques-unes des problématiques majeures de l'éthique environnementale. Ainsi, l'on comprend aisément que, dès lors qu'on en vient à se considérer soi-même comme membre d'une communauté de vie avec laquelle nous avons co-évolué, le tracé des frontières de ladite communauté demande à être réexaminé – c'est-à-dire encore, pour le dire en termes plus techniques avec Kenneth Goodpaster[2], que le problème de la « considérabilité morale » des entités du monde naturel demande à être posé. L'éthique environnementale tient sa spécificité du fait qu'elle prend au sérieux la possibilité de concevoir les êtres vivants non humains, ainsi que les composantes abiotiques du milieu naturel, comme des « patients moraux », c'est-à-dire comme des êtres susceptibles d'être présentés comme des objets de préoccupation morale pour eux-mêmes. Comme le feront valoir au même moment Richard Routley[3] (qui prendra plus tard le nom de Richard Sylvan) et Arne Naess[4], il ne s'agit pas de promouvoir des comportements normatifs vis-à-vis de l'environnement non humain en fonction de la prospérité et du bien-être humain, puisque cela revient à n'attribuer de valeur à la nature qu'en fonction des êtres humains et des buts qu'il s'assignent (donc une valeur instrumentale) – approche typiquement « superficielle » des problèmes environnementaux, selon la terminologie de Naess; il s'agit de prendre en compte l'environnement non humain pour lui-même en tant qu'il est digne de considération morale en lui-même, en s'opposant à la réduction des éléments composant l'environnement à de seules et uni-

1. A. Leopold, *Almanach d'un comté des sables*, *op. cit.*, p. 145.

2. K. Goodpaster, « On Being Morally Considerable », *Journal of Philosophy*, 1978, n°6, p. 308-25, trad. fr. H.-S. Afeissa dans H.-S. Afeissa (éd.), *Ethique de l'environnement*, *op. cit.*, p. 61-91.

3. R. Routley, « Is There a Need for a New, an Environmental Ethics ? », dans *Philosophy and Science : Morality and Culture, Technology and Man*, Proceedings of the XVth Congress of Philosophy, Varna, Sophia Press, p. 205-210, trad. fr. H.-S. Afeissa dans H.-S. Afeissa (éd.), *Ethique de l'environnement*, *op. cit.*, p. 31-49.

4. A. Naess, « The Shallow and the Deep, Long Range Ecology Movement : A Summary », art. cit.

ques ressources, et en révélant la nature comme lieu de valeurs intrinsèques dont l'existence commande un certain nombre d'obligations morales.

Le problème fondamental que rencontre alors l'entreprise d'une éthique environnementale est de savoir, d'une part, comment déterminer ce qui constitue un objet de valorisation intrinsèque au sein de l'environnement naturel; d'autre part, comment fonder un certain nombre d'obligations morales et, de manière plus générale, une responsabilité des hommes à l'endroit de la nature sur la reconnaissance de l'existence de valeurs naturelles intrinsèques. Trois positions majeures ont été élaborées au cours des trente dernières années en réponse à ces problèmes.

Selon Paul W. Taylor[1], les porteurs de valeur intrinsèque doivent être identifiés aux organismes vivants individuels – qu'il s'agisse d'animaux, de végétaux, d'organismes monocellulaires, etc. – compris comme des « centres téléologiques de vie » qui tendent à accomplir un but, celui de se conserver dans l'existence et de se reproduire, en vue duquel ils développent des stratégies adaptatives complexes, lesquelles sont autant de moyens au service d'une fin. Tout être vivant est ainsi capable de valoriser de façon instrumentale ce qui contribue d'une manière ou d'une autre à la réalisation de la fin qu'il poursuit. Il existe donc dans la nature, au regard des multiples individualités téléonomiques et indépendamment de toute évaluation humaine, des fins intrinsèques et des valeurs naturelles. Selon Paul W. Taylor, l'affirmation d'une « valeur inhérente » (*inherent worth*) au sein du monde non humain suffit à fonder certaines normes prescriptives ou prohibitives qui ne soient pas centrées sur l'être humain, à commencer par une règle de non ingérence, exigeant que nous n'entravions pas sans justification le développement et l'épanouissement des formes de vie.

Mettant en doute qu'une telle éthique biocentrique soit bien adaptée à la protection de la nature où il en va d'assurer la survie des espèces et de prendre en charge, non pas seulement des organismes vivants individuels, mais aussi des éléments abiotiques ou des systèmes non organiques, Holmes Rolston III[2] va adopter un autre stratagème consistant à déployer

1. P. Taylor, « The Ethics of Respect of Nature », *Environmental Ethics*, 1981, n°3, p. 197-218, trad. fr. H-S. Afeissa dans H.-S. Afeissa (éd.), *Ethique de l'environnement*, *op. cit.*, p. 111-52, et *Respect for Nature : A Theory of Environmental Ethics*, Princeton, Princeton University Press, 1986.

2. H. Rolston III, *Environmental Ethics : Duties to and Values in the Natural World*, Philadelphia, Temple University Press, 1988, et « Value in Nature and the Nature of Value », dans R. Attfield et A. Belsey (éd.), *Philosophy and Natural Environment*, Cambridge, Cambridge University Press, 1993, trad. fr. H.-S. Afeissa dans H.-S. Afeissa (éd.), *Ethique de*

pour elle-même, avec un certain luxe de détails, l'histoire évolutive de la vie sur terre telle que le darwinisme l'a rendu intelligible, en faisant valoir la formidable créativité qui l'anime de telle sorte à forcer le respect et l'admiration. C'est à cette fin que Rolston invite ses lecteurs à examiner de plus près le règne du vivant (depuis la forme végétale la plus fruste jusqu'à l'organisme animal pluricellulaire), en leur apprenant à s'émerveiller des phénomènes d'organisation, des processus d'autorégulation et de suppléance fonctionnelle, lesquels attestent partout qu'il y a comme une intelligence de ce qui vit, une plasticité et une puissance de restauration des formes de l'organisme qui croît, qui cicatrise ses blessures, qui résiste à la mort et se reproduit. De ce point de vue, dire d'un être naturel qu'il possède une valeur intrinsèque indépendamment de toute conscience humaine qui lui en conférerait une, revient simplement à lui reconnaître la capacité à afficher un projet propre, inscrit en lui par voie de programmation génétique, pouvant se déployer et se réaliser de façon autonome.

Mais l'analyse, et l'émerveillement qui lui est corrélatif, ne peuvent en rester là, car un être naturel n'est ce qu'il est que comme partie d'un tout, au sens où il est membre d'une population spécifique adaptée par voie évolutive à la niche écologique qui l'abrite, elle-même en liaison étroite avec une communauté biotique plus large au sein d'un réseau d'écosystèmes hiérarchisés en niveaux d'intégration successifs. A ce titre, bien que les êtres naturels constituent individuellement le lieu de la valeur intrinsèque en tant que les intérêts vitaux qu'ils défendent sont toujours ceux de leur propre existence, cette valeur se transfère, pour ainsi dire, d'un niveau d'intégration à un autre, en passant successivement des êtres naturels individuels à l'espèce dont ils sont membres, puis de cette espèce à l'ensemble des espèces et des communautés biotiques qui sont en relation les unes avec les autres, et enfin de ces communautés biotiques aux multiples composantes abiotiques de l'environnement avec lesquelles elles sont en relation d'interdépendance, jusqu'à inclure l'ensemble de la nature.

J. Baird Callicott[1] va s'efforcer, quant à lui, d'élaborer une éthique environnementale qui soit tout aussi inclusive dans le cadre d'une théorie

l'environnement, *op. cit.*, p. 153-86. Pour une présentation succincte de la philosophie de H. Rolston, voir H.-S. Afeissa, « Darwinian Storied Residence : An Introduction to the Work of Holmes Rolston, III », *Surveys and Perspectives Integrating Environment and Society (Sapiens)*, 2008, vol. 1, n°2, p. 65-71.

1. J. B. Callicott, *In Defense of the Land Ethic : Essays in Environmental Philosophy*, Albany, SUNY Press, 1989, et *Beyond the Land Ethic : More Essays in Environmental Philosophy*, Albany, SUNY Press, 1999. Un recueil des articles de Callicott parus en français a récemment été publié : J. B. Callicott, *Ethique de la terre*, Paris, Editions Wildproject, 2010.

subjectiviste de la valeur qui distingue soigneusement entre le lieu de ce qui comporte une valeur et la source de toutes les valeurs. Une éthique des valeurs anthropogénique, pour laquelle toute valorisation procède d'une conscience humaine, n'est pas nécessairement une éthique des valeurs anthropocentrée réduisant toutes les valeurs – à l'exception de celle des êtres humains – à des valeurs de type instrumental. Dire d'une chose qu'elle comporte une valeur signifie qu'elle est susceptible d'être valorisée à la condition qu'une conscience évaluatrice la prenne en vue. En l'absence de tout sujet qui évalue, la chose continue de conserver les propriétés en vertu desquelles elle est susceptible de se voir attribuer une valeur pour peu qu'elle tombe sous le regard d'une conscience évaluatrice. Il est donc possible de dire qu'une chose comporte une valeur intrinsèque, en signifiant par là qu'elle est telle qu'elle s'offre à être évaluée de manière intrinsèque plutôt qu'instrumentale au regard des éventuelles consciences évaluatrices qui viendraient à la prendre en vue.

La jonction de cette théorie à la version de *land ethic* que défend Callicott s'opère essentiellement au moyen de la thèse selon laquelle le bien de la communauté biotique est la mesure ultime de la valeur morale, tandis que la valeur de ses membres individuels est purement instrumentale et est fonction de la contribution qu'ils apportent au maintien de l'intégrité, de la stabilité et de la beauté de la communauté de vie – le problème étant alors de trouver la situation et le point de vue intégrateur qui permettent d'ordonner les valeurs ainsi trouvées.

LA CRITIQUE EXTERNE ET INTERNE DU COURANT D'ÉTHIQUE ENVIRONNEMENTALE

Le courant d'éthique environnementale a été presque immédiatement en butte à divers types de critiques – des critiques externes visant à contester la légitimité du projet dans son ensemble, ou à fragiliser la manière dont il a été pris en charge; et des critiques internes, visant à orienter l'entreprise dans une autre direction, dans l'espoir de lui conférer une plus grande efficacité politique.

La principale critique externe, particulièrement massive, qui a été adressée au projet même d'étendre les obligations morales et juridiques au règne animal et naturel est venue en France de Luc Ferry [1], mais, en son principe, elle se trouvait déjà sous la plume des Stoïciens, lesquels faisaient valoir, à l'encontre de l'idée d'une justice interspécifique, qu'à vouloir gonfler le respect de la justice au point que celui-ci vint s'appliquer à tout vivant, on finirait par en exténuer la puissance au point de perdre le sentiment de ce que l'on doit spécifiquement à l'homme. Pour dire la même chose autrement, toute extension de la considérabilité morale a pour effet d'affaiblir ceux qui en jouissaient déjà et de susciter des sujets rivaux de l'être humain. A quoi Plutarque avait déjà fort bien répondu que ce n'est certainement pas en commençant à traiter d'autres vivants comme de simples moyens offerts à toutes les formes de l'humiliation et de l'extorsion, qu'on finira par traiter ces vivants-ci – nos semblables – avec justice.

La seconde critique externe est venue des philosophes et juristes d'origine belge et canadienne Frank de Roose et Philippe Van Parijs [2] et François Blais et Marcel Filion [3], et a consisté à assimiler les éthiques environnementales les plus radicales (celles qui rejettent l'anthropocentrisme) à des positions religieuses, relevant de la conviction privée, qui ne peuvent avoir place dans le débat public et donc faire l'objet d'un consensus qui les rendrait politiquement applicable. En réponse, on pourrait tout d'abord faire remarquer que cette critique suppose, premièrement, que les éthiques environnementales peuvent être considérées comme religieuses, et, deuxièmement, que les positions religieuses ne peuvent être que des convictions privées qui, comme telles, sont exclues du débat public, et qu'aucune de ces suppositions ne va de soi. Mais pour aller plus au cœur de cette objection, il importe de souligner qu'il est tout un courant interne à l'éthique environnementale – le courant pragmatiste – qui s'est employé à faire en sorte que les valeurs environnementales puissent entrer efficacement dans le débat public.

La critique interne que les pragmatistes ont adressée à un certain nombre d'éthiciens de l'environnement est la suivante. Il en va ici, disent-ils, de deux choses l'une : soit les penseurs de l'éthique environnementale cherchent véritablement à guider l'action politique

1. L. Ferry, *Le nouvel ordre écologique. L'arbre, l'animal et l'homme*, Paris, Grasset, 1992. Sur la faiblesse de ce type de critique externe, nous nous permettons de renvoyer à H.-S. Afeissa, *La communauté des êtres de nature*, Paris, Editions MF, 2010, p. 19-50.

2. F. de Roose et P. Van Parijs, *La pensée écologique. Essai d'inventaire à l'usage de ceux qui la pratiquent comme de ceux qui la craignent*, Bruxelles, De Boeck Université, 1991.

3. F. Blais et M. Filion, « De l'éthique environnementale à l'écologie politique. Apories et limites de l'éthique environnementale », *Philosophiques*, 2001, n°28, p. 255-280.

en matière d'environnement en la pliant à des règles et en lui conférant une certaine rationalité, et dans ce cas là leur échec en ce domaine jusqu'à ce jour doit les inviter, en un premier temps, à s'interroger sur ce qui, dans leur façon de poser les problèmes et de les traiter, les en a empêchés, et, en un second temps, à adapter leur stratégie discursive à la réalité de la chose politique; soit les penseurs de l'éthique de l'environnement décident de poursuivre leurs querelles métaphysiques sur le statut de la valeur intrinsèque des entités du monde naturel, sur la considérabilité morale des écosystèmes et autres disputes sur le sexe des anges, et dans ce cas il faut qu'ils se demandent une bonne fois pour toutes si le problème de la crise écologique actuelle les préoccupe vraiment.

Cette critique virulente a été formulée pour la première fois par Bryan G. Norton[1] qui a donné ainsi le coup d'envoi de ce qui est devenu depuis l'un des courants dominants de l'éthique environnementale: le pragmatisme écologique. Norton fait remarquer que la controverse entre anthropocentristes et non anthropocentristes semble particulièrement stérile dans la mesure où le concept majeur d'intérêt humain (ou d'utilité humaine) sur lequel repose toute la discussion est laissé dans un état de si grande indétermination qu'aucune distinction n'est même faite entre une utilité qui se satisfait dans la consommation immédiate des biens de la nature (matières premières, produits agricoles, etc.) et qui implique donc une destruction, et une utilité qui suppose la conservation de l'objet utile, parce qu'en ce cas la conservation est une condition de la satisfaction des intérêts humains.

Norton est convaincu que des programmes de protection de l'environnement sont parfaitement justifiables sur la base d'une interprétation élargie des valeurs anthropocentriques instrumentales – tellement élargie, d'ailleurs, que le mieux est encore à ses yeux de ne pas reprendre à son compte la classification bipartite des valeurs naturelles, laquelle se révèle impuissante à exprimer la gamme entière des valeurs que les êtres humains peuvent attribuer à la nature. Plutôt que de forcer la diversité des valeurs dans la camisole d'une seule théorie moniste, Norton propose de prendre acte de leur pluralité essentielle et de les situer dans une sorte de

1. B. G. Norton, « Environmental Ethics and Weak Anthropocentrism », *Environmental Ethics*, 1984, n°2, p. 31-48, trad. fr. H.-S. Afeissa dans H.-S. Afeissa (éd.), *Ethique de l'environnement*, *op. cit.*, p. 249-83, et *Toward Unity Among Environmentalists*, Oxford, Oxford University Press, 1991. Pour une présentation succincte de la pensée de B. Norton, voir H.-S. Afeissa, « The Transformative Value of Ecological Pragmatism : An Introduction to the Work of Bryan G. Norton », *Surveys and Perspectives Integrating Environment and Society (Sapiens)*, 2008, vol. 1, n°1, p. 75-79, et *Qu'est-ce que l'écologie*, Paris, Vrin, 2009, p 104-123.

continuum des valeurs humaines, s'étirant des valeurs de la société de consommation à des valeurs esthétiques, spirituelles, etc., en élaborant le concept d'une valeur d'un nouveau type qui permet la transformation des préférences éprouvées spontanément en accord avec un idéal plus élevé, qu'il appelle « valeurs transformatives ».

Mais l'inefficacité politique supposée du concept de valeur intrinsèque (emblématique du travail de toute une génération d'éthiciens de l'environnement), dans son opposition tranchée aux valeurs instrumentales, est loin d'être démontrée. Sa force mobilisatrice est en réalité peu contestable. La valeur intrinsèque est devenue le cri de ralliement de nombreux militants de la protection de la nature, parmi lesquels les militants de *Earth First!*, de Greenpeace et de la *Wilderness Society*. Tout porte à croire – à en juger, par exemple, au Préambule de la Convention internationale sur la diversité biologique qui est entrée en vigueur en décembre 1993, laquelle mentionne explicitement la valeur intrinsèque de la biodiversité – que la croyance en l'existence de valeurs intrinsèques dans la nature joue déjà un rôle important, et qu'elle est appelée à jouer à l'avenir un rôle encore plus grand, dans la formation des attitudes et des politiques environnementales dans le monde entier.

LES PROBLÈMES ACTUELS DE L'ÉTHIQUE ENVIRONNEMENTALE

Les éthiques environnementales, telles qu'elles se sont développées à la fin du XXe siècle sont, en ce début du XXIe siècle, menacées par deux caractéristiques qui les obligent à se redéfinir.

Il s'agit tout d'abord de la globalisation de la crise, dont le problème du réchauffement climatique constitue le symptôme à la fois le plus éclatant et le plus préoccupant. Or les éthiques environnementales sont essentiellement des éthiques locales – des éthiques de la *wilderness*, phénomène éminemment local, ou des éthiques d'inspiration biorégionaliste dans le style de celle que défend Norton[1] selon lequel il appartient à chaque communauté locale de décider, en dernière instance, de ce qu'elle veut transmettre aux générations futures et donc de donner sa propre définition de ce que doit être un développement durable. Le problème que l'on rencontre à ce niveau est de savoir ce qui distingue cette forme de contextualisme d'une position relativiste. Peut-on réellement faire l'économie, en matière de

1. B. G. Norton, *Sustainability: A Philosophy of Adaptive Ecosystem Management*, Chicago & Londres, The University of Chicago Press, 2005.

politique environnementale, de principes universels? La lutte contre le réchauffement climatique n'exige-t-elle pas que l'on développe le concept d'une communauté globale? Une telle approche est-elle applicable lorsqu'il s'agit de résoudre des problèmes qui ne peuvent être ramenés à une échelle locale, des problèmes que les communautés locales ont au contraire tendance à méconnaître, voire à ignorer, et qui demandent une vaste coopération entre les différentes communautés et, au-delà, entre les différents pays?

Il s'agit ensuite du recentrement de la crise sur les problèmes humains, lequel est lui-même une conséquence de l'adoption du mot d'ordre du développement durable tel qu'il a été défini par le rapport Brundtland ou dans la Déclaration de Rio sur l'environnement et le développement, où il est moins question de la « nature », comprise comme une sorte de sanctuaire où les arbres et les animaux doivent trouver les conditions d'une vie libre et originelle, que de « besoins en environnement ». Si les questions environnementales sont celles qui concernent la protection de la nature, la préservation d'espaces naturels mis à l'écart d'une intervention humaine trop intensive, alors une telle conception de l'environnement est inadéquate à la formulation des problèmes de justice environnementale, entendus comme problèmes du traitement des inégalités écologiques entre différents pays et entre différentes classes sociales au sein du même pays. Ne faudrait-il pas, pour pouvoir en parler, transformer la définition de l'environnement, y inclure bien sûr les questions d'épuisement ou de surexploitation des ressources naturelles, mais aussi prendre en considération les effets sociaux de ces questions, tel que, par exemple, les problèmes de santé induits par la répartition des déchets et des pollutions? Dans un tel contexte, ne pourrait-on estimer que des éthiques de la responsabilité comme celle que développe John Passmore[1] ou Hans Jonas[2] répondent mieux aux problèmes?

1. J. Passmore, *Man's Responsibility for Nature: Ecological Problems and Western Traditions*, New York, Charles Scribner's Sons, 1974.

2. H. Jonas, *Le principe responsabilité. Une éthique pour la civilisation technologique* (1979), trad. fr. J. Greisch, Paris, Flammarion, 1990.

NATURPHILOSOPHIE ET ÉTHIQUE ENVIRONNEMENTALE

Afin de prolonger l'examen de la spécificité de l'éthique environnementale amorcé dans le chapitre précédent, nous souhaiterions à présent proposer une mise en perspective historique visant à rapprocher l'éthique environnementale du courant philosophique avec lequel il nous semble partager un grand nombre de caractéristiques communes, sans toujours bien s'en rendre compte, à savoir celui de la *Naturphilosophie*, tel qu'il s'est développé en Allemagne de la dernière décennie du XVIIIe jusqu'au milieu du XIXe siècle [1].

Avouons que, de prime abord, le rapprochement semble assez improbable et peu susceptible d'être éclairant pour l'un et l'autre courants philosophiques, et ce pour au moins trois raisons. Tout d'abord, l'ambition théorique des deux entreprises considérées ne semble pas être de même portée : la *Naturphilosophie*, comme le nom l'indique, est une philosophie de la nature qui affiche ses prétentions métaphysiques et spéculatives, tandis que l'éthique environnementale, comme le nom l'indique, semble se donner un projet beaucoup plus limité – d'ordre moral – mettant l'accent, qui plus est, sur l'idée d'une responsabilité des hommes à l'endroit de la nature dont on peut se demander si elle n'est pas une préoccupation typiquement moderne.

Ensuite, les théoriciens les plus marquants de la *Naturphilosophie* et de l'éthique environnementale conçoivent le réglage entre le discours philosophique et les sciences empiriques selon des modalités très différentes – pour ne pas dire franchement opposées. Les éthiciens de l'environnement partagent un même scepticisme à l'endroit de la problématique de la

1. L'historiographie portant sur le développement et les thèses majeures de la *Naturphilosophie* est pléthorique. Nous citerons quelques études dans le cours de ce chapitre. Pour une brève présentation d'ensemble, voir M. Heidelberger, « *Naturphilosophie* », dans E. Craig (éd.), *Routledge Encyclopedia of Philosophy*, Londres, Routledge, 1998, p. 737-743.

fondation ou de la reconstruction transcendantale du savoir positif. On ne trouvera pas chez eux l'idée selon laquelle il conviendrait de reproduire le fondement de la scientificité selon l'une des quatre formes traditionnelles d'intériorisation des sciences à un discours philosophique que distinguait Desanti (l'intériorisation à l'Eidos, l'intériorisation à l'entendement classique, l'intériorisation au concept, l'intériorisation au sujet)[1].

Enfin, il semble que le rapprochement entre éthique environne-mentale et *Naturphilosophie* ne soit pas envisageable en raison de la prégnance, au sein de ce dernier courant philosophique, d'un schème de pensée typiquement anthropocentrique, dont l'on trouve de multiples attestations sous la plume de la quasi-totalité des *Naturphilosophen.* Comme l'a écrit Alexander Gode-von-Aesch[2] dans une étude classique sur la science naturelle dans le romantisme allemand, l'homme y est toujours pensé comme la mesure de toute chose. Or la critique de l'anthropocentrisme des valeurs est tenue par la plupart des spécialistes d'éthique environnementale pour la condition *sine qua non* d'élaboration d'une éthique environnementale.

Notre objectif, dans les pages qui suivent, sera de montrer que les trois raisons susdites de ne pas risquer un rapprochement entre éthique environnementale et *Naturphilosophie* ne sont pas tenables, et qu'elles sont liées à un certain nombre de malentendus sur la nature même de l'entreprise des penseurs les plus représentatifs de chacun de ces deux courants de pensée. En l'absence de toute étude publiée portant sur ce point précis[3], il va de soi que nous ne tenterons pas de proposer une confrontation systématique entre *Naturphilosophie* et éthique environnementale, mais, plus modestement,

1. J.-T. Desanti, *La philosophie silencieuse ou critique des philosophies de la sience*, Paris, Seuil, 1975, p. 7-109.

2. A. Gode-von-Aesch, *Natural Science in German Romanticism*, New York, Columbia Press, 1941, p. 204-16.

3. Ou presque. L'on trouvera en français un article d'E. Renault, « Les philosophies de la nature d'aujourd'hui et la *Naturphilosophie* d'hier », dans H. Maler (éd.), *Hegel passé, Hegel à venir*, Paris, L'Harmattan, 1995, p. 29-53, où il est principalement question des modernes philosophies de la nature élaborées par G. Deleuze, R. Thom, I. Stengers et I. Prigogine, mais pas du tout des penseurs du courant d'éthique environnementale. Inversement, C. Larrère, « Philosophy of Nature or Natural Philosophy? Science and Metaphysics in Callicott's Metaphysics », dans W. Ouderkirk et J. Hill (éd.), *Land, Value, Community : Callicott and Environmental Philosophy*, Albany, SUNY Press, 2002, p. 151-70, propose un rapprochement entre ces mêmes philosophies modernes de la nature et la philosophie environnementale de Callicott, mais ne parle pas de la *Naturphilosophie.* La seule étude croisant directement notre sujet, à notre connaissance, est celle d'A. Stone, *Petrified Intelligence : Nature in Hegel's Philosophy*, Albany, SUNY Press, 2005, dont nous parlerons à la fin de ce chapitre.

de déblayer le terrain en nous efforçant de démontrer qu'il y a un intérêt à effectuer une lecture croisée de ces deux courants philosophiques, et à exploiter le potentiel que porte en lui le jeu de différences réglées qu'un telle lecture ne manque pas de faire apparaître.

Commençons par examiner l'idée selon laquelle l'ambition théorique des spécialistes d'éthique environnementale serait singulièrement plus limitée – disons : moins spéculative, moins métaphysique – que celle des *Naturphilosophen*, puisqu'il s'agirait pour eux essentiellement de fonder en raison un certain nombre de responsabilités des hommes envers le monde naturel.

La première chose à dire à ce sujet est qu'il convient de ne pas se laisser abuser par des étiquettes, des appellations ou des labels qui n'ont, la plupart du temps, de valeur que journalistique. Dans le livre dans lequel il s'interroge sur les origines historiques et les fondements théoriques de l'éthique environnementale anglo-américaine, Eugene Hargrove[1] note que l'éthique environnementale, entendue comme champ de recherche philosophique, souffre depuis sa naissance d'une sorte d'erreur de baptême, du fait d'avoir repris inconsidérément à son compte le nom de la revue *Environmental Ethics* qu'il a fondée avec Holmes Rolston III en 1979 et dont il est aujourd'hui encore le rédacteur en chef.

La difficulté à laquelle il était confronté à l'époque, explique-t-il, était de savoir quel nom donner à un revue censée être l'organe d'expression d'un domaine de recherche alors à l'état embryonnaire et dépourvu de toute existence académique, de sorte, d'une part, à assurer la diffusion de la revue auprès des lecteurs informés de sa spécificité au sein du monde éditorial des publications spécialisées, et, d'autre part, à « dissuader les chercheurs qui travaillent en philosophie des sciences à adresser à la revue des articles traitant de la théorie de l'évolution ou tout autre thème de ce genre sans implications environnementales et éthiques ». La solution qui a été retenue au final (à savoir, donner à la revue le nom *Environmental Ethics*) lui a paru acceptable en ce qu'elle parvenait effectivement à « mettre l'accent sur la dimension axiologique »[2] du questionnement, bien qu'elle ait eu pour principal défaut de passer sous silence toutes les autres dimensions constitutives de la nouvelle approche que la revue entendait promouvoir.

1. E. C. Hargrove, *Foundations of Environmental Ethics*, New jersey, Prentice Hall, 1989.

2. *Ibid.*, p. 3. Sauf indication contraire, toutes les traductions proposées dans ce volume sont les nôtres.

Sans être à proprement parler malheureux, ce choix nous paraît toutefois regrettable. Le courant d'éthique environnementale aurait gagné, nous semble-t-il, à se présenter comme formant le projet d'une nouvelle « philosophie de la nature », parce que cette appellation aurait permis de mettre en lumière la complexité du discours que tiennent les éthiciens de l'environnement que l'on réduit trop souvent à un discours moral, voire moralisateur.

Ainsi que nous y avons insisté dans le chapitre précédent, l'une des difficultés qu'il y a à présenter le courant d'éthique environnementale tient à ce qu'il ne se laisse pas présenter isolément, parce que ce courant philosophique est en fait intimement lié aux nombreux courants intellectuels qui ont renouvelé en profondeur la réflexion philosophique dans les pays anglo-saxons dans presque tous les domaines (en philosophie morale bien entendu, mais aussi en métaphysique, en épistémologie, en esthétique, etc.), lesquels demandent en outre à être considérés dans leur conjonction avec les bouleversements que les sciences du vivant ont connus tout au long du XXe siècle. Il suffit de lire quelques pages de cette littérature pour s'apercevoir que les éthiciens de l'environnement sont, pour la plupart, de très fins connaisseurs de la science écologique.

Paradoxalement, l'éthique environnementale est loin de se réduire à une entreprise de type éthique, et une telle réduction, dans la perception qu'en a le public cultivé, aurait sans doute été rendue impossible si l'expression de « philosophie de l'environnement » ou de « philosophie de la nature » avait eu l'heur de s'imposer. L'éthique environnementale ne se limite nullement à l'élaboration d'une morale, mais inclut également, en son programme fort, une théorie de la connaissance, une métaphysique de la valeur, une esthétique, une théorie politique de la justice environnementale, une anthropologie, etc., déterminant de la sorte un système de représentation global où toute recherche partielle doit ouvrir une perspective sur le tout.

Plus avant, un tel programme se laisse d'autant moins aisément penser en référence au modèle d'une discipline déjà constituée (à savoir l'éthique ou la métaéthique), dont il lui suffirait alors de reprendre le nom, qu'il est essentiellement *pluri*disciplinaire, voire *trans*disciplinaire, parcourant diverses sciences sans se soucier des frontières et tirant le plus grand parti des approches parallèles qui tendent à un but commun par addition de contributions spécifiques.

Parmi les sciences empiriques dans le contenu desquelles elle puise, une incontestable primauté revient en éthique environnementale aux sciences de la nature et de la vie, même si la physique quantique a pu faire l'objet d'une attention toute particulière de la part de l'un des acteurs majeurs de ce courant philosophique[1]. L'on peut bien dire, sans exagération, que presque toutes les variantes théoriques qui ont été élaborées dans ce champ de recherche ont pour point commun de reprendre à leur compte, sur le vivant et la nature en général, une perspective fonda-mentalement instruite par le darwinisme et l'écologie, dont elles entrepren-nent, chacune à leur manière, de tirer les leçons philosophiques – tout particulièrement les leçons morales –, selon des modalités tout à fait originales.

Le propre de l'éthique environnementale qui se met en place au début des années 1970 nous paraît consister précisément en ceci qu'elle fait jouer à la science écologique le rôle d'un *discours formateur* appelé à révolutionner tout uniment la conception du monde et la conception de soi de l'homme dans le monde – rôle auquel l'écologie se prête effectivement dans la mesure où elle élabore un rapport général au *monde comme totalité* dont elle a vocation à rendre intelligibles les multiples interconnexions, tout en exerçant une fonction pratique en prescrivant un certain nombre d'actions. Dans la sphère de la connaissance objective, elle se distingue par cette combinaison inédite d'intelligence du monde, d'appréciation de la vie et de principes d'action.

La distinction conceptuelle proposée par Arne Naess dès 1973 entre l'« écologie superficielle » et l'« écologie profonde »[2] – en entendant par « écologie », non plus seulement la science qui étudie les relations des êtres vivants entre eux et avec le milieu dans lequel ils vivent, mais aussi le mouvement social et le discours philosophique qui s'en inspirent – doit tout son tranchant à l'opposition qui est faite entre deux manières de mesurer l'importance du renouvellement de la vision du monde qu'implique la formation de l'écologie scientifique : l'écologie superficielle traite l'écologie comme une science parmi d'autres au sein de la famille des sciences de la vie et de la terre (comme l'océanographie ou la météorologie), selon une approche qui conduit à rechercher de solutions ponctuelles à des problèmes ponctuels en vue de contribuer à la réforme de l'appareil productif et économique responsable de la situation environnementale

1. Voir J. B. Callicott, « Intrinsic Value, Quantum Theory and Environmental Ethics », *Environmental Ethics*, 1985, n°7, p. 257-75. Voir aussi M. E. Zimmerman, « Quantum Theory, Intrinsic Value and Panentheism », *Environmental Ethics*, 1988, n°1, p. 3-30, H. J. Folse jr., « The Environment and the Lesson of Epistemological Complementary », *Environmental Ethics*, 1993, n°4, p. 345-53.

2. A. Naess, « The Shallow and the Deep, Long-Range Ecology Movement : A Summary », *Inquiry*, 1973, n°16, p. 95-100, trad. fr. H.-S. Afeissa dans H.-S. Afeissa (éd.), *Ethique de l'environnement. Nature, valeur, respect*, *op. cit.*, p. 51-60.

catastrophique à laquelle nous sommes confrontés; l'écologie profonde (ou *deep ecology*), quant à elle, tient l'écologie pour une science différente et tout à fait spécifique, en tant qu'elle est une objectivation du monde qui fournit également à l'homme une structure d'intégration dans la totalité.

Alors que dans la perspective de la science moderne, la nature est réduite à l'état de matière inerte, et que l'espace est compris comme un milieu homogène, isotrope et illimité, défini par l'extériorité réciproque de ses parties (*partes extra partes*), où les mouvements sont le résultat d'une traction ou d'une poussée dont l'intelligibilité dernière ressortit à un modèle mécaniste, dans la perspective de la science écologique, les êtres vivants sont envisagés comme des « nœuds au sein du réseau ou du champ de la biosphère, où chaque être soutient avec l'autre des relations intrinsèques ». Ce « modèle du champ de vue total », poursuit Naess, « ne dissout pas seulement le concept de l'homme-au-sein-de-l'environnement, mais tout concept d'une chose comprise comme chose-compacte-au-sein-d'un-milieu »[1].

Le principal intérêt théorique de l'écologie, du point de vue de Naess[2] tient à la promotion du concept de « milieu » ou de « champ relationnel » en lieu et place de celui d'« environnement ». Il y a dans le mot « environnement » l'idée de quelque chose qui environne un sujet supposé central, alors que précisément ce qu'il faut réussir à penser c'est l'indistinction entre les êtres humains et la nature, une sorte de continuité fondamentale entre tout ce qui est – un plan d'immanence radicale, comme dirait Deleuze. L'écologie rend pensable l'idée selon laquelle rien n'existe isolément, une chose n'existe qu'en vertu des relations qu'elle soutient avec le milieu dans lequel elle est plongée. Il existe un seul monde, sans division absolue, parcouru de bout en bout de relations, peuplé de termes relatifs les uns aux autres – d'où Arne Naess tire la conclusion proprement métaphysique que tout ce qui est de l'ordre de la relation ou du processus détermine en tant que tel une position d'existence. Le projet de Naess est de parvenir à lier

1. A. Naess, « The Shallow and the Deep, Long-Range Ecology Movement: A Summary », art. cit., trad. fr., p. 52.

2. Mais la même chose pourrait être dite de plusieurs théoriciens de l'éthique environnementale, voir notamment J. B. Callicott, « The Metaphysical Implications of Ecology », *Environmental Ethics*, 1986, n°8, p. 301-16, A. Wittbecker, « Metaphysical Implications from Physics and Ecology », *Environmental Ethics*, 1990, n°3, p. 275-82, et la critique de ce genre d'idées par K. J. Warren et J. Cheney, « Ecosystem Ecology and Metaphysical Ecology: A Case Study », *Environmental Ethics*, 1993, n°2, p. 99-116. Sur la différence systématique qui existe à nos yeux entre la *deep ecology* et le courant d'éthique environnementale, voir *Qu'est-ce que l'écologie*, *op. cit.*, p. 62-67.

la protection de la nature, dans la diversité de ses composantes, à l'accomplissement de soi, à ce qu'il appelle la « réalisation de Soi ». Moins il y a de choses dont nous pouvons faire l'expérience dans leur diversité et dans la multiplicité des qualités qui sont les leurs, et plus notre propre vie se rabougrit, se recroqueville, pour ainsi dire, comme un escargot dans sa coquille, *parce qu'il n'y a plus de dehors.* Les êtres humains sont d'autant plus tout ce qu'ils peuvent être que la nature s'épanouit dans la richesse inépuisable de ses composantes. En élargissant le « champ relationnel » d'expériences, en faisant en sorte que les relations se croisent, se prolongent et s'interpénètrent, l'on s'engage simultanément à porter la nature à son plus haut degré d'épanouissement, et à donner à sa propre vie la forme la plus accomplie dont elle est capable[1].

Telle est, brièvement exposée, la façon dont peuvent se nouer les fils de la science écologique, d'une métaphysique relationnelle et d'une éthique de la valeur intrinsèque à l'intérieur d'un discours auquel le nom de « philosophie de la nature » nous paraît le mieux convenir en tant qu'il désigne l'horizon théorique des travaux effectués par les acteurs majeurs de l'éthique environnementale.

Examinons à présent le second point, à savoir l'idée selon laquelle, sur le point crucial de la méthode, le rapprochement entre éthique environnementale et *Naturphilosophie* n'aurait aucune chance de se montrer éclairant parce que le réglage entre discours philosophique et sciences empiriques serait pensé, dans l'un et l'autre courants, de manière fondamentalement différente.

Tout lecteur des textes issus du courant de la *Naturphilosophie* ne manquera pas d'être immédiatement frappé par le rapport extrêmement intime noué entre le discours philosophique et un ou plusieurs champs du savoir positif, dont on ne trouve pas vraiment d'équivalent dans l'histoire des idées. De quelle façon le rapport entre ces deux ordres de discours était-il alors pensé? La grande variété des positions au sein de la *Naturphilosophie* rend malaisée les généralisations : qu'y a-t-il en effet de commun entre la philosophie romantique de la nature de Novalis qui appréhende la nature comme un produit de l'imagination et comme un symbole de l'esprit, la philosophie théosophisante de Baader, les partisans d'une

1. Pour une présentation plus détaillée de la pensée d'A. Naess, voir H.-S. Afeissa, Postface à l'édition française du livre d'Arne Naess *Ecologie, communauté et style de vie*, trad. fr. C. Ruelle, Paris, Editions MF, 2008, p. 309-355.

science dynamiste dont les principes avaient été définis par Kant, etc.? L'objectif est-il de prolonger et de répéter la *forme* des sciences positives, et par là de conférer au discours philosophique une scientificité conçue sur le modèle des sciences empiriques? Ou s'agit-il de fonder philosophiquement le *contenu* des sciences naturelles? Ou bien encore de déduire les certitudes des propositions scientifiques en les dérivant de l'un des principes de la Doctrine de la science?

Comme on le sait, toutes ces positions ont été adoptées ou critiquées par l'un ou l'autre acteur de la *Naturphilosophie*. Mais quelle que soit l'option théorique considérée, il semble que le projet, en sa forme la plus caractéristique, exige de la part de la philosophie qu'elle joue le rôle soit d'une instance réflexive soit d'une instance fondatrice, transformant la philosophie en une sorte de super-science. Or la démarche des spécialistes d'éthique environnementale rompt explicitement avec ce type d'ambition et vise au contraire à instaurer des rapports originaux entre philosophie et sciences. Elle propose un nouveau réglage de ces deux discours, lequel légitime et encourage les procès d'importation qui articulent, dans le discours philosophique, les modes de rationalité et les énoncés propres à une science, et réciproquement qui reconnaît à la discursivité philosophique la capacité d'intervenir réellement dans les processus de conceptualisation d'un système de sciences, à la façon de ce que Catherine Chevalley a appelé, à la suite de Philip Franck et de Charles Morris, un « discours formateur »[1].

Même s'il ne nous semble pas que l'on trouve trace de ce genre de préoccupations épistémologiques sous la plume des *Naturphilosophen*, on aurait tort de réduire leur démarche à celle d'une simple reconstruction transcendantale des sciences empiriques indifférente au contenu même de ces sciences[2]. Schelling, le premier, insiste sur l'impossibilité de toute

1. C. Chevalley, « Concepts philosophiques et construction des théories physiques », *Bulletin de la société française de philosophie*, 1993, n°87, p. 47-84.

2. La réhabilitation des *Naturphilosophen*, souvent décriés pour leur incompétence en matière de sciences exactes (on se souvient que L. Brunschvicq parlait, à ce sujet, de « tératologie métaphysique », et qu'E. Meyerson déclarait n'avoir rien reconnu de la science qu'il connaissait et n'avoir découvert dans cette littérature que des « monstres aux grimaces absurdes »), est aujourd'hui chose faite, nous semble-t-il. Voir D. M. Knight, « The Physical Sciences and the Romantic Movement », *History of Science*, 1970, n°9, p. 54-75, H. A. M. Snelders, « Romanticism and Naturphilosophie and the Inorganic Natural Sciences 1797-1840: An Introductory Survey », *Studies in Romanticism*, 1970, n°9, p. 193-215, B. Gower, « Speculation in Physics : The History and Practice of *Naturphilosophie* », *Studies in History and Philosophy of Science*, 1973, n°4, p. 301-56, T. Lenoir, « The Göttingen School and the Development of transcendental *Naturphilosophie* in the Romantic Era »,

construction de la nature d'un point de vue extérieur à la nature elle-même. Les phénomènes naturels, affirme-t-il dès 1797, ne demandent pas à être considérés d'un point de vue transcendantal, comme le résultat de l'activité de l'esprit, mais du point de vue réaliste propre aux sciences, comme des réalités indépendantes résultant d'une autre activité que celle qui régit la vie de l'esprit. De même que les sciences de la nature expliquent les phénomènes par des forces, de même la philosophie de la nature construira la matière à partir de la productivité originaire de la nature, à partir du conflit originaire des forces. La nature n'est donc pas pensée comme un simple *objet* et appréhendée par le biais des conditions formelles que lui impose l'esprit, mais aussi comme un *sujet* posant soi-même sa réalité, comme une subjectivité à appréhender de façon réaliste et non transcendantale :

> La nature comme simple *produit* (*natura naturata*), écrit en ce sens Schelling, nous l'appelons la nature en tant qu'*objet* (c'est à elle seule que se rapporte toute l'empirie). La nature *comme productivité* (*natura naturans*), nous l'appelons *la nature en tant que sujet* (c'est à elle seule que se rapporte toute théorie) [1].

Cette orientation philosophique implique une nouvelle interprétation de la connaissance scientifique et la mise en œuvre d'un nouveau rapport de la philosophie et des sciences. Approchant la nature comme une réalité indépendante de l'esprit, animée par des forces spécifiques, la philosophie de la nature ne cherchera pas dans la nature la contrepartie du sujet transcendantal, dans les sciences la simplicité d'un principe fondamental, mais elle s'engagera au contraire dans l'étude des différentes forces, des différentes lois, des différents procès qui font toute la diversité des phénomènes naturels.

Il n'y a plus là aucune position de surplomb du philosophe. Et s'il est vrai qu'il y a une différence de fait entre le contenu de la philosophie de la

Studies in the History of Biology, 1981, n°5, p. 111-205, G. S. Rousseau et R. Porter (éd.), *The Ferment of Knowledge : Studies in the Historiography of Eighteenth-Century Science*, Cambridge, Cambridge University Press, 1982, p. 72-87, A. Cunningham et N. Jardine (éd.), *Romanticism and the Sciences*, Cambridge, Cambridge University Press, 1990, S. Poggi et M. Bossi (éd.), *Romanticism in Science : Science in Europe, 1790-1840*, Dordecht-Boston-Londres, Kluwer Academic Publishers, 1994, T. Levere, « Romanticism, Natural Philosophy,
and the Sciences : A Review and Bibliographic Essay », *Perspectives on Science*, 1996, n°4, p. 463-489.

1. F. W. J. Schelling, *Introduction à l'esquisse d'un système de philosophie de la nature* (1799), trad. fr. F. Fischbach et E. Renault, Paris, Livre de poche, 2001, p. 89.

nature et celui des sciences positives, elle ne relève pas d'une insuffisance des sciences positives. Elle tient plutôt à ceci que le philosophe ne se contente pas de porter son regard exclusivement sur les choses et processus saisis dans l'expérience, mais qu'il se soucie de rapporter les phénomènes à ce qui constitue leur réalité, en montrant leur rapport avec ce que Schelling appelle l'être total ou organique de la nature, en entendant par là l'idée selon laquelle il n'y a pas de distinction de genre mais seulement de degré entre la matière et l'esprit, qui ne sont pas deux substances hétérogènes, mais plutôt des degrés différents d'organisation et de développement des forces vitales qui parcourent la nature tout entière.

Pour dire la même chose autrement, ce que la philosophie apporte, c'est l'idée d'un tout de la nature animé par un effort producteur intérieur, lui-même pensé sur le modèle de la vie. Une vingtaine d'années avant les conférences sur la *Philosophie de la vie*, Friedrich Schlegel avait exposé pour son propre compte sa théorie de l'organicisme universel selon un paradigme holistique qui préfigure à certains égards celui que mettra en œuvre la science écologique :

> Toutes choses, écrit-il, se trouvent organisées en une solidarité organique; rien dans la chaîne infinie des êtres n'est mort et mécanique; tout est animé et pénétré par le même esprit de vie. Partout se manifestent, à un degré moindre ou plus élevé, la puissance et l'activité infinies qui assemblent le tout en un grand système, et se trouvent à l'œuvre dans l'individu comme dans la totalité. Nulle part de coupure ou de point d'arrêt, partout règne la solidarité la plus intime, une unité dans la réciprocité d'influence qui se poursuit dans une éternelle harmonie [1].

Ainsi que le dit Georges Gusdorf, l'une des originalités de la *Naturphilosophie* est qu'elle met en œuvre, en plein cœur du XVIIIe siècle, « la mutation non galiléenne et non newtonienne du savoir », en mettant la notion de vie au centre du nouvel espace mental qu'elle entendait déployer. « A partir de cette notion, en deçà et au-delà, s'affirme une intelligibilité spécifique », irréductible comme telle à l'intelligibilité dont est justiciable « un agrégat de particules obéissant à des lois purement physiques » [2]. La *Naturphilosophie* se donne pour objet la nature, non pas en tant qu'ensemble des phénomènes qui constituent un monde, mais du point de vue de ce qui la maintient en une activité constante qui l'empêche de

1. F. Schelgel, cité par G. Gusdorf, *Le romantisme. L'homme et la nature*, t. II, Paris, Payot, 1993, p. 351.
2. G. Gusdorf, *Le romantisme. L'homme et la nature*, *op. cit.*, p. 135-136.

s'épuiser dans son produit. Elle se montre attentive par-là même à l'infinie diversité des formes interconnectées dont témoigne l'histoire de la vie sur terre, dans une perspective évolutionniste qui, cette fois-ci, ne semble pas tout à fait étrangère à la perspective darwinienne, ainsi que de nombreux historiens de la philosophie se sont efforcés de le prouver[1].

Plusieurs acteurs majeurs de la *Naturphilosophie* pourraient être cités pour établir ce dernier point, à commencer par Karl Frierdrich Kielmeyer, lequel semble avoir jeté les premiers fondements d'une théorie évolutionniste bien avant Lamarck et Erasmus Darwin. Schelling lui-même écrit en 1799 dans l'*Introduction à l'esquisse d'un système de philosophie de la nature* que « chaque produit qui semble à présent fixé dans la nature n'existe que pour un moment, et est pris dans un processus d'évolution continuelle, une transformation constante, qui semble n'être effective qu'à une étape particulière »[2], faisant ainsi un usage explicite du concept d'évolution auquel le nom de Charles Darwin est resté attaché. Il n'est certes pas question de faire de Schelling un précurseur de la théorie darwinienne de la descendance avec modification, mais il importe de souligner que la théorie dynamique de l'évolution qu'il défend ménage une place à l'idée que des transitions morphologiques se sont produites au fil du temps dans la nature, que de nouvelles espèces sont apparues sur terre en relation étroite avec celles qui les ont précédées. Ainsi que l'a montré tout récemment Robert Richards dans une étude importante sur la conception romantique de la vie, ce n'est pas tant avec la conception évolutionniste défendue par Charles Darwin qu'il y a intérêt à confronter celle qu'a élaborée pour son compte Schelling, qu'avec celle d'Erasmus Darwin, dont Schelling connaissait fort bien les travaux, auxquels il se réfère avec éloge dans *L'âme du monde*[3].

Mais, dira-t-on, en admettant que l'on puisse trouver quelque trace du paradigme écologique et de la théorie évolutionniste dans l'entreprise

1. Entre autres, E. Perrier, *La philosophie zoologique avant Darwin*, Paris, F. Alcan, 1896, p. 161-174. B. Glass, O. Temkin, W. L. Straus jr. (éd.), *Forerunners of Darwin : 1745-1859*, Baltimore, Johns Hopkins Press, 1959, T. Lenoir, *The Strategy of Life : Teleology and Mechanics in Nineteenth Century German Biology*, Londres, D. Reidel Publishing Company, 1982, R. Richards « Darwin's Romantic Biology : The Foundation of His Evolutionary Ethics », dans J. Maienschien et M. Ruse (éd.), *Biology and the Foundation of Ethics*, Cambridge, Cambridge University Press, 1999, p. 113-53, O. Oerlemans, *Romanticism and the Materiality of Nature*, Toronto, University of Toronto Press, 2004.

2. F. W. J. Schelling, cité par R. J. Richards, *The Romantic Conception of Life : Science and Philosophy in the Age of Goethe*, Chicago & Londres, The University of Chicago Press, 2002, p. 299. Sur la philosophie de la vie de Schelling, voir J. M. Wirth, *The Conspiracy of Life : Meditations on Schelling and His Time*, Albany, SUNY Press, 2003.

3. R. J. Richards, *The Romantic Conception of Life*, *op. cit.*, p. 300-301.

spéculative de certains *Naturphilosophen* – établissant ainsi une connexion forte avec les élaborations théoriques issues de l'éthique environnementale –, il reste qu'il existe entre ces deux types de démarche un point de divergence fondamental, en ceci que l'on ne voit pas bien quelles sont les implications morales que les *Naturphilosophen* tirent de leur approche de la nature. La promotion des sciences du vivant a sans doute vocation, par un choc en retour, à mettre en question la condition humaine elle-même, dans la mesure où l'homme, en tant que vivant, concerné par les sciences de la vie, est appelé à renégocier ses rapports avec la nature, à se situer dans le devenir général d'une réalité dont il a conscience de représenter lui-même l'un des aspects, et en ce sens on peut légitimement s'attendre à ce que les spéculations des *Naturphilosophen* s'accompagnent du souci proprement éthique de donner un sens et une fonction à l'existence humaine. Mais ce souci entre-t-il en consonance avec les préoccupations écologiques qui caractérisent les réflexions des modernes éthiciens de l'environnement?

Il est temps de prendre en considération le troisième motif de résistance au projet de risquer un rapprochement entre éthique environnementale et *Naturphilosophie*, à savoir l'idée selon laquelle la *Naturphilosophie* serait inapte à fonder des responsabilités à l'endroit de l'environnement naturel en raison de son anthropocentrisme congénital.

Il faut reconnaître que l'idée selon laquelle les diverses formes de vie constituent une série ascendante, qu'elles s'ordonnent les unes par rapport aux autres en une progression croissante qui culmine avec les êtres humains; l'idée selon laquelle l'homme est le monde en miniature – à la fois sa synthèse et sa splendeur –, l'idée qu'il est le miroir de l'univers, que les processus de la vie humaine doivent tous, depuis les plus profonds jusqu'aux plus sublimes et aux plus parfaits, correspondre aux processus de la vie en général, à telle enseigne que celui qui serait à même d'écrire l'histoire de sa propre vie écrirait en même temps une histoire brève et résumée du cosmos; l'attribution exclusive d'une valeur et d'une dignité intrinsèques aux membres de l'espèce humaine qui forme pour ainsi dire l'unique sommet émergé du processus de la vie, par opposition aux entités du monde naturel qui sont censées n'avoir d'autres desseins que de servir les projets que poursuivent les hommes; l'idée que la reconnaissance d'un propre de l'homme vaut présomption de disponibilité des animaux et du reste de la création; l'idée que l'échelle des êtres justifie le pouvoir sans partage que l'humanité exerce sur son environnement naturel – toutes ces idées, et celles qui leur sont directement liées, sont extraordinairement répandues et ont été déclinées de multiples façons dans l'histoire de la philosophie morale, y compris au sein du courant philosophique de la *Naturphilosophie*[1].

Le moins que l'on puisse dire est que l'on est fort éloigné d'une perspective sur la nature faisant valoir la valeur intrinsèque – et non pas instrumentale – des entités du monde naturel. Or, comme il est bien connu, l'éthique environnementale revendique la prise en compte de l'environnement non humain *pour lui-même*. Elle s'oppose à la réduction des éléments composants l'environnement à de seules et uniques ressources, et entend mettre au jour la nature comme lieu de valeurs intrinsèques dont l'existence commande un certain nombre d'obligations morales. L'anthropocentrisme des valeurs lui paraît, de ce point de vue, être l'obstacle principal à l'élaboration d'une telle morale, et c'est pourquoi il lui semble décisif de rompre avec cette représentation de l'homme consistant à le situer dans une hiérarchie de l'être qui serait un ordre de perfection, et de promouvoir à l'inverse une conception de l'homme compris comme « compagnon voyageur des autres espèces dans l'odyssée de l'évolution », comme le dit Aldo Léopold[2], dans une perspective darwinienne où la théorie de la descendance avec modification et l'image de l'arbre phylogénétique sont utilisées en vue d'extirper des consciences l'idée d'une échelle des êtres.

Mais bien des malentendus s'accumulent autour de la question de la critique de l'anthropocentrisme dans le courant d'éthique environnementale. Les théoriciens d'éthique environnementale ne défendent pas une sorte d'égalitarisme axiologique et normatif, selon lequel toutes choses dans la nature auraient une égale valeur intrinsèque et mériteraient en tant que telles d'être traitées avec autant de considération. La théorie que défend Holmes Rolston, par exemple, consiste à dire qu'il y a assurément certaines valeurs qui sont le fruit d'une évaluation effectuée par les hommes, mais qu'il y en a également d'autres qui ne procèdent d'aucune activité d'évaluation, qui sont bien plutôt présentes objectivement dans le monde, inscrites d'une certaine manière dans la matière même du monde, où l'esprit les rencontre ou les découvre bien plus qu'il ne les lui apporte. Il

1. Sur ce point voir le livre classique d'A. O. Lovejoy, *The Great Chain of Being* (1936), Cambridge, Harvard University Press, 2001, et W. F. Bynum, « The Great Chain of Being After Forty Years : An Appraisal », *History of Sciences*, 1975, n°12, p. 1-28. Dans le contexte plus précis de la biologie pré-darwinienne, voir aussi Y. Conry, « L'idée d'une "marche de la nature" dans la biologie pré-darwinienne au XIXe siècle », *Revue d'histoire des sciences*, 1980, n°33, p. 97-149.

2. A. Leopold, *Almanach d'un comté des sables, suivi de quelques croquis*, *op. cit.*, p. 145.

s'agit alors de reconnaître la valeur intrinsèque qui se manifeste dans le monde naturel lui-même, et de replacer les expériences humaines sur cette scène comme constituant l'un des types de valeur qui comptent moralement – le plus riche sans doute, mais pas le seul – en vue de nous apprendre à reconnaître la valeur (objective) de cela même à quoi nous n'attachons (subjectivement) aucune valeur, et par là de déterminer un ensemble de devoirs au-delà de nos préférences.

L'un des intérêts de la théorie de Holmes Rolston est de défendre simultanément la thèse de l'existence objective de valeurs naturelles intrinsèques innombrables, et celle de la spécificité culturelle de l'existence qui est celle des êtres humains, auxquels il convient de reconnaître une place tout à fait privilégiée au sein de la création.

> Les êtres humains surimposent des cultures sur la nature sauvage d'où ils ont émergé, en apportant des innovations radicales. L'information dans la nature sauvage voyage de manière intergénérationnelle par le truchement des gènes; l'information dans la culture voyage par le truchement des neurones à l'occasion de l'instruction que les êtres humains reçoivent dans tel ou tel secteur du savoir transmissible par éducation. Bien que les animaux supérieurs puissent apprendre de leurs parents et congénères un certain nombre de comportements limités, les animaux ne créent pas des cultures transmissibles [1].

Comme le dit souvent Rolston, « *the human being is part of nature and apart from nature* ». Comprenons bien : il ne s'agit pas du tout pour Rolston de chercher la possibilité de l'être humain dans un *dépassement* de la nature – l'homme devant alors être entendu comme un être essentiellement étranger à la nature, selon une perspective qui semble peu compatible avec le paradigme darwinien et, de façon plus générale, avec le projet même d'une éthique environnementale –, mais bien plutôt dans son *redoublement.*

Le problème du passage de la nature à la culture, qui est au centre de la toute la philosophie de Rolston, s'effectue selon ce dernier à la faveur d'un processus évolutif par lequel l'esprit se constitue, pour ainsi dire, une seconde nature sur la base même de celle qu'il a reçue en partage, en vertu de l'exercice même des capacités de réflexion et d'apprentissage qui sont les siennes, et qui lui permettent non seulement d'accroître ses capacités cognitives, mais encore de leur donner une spécialisation. Les récentes

1. H. Rolston, *Conserving Natural Value*, New York, Columbia University Press, 1994, p. 2.

avancées accomplies en neuroscience, auxquelles Rolston se réfère, nous ont appris qu'il ne suffit pas de dire que la structure et le fonctionnement cérébral déterminent les conditions de possibilité de toute activité psychique, mais que réciproquement la dynamique des connexions synaptiques et des réseaux neuronaux liée à l'exercice des capacités psychiques provoque un remaniement du cerveau, en vertu de ce que les neurologues appellent la « plasticité cérébrale », qui orchestre un grand jeu de construction et de démolition de nos « cartes mentales ». L'activité cérébrale est une puissance naturelle qui, en se posant elle-même à la seconde puissance dans une réversibilité de la cause et de l'effet, cesse d'être le seul produit de nos gènes et se met à exprimer les modifications permanentes que lui impose notre histoire individuelle.

Or si le concept de neuroplasticité est nouveau, le geste qui consiste à garantir le passage de la nature à l'esprit par redoublement de l'esprit sur lui-même fait irrésistiblement songer à Hegel : on sait en effet que l'esprit est le *seul* moment de la philosophie hégélienne où un même terme se trouve avoir valeur de résultat et de commencement, la *Philosophie de la Nature* se finissant par l'étude de l'âme et de ses fonctions, la *Philosophie de l'Esprit* commençant par l'étude de l'âme et de ses fonctions[1]. Chez Hegel comme chez Rolston, limite terminale de la nature et limite initiale de l'esprit sont rapprochées; chez Hegel comme chez Rolston, c'est le mode de rapport au temps qui constitue l'essence de la différence anthropologique (fonction des traditions culturelles et éducatives chez celui-ci, fonction de la puissance d'habituation comme condition de tout apprentissage chez celui-là).

Jusqu'où l'analogie peut-elle être poussée ? Est-ce vraiment un hasard si deux penseurs assurément très différents l'un de l'autre rencontrent le même problème à un endroit crucial de leur philosophie de la nature ? Une enquête mériterait d'être menée visant à déterminer les implications morales de la conception hégélienne de la nature, et plus précisément, son éventuelle convergence avec les préoccupations environnementalistes contemporaines. Fort heureusement, cette enquête existe déjà et a été menée avec beaucoup de soin tout récemment par Aliston Stone dans *Petrified Intelligence*[2].

1. Voir par exemple sur ce point J.-L. Vieillard-Baron, « Le dédoublement de la nature chez Hegel », dans C. Bouton et J.-L. Vieillard-Baron (éd.), *Hegel et la philosophie de la nature*, Paris, Vrin, 2009, p. 33-46.

2. A. Stone, *Petrified Intelligence : Nature in Hegel's Philosophy*, *op. cit.*

Au terme de l'étude qu'il a effectuée de la *Naturphilosophie* hégélienne, que nous ne pouvons ici que résumer brièvement, il apparaît que le concept de valeur intrinsèque des entités du monde naturel, qui est textuellement absent du corpus hégélien, est susceptible de recevoir un bon sens, pour peu que l'on se donne la peine de lier la doctrine qui est exposée dans la *Philosophie de la nature* (selon laquelle les formes naturelles doivent être tenues pour des instanciations d'un élément conceptuel qui cherche progressivement à se manifester au sein de l'élément matériel qui l'accompagne) à la conception du bien élaborée dans les sections conclusives de la *Logique*. Cette opération permet, selon Alison Stone, de rendre compte de certains passages de l'*Esprit du Christianisme et son destin*, généralement négligés par les commentateurs au motif qu'il s'agit d'un texte de jeunesse, où l'on peut lire en toutes lettres que les formes de vie naturelle sont susceptibles d'être valorisées pour elles-mêmes, raison pour laquelle, précisément, Hegel reproche à l'esprit de domination de la nature qui anime, selon lui, le judaïsme de concevoir « la totalité du monde comme monde purement et simplement opposé », où tout n'est que « matière dénuée d'amour et de droit, quelque chose de maudit que, dès qu'on en a la force, on traite en la remettant à sa place, sitôt qu'elle veut bouger ». La nature est conçue comme « quelque chose d'infini, vide et sans contenu, sans vie, pas même mort, bref un néant, (...) un produit et non pas un étant, un produit qui n'a pour lui ni vie, ni droit, ni amour »[1]. C'est cette représentation de la nature que Hegel entend alors dépasser et dont il croira trouver une nouvelle déclinai-son sous la plume de Fichte dans le système de pensée duquel s'accomplit « le déchirement du vivant, comme concept et matière » et « l'assujettissement de la nature »[2] – à quoi Hegel oppose le projet d'une philosophie qui cesserait de malmener la nature, de dénier ses droits, et qui s'emploierait à montrer comment la raison se forme elle-même dans la nature.

Certes les passages de l'œuvre de Hegel où ce dernier proclame que les êtres humains ont le devoir de soumettre la nature à leur volonté, où il proclame même « le droit absolu d'appropriation sur toutes choses »[3], ne manquent pas. Il se peut, comme le soutient Alison Stone, que ces thèses

1. G. W. F. Hegel, *L'esprit du christianisme et son destin*, précédé de *L'Esprit du judaïsme (1797-1800)*, trad. fr. O. Depré, Paris, Vrin, 2003, p. 73, p. 75 et p. 78.

2. G. W. F. Hegel, *La différence entre les systèmes philosophiques de Fichte et de Schelling* (1801), trad. fr. B. Gilson, Paris, Vrin, 1986, p. 157.

3. G. W. F. Hegel, *Principes de la philosophie du droit* (1821), trad. fr. R. Dérathé, Paris, Vrin, 1989, p. 102.

d'inspiration si différente ne puissent pas être conciliées – point d'interprétation que nous abandonnons aux spécialistes. Tout ce que nous avons voulu montrer, pour notre part, est qu'il était possible de dégager de la philosophie de la nature hégélienne des implications éthiques auxquelles une signification écologique pouvait être attachée, dans le cadre général d'une entreprise théorique qui, à certains égards, est formellement analogue à celle mise en œuvre par certains éthiciens de l'environnement, justifiant par là même, nous l'espérons, la tentative de rapprochement à laquelle nous nous sommes risqués ici.

ÉCOLOGIE DES VILLES, ÉCOLOGIE DES CHAMPS

En dépit des faiblesses des présupposés méthodologiques sur lesquels repose une telle expérimentation, imaginons que nous décidions de soumettre à une quantification lexicale les travaux les plus importants accomplis à ce jour en éthique environnementale, en pointant toutes les occurrences du concept de « milieu urbain » et de ceux qui lui sont directement associés (la « ville », le « milieu bâti », l'« habitat urbain », etc.). Quel résultat obtiendrions-nous ? Nous ne manquerions pas de découvrir assez rapidement la petite poignée d'articles, disséminés dans des revues spécialisées, portant explicitement sur ce thème ; avec un peu de patience, il est hautement probable que nous finissions par débusquer un livre ou deux affichant le projet audacieux d'élaborer une éthique environnementale urbaine ; en tendant bien l'oreille, nous pourrions même réussir à entendre les voix qui, ici ou là, se sont élevées régulièrement pour inviter les chercheurs à se tourner vers ce champ d'étude[1].

Avouons que la moisson, au total, serait plutôt maigre. La conclusion serait dès lors bien vite tirée qu'il n'y a rien de plus improbable que la rencontre de l'éthique environnementale avec la pensée du milieu urbain, si ce n'est le mariage de la carpe et du lapin.

1. Sans prétention d'exhaustivité, citons A. Gunn, « Rethinking Communities : Environmental Ethics in an Urbanized World », *Environmental Ethics*, 1998, n°20, p. 341-360 ; R. J. King, « Environmental Ethics and the Built Environment », *Environmental Ethics*, 2000, n°2, p. 115-131 ; D. Jamieson, « The City Around Us », in *Morality's Progress. Essays on Humans, Other Animals and the Rest of Nature*, Oxford, Clarendon Press, 2002, p. 244-280 ; B. E. Lawson, « Living for the City : Urban United States and Environmental Justice », in *Faces of Environmental Racism*, L. Westra et P. Wenz (éd.), Lanham, Rowan & Littlefield, 1995, p. 41-55 ; W. Fox (éd.), *Ethics and the Built Environment*, London-New York, Routledge, 2000 ; W. Fox, *A Theory of General Ethics : Human Relationships, Nature, and the Built Environment*, Cambridge, MIT, 2006.

Admettons que le résultat de cette expérimentation soit significatif. Comment conviendrait-il alors d'interpréter le silence persistant en éthique environnementale sur ce qui constitue pourtant l'un des phénomènes les plus marquants des deux derniers siècles, à savoir la constitution d'un milieu urbain au développement tentaculaire ? Est-il possible que ce phénomène ait purement et simplement échappé à l'attention des éthiciens de l'environnement ? Ou n'y aurait-il pas bien plutôt, dans la façon même dont l'éthique environnementale soumet à examen les divers problèmes que soulève la crise écologique, quelque chose qui la rendrait constitutivement incapable d'articuler un discours un peu élaboré sur le milieu urbain ?

Ce soupçon a été ouvertement exprimé par Andrew Light dans une série d'articles culminant en 2001 par la publication d'un texte remarquable intitulé « The Urban Blind Spot in Environmental Ethics » [1], dans lequel l'auteur a cherché à élucider les raisons fondamentales ou structurelles de ce qu'il tient pour un état de fait, en se livrant à une sorte de déconstruction de l'éthique environnementale au terme de laquelle il entend démontrer que le ratage de la question urbaine et le caractère le plus souvent fantasmatique de l'évaluation des problèmes environnementaux en milieu urbain constituent une lacune intra-disciplinaire imputable aux insuffisances mêmes de la problématique environnementale, qui commande de mettre en question la manière dont le projet de l'éthique environnementale a été pris en charge jusqu'à ce jour.

Nous procéderons dans ce qui suit de la manière suivante. En nous efforçant à la plus grande objectivité possible, nous tâcherons en un premier temps de restituer les principaux éléments du diagnostic formulé par Andrew Light. En un second temps, dans la grande tradition de l'arroseur arrosé, il s'agira de déconstruire le déconstructeur, c'est-à-dire de mettre au jour les principes qui président aux analyses que conduit cet auteur, et le sens véritable du procès qu'il instruit. Enfin, dans la troisième partie, nous resserrerons notre attention sur la philosophie de celui qui est la cible permanente d'Andrew Light en cette affaire, à savoir Holmes Rolston III, dont nous proposerons une lecture qui conclura à peu près à l'inverse de

1. A. Light, « The Urban Blind Spot in Environmental Ethics », *Environmental Politics*, 2001, n°10, p. 7-35. Voir aussi du même auteur, dans une perspective analogue : « The Politics of Ecological Restoration » (avec E. S. Higgs), *Environmental Ethics*, 1996, n°18, p. 227-47 ; « What is an Ecological Identity ? », *Environmental Politics*, 2000, n°4, p. 59-81 ; « Contemporary Environmental Ethics : From Metaethics to Public Philosophy », *Metaphilosophy*, 2002, n°4, p. 426-449 ; « Urban Ecological Citizenship », *Journal of Social Philosophy*, 2003, n°1, p. 44-63 ; « Should Environmental Quality Be a Publicly Provided Good ? » (avec B. Shippen) *Organization and Environment*, 2003, n°2, p. 232-42.

celle d'Andrew Light, en montrant que la question urbaine ne lui est non seulement pas étrangère, mais qu'elle trouve même dans ce cadre de réflexion un concept qui lui est spécifiquement dédié (celui de «*storied residence*») et dont il s'agira alors d'apprécier la pertinence.

L'histoire de l'éthique environnementale est susceptible d'être racontée de bien des façons, et la détermination de son point de départ temporel est, de ce point de vue, tout sauf anecdotique.

Si l'on entend par «éthique environnementale» l'ensemble plus ou moins unifié de représentations mentales qui sous-tendent la conception de la place que l'homme occupe dans la nature, alors rien n'empêche de considérer que l'éthique environnementale, ainsi définie, connaît l'une de ses premières formulations canoniques dans le Livre I de la Genèse (pour ne rien dire des traditions orales archaïques antérieures), dont un verset célèbre commande à l'homme de «dominer sur les poissons de la mer, les oiseaux du ciel, et toutes les bestioles qui rampent sur la terre»[1]. Si l'on entend par «éthique environnementale» le souci qu'inspire la dégradation multiforme de l'environnement, la diminution sensible du nombre et de la variété des espèces animales, la raréfaction des ressources naturelles non-renouvelables et des espaces de nature sauvage, alors l'apparition de cette préoccupation écologique ne date que de la seconde moitié du XIXe siècle[2]. Si enfin l'éthique environnementale désigne cette entreprise qui se donne pour programme d'examiner systématiquement les valeurs qui règlent le rapport de l'homme à son environnement naturel, et pour objectif de

1. Genèse, 26-29. Verset d'interprétation fort problématique, auquel J. Cohen a consacré un volume d'une grande érudition: *Be Fertile and Increase. Fill the Earth and Master It*, Ithaca, Cornell University Press, 1989; voir aussi P. Harrison, «Subduing the Earth. Genesis 1, Early Modern Science, and the Exploitation of Nature», *Journal of Religion*, 1999, n°79, p. 86-109. De manière plus générale, sur le concept de «*dominion*» dans l'histoire de la théologie et de la philosophie, voir L. H. Steffen, «In Defense of Dominion», *Environmental Ethics*, 1992, n°14, p. 63-80, et K. M. Squadrito, «Locke's View of Dominion», *Environmental Ethics*, 1979, n°1, p. 255-262.

2. De ce point de vue, les écrits d'E. Reclus en France et ceux de G. Marsh aux États-Unis pourraient certainement être tenus pour précurseurs. Sur l'importance de l'œuvre d'E. Reclus du point de vue de l'histoire de l'écologie, voir entre autres B. Giblin, «Reclus: un écologiste avant l'heure?», *Hérodote*, 1981, n°22, p. 107-18; sur G. P. Marsh, voir D. Lowenthal, *George Perkins Marsh: Prophet of Conservation*, Seattle & London, University of Washington Press, 2000. Sur l'histoire des rapports à la nature du point de vue de l'action géographique des hommes, de la transformation humaine de l'interface terrestre de l'Antiquité à la fin du XVIIe siècle, le livre monumental de C. J. Glacken, *Traces on the Rhodian Shore* (1967) demeure indispensable (trad. fr. T. Jolas et I. Tarier, *Histoire de la pensée géographique*, 3 tomes, Paris, Editions du CTHS, 2000-2005).

restreindre sur la base de normes la classe des actions permises à l'égard de la nature, alors sans doute date-t-elle d'hier, ou d'avant-hier – mettons de la fin des années soixante-dix, en se donnant pour repère temporel la fondation en 1979 de la revue *Environmental Ethics* qui lui a incontestablement apporté une certaine consécration académique [1].

C'est de cette dernière que parle exclusivement Andrew Light, en la faisant commencer un peu plus tôt, en 1973 – année au cours de laquelle Richard Sylvan, Arne Naess et Peter Singer publient presque simultanément des articles qui auront une importante postérité critique dans ce champ de recherche [2]. La problématique qui se met en place à ce moment là s'organise essentiellement autour de l'opposition conceptuelle de la valeur instrumentale et de la valeur intrinsèque des entités du monde naturel, l'enjeu d'une telle distinction étant de déterminer les conditions sous lesquelles il est possible d'attribuer à la nature une valeur intrinsèque ou toute autre forme de valeur non instrumentale qui constituerait un exemple de ce que les éthiciens de l'environnement appellent une valeur « non anthropocentrique », ou encore une valeur biocentrique ou écocentrique, par opposition aux formes de valorisation typiquement anthropocentriques qui ont dominé les diverses traditions morales en Occident. S'il est vrai que les composantes non humaines de la nature possèdent une valeur indépendamment de l'usage qu'un sujet conscient, capable de les évaluer, peut en avoir (une valeur non instrumentale, non anthropocentrique, semblable au fond à la valeur que les morales traditionnelles attribuent aux êtres humains), alors, à en croire ces théoriciens de l'environnement, il en résulte qu'un certain nombre de devoirs nous incombent, et que notre rapport à l'environnement est justiciable d'une régulation morale.

Selon Andrew Light, il est remarquable que dès cette époque, les éthiciens de l'environnement se soient détournés des problèmes environnementaux urbains, et que la ville, comme paysage anthropique et « manufacturé » (pour reprendre le titre de la série photographique d'Edward Burtynsky), ne leur soit pas apparue comme une instanciation pertinente de

1. Sur ce point, nous nous permettons de renvoyer à la Préface d'*Ethique de l'environnement. Nature, valeur, respect*, H.-S. Afeissa (éd.), *op. cit.*

2. R. Sylvan, « Is There a Need for a New, an Environmental Ethics ? », in *Philosophy and Science : Morality and Culture : Technology and Man*, Proceedings of the XVth World Congress of Philosophy, Varna, Sophia Press, 1973, p. 205-210 ; A. Naess, « The Shallow and the Deep, Long-Range Ecology Movement. A Summary », *Inquiry*, 1973, n°16, p. 95-100 ; Peter Singer, « Animal Liberation », *New York Review of Books*, 5 avril 1973. Les deux premiers articles ont été traduits en français dans l'anthologie citée dans la note précédente.

la valeur non instrumentale non anthropocentrique qu'ils s'efforçaient de mettre au jour.

Ce déni de la valeur du milieu bâti et la surestimation corrélative des problèmes environnementaux en milieu urbain procèdent directement, poursuit Andrew Light, du rejet des schémas anthropocentriques de détermination de la valeur, que les éthiciens de l'environnement ont coutume de rendre responsables de la crise environnementale à laquelle nous sommes confrontés, et qui les a conduits depuis le début à privilégier les milieux où se donnent à voir des formes d'existence naturelles dont le développement ne doit rien à l'intervention des hommes – les milieux où la nature met en scène des valeurs qui lui sont propres : celle de ce qui est sauvage, spontané, incontrôlable, non modifié par l'activité humaine.

C'est pour cette raison également que les éthiciens de l'environnement sont censés se tourner plus volontiers vers les déserts et les zones marécageuses impropres à l'habitation humaine (et donc relativement à l'abri de toute perturbation anthropique), que vers cet espace d'artifice configuré à l'image de l'homme et pour son seul usage que constitue une ville, « lieu par excellence de la domestication du temps et de l'espace, de la lumière et des saisons », comme l'écrit Colette Pétonnet, d'où ont été successivement chassés « l'eau stagnante, la boue, la neige, la poussière, les animaux et les déchets », vaincus « le froid et la nuit », ne laissant la place qu'à une méta-nature urbaine maîtrisée, apprivoisée, « chaque jour toilettée par des jets d'eau à haute pression, les souffleuses, les aspirateurs et les balayeuses motorisées »[1].

Or ce qu'il y a de particulièrement dommageable dans ce biais anti-urbaniste, aux yeux d'Andrew Light, c'est qu'il conduit les penseurs de l'éthique environnementale à se satisfaire d'une représentation fort inexacte des impacts environnementaux de la vie urbaine, en les condamnant par là même à adopter une posture politique et idéologique d'arrière-garde. Pour reprendre l'exemple précis régulièrement invoqué par Andrew Light et qu'il emprunte à l'étude désormais classique de Mathis Wackernagel et William Rees sur l'empreinte écologique des différents modes de vie et de consommation, « si l'on vit dans des agglomérations urbaines densément peuplées, l'empreinte *per capita* sera plus petite [que si l'on vit dans des zones rurales ou dans des régions situées en

1. C. Pétonnet, « Le cercle de l'immondice. Postface anthropologique », *Les annales de la recherche urbaine*, 1991, n°53, p. 108-09, cité par N. Blanc, *Les animaux en ville*, Paris, O. Jacob, 2000, p. 40, n. 1.

bordure des milieux de nature sauvage] parce que l'utilisation du sol et des infrastructures sera plus efficace et les besoins en transport et en chauffage résidentiel seront moindres »[1].

N'en déplaise aux éthiciens de l'environnement, l'augmentation et la concentration de la population urbaine ne constituent pas une partie du problème de la crise environnementale, mais bien plutôt un des éléments de la solution. Plutôt que de considérer que la ville est la mère de tous les maux écologiques dont souffre la planète, il conviendrait de s'interroger sur les conditions sous lesquelles le processus actuel de métropolisation et d'étalement urbain pourrait être dirigé de sorte à satisfaire des exigences optimales de durabilité.

Ce changement de perspective permettrait par là même aux éthiciens de l'environnement de renouveler de fond en comble leur discours politique, en les éloignant une bonne fois pour toutes des amabilités pastorales traditionnelles – ou, ce qui est pire, des récriminations passéistes et réactionnaires à l'encontre de la civilisation usinière et citadine[2]. Un projet philosophique et politique inédit en éthique environnementale pourrait alors voir le jour, demandant de repenser la relation des citadins à la nature, à la ville, au naturel urbain, dans leurs représentations et leurs pratiques, dans le but de développer une nouvelle forme de conscience citoyenne – ce qu'Andrew Light appelle une « citoyenneté écologique », c'est-à-dire une forme nouvelle de participation du public à l'entretien de leur propre environnement local (du jardin privatif à l'ensemble des écosystèmes locaux). Pareille tâche ne devrait donc plus être confiée à des professionnels de l'écologie de la restauration, mais bien à des amateurs volontaires soucieux de la santé écologique, de l'intégrité, de la beauté et de la durabilité de leur milieu de vie – en prenant modèle sur la vaste entreprise

1. M. Wackernagel et W. Rees, *Notre empreinte écologique. Comment réduire les conséquences de l'activité humaine sur la terre*, trad. fr. N. Daignault, Montréal, Ecosociété, 1999, p. 146.

2. A. Light n'est pas le seul à adresser pareil reproche aux éthiciens de l'environnement. Voir par exemple A. De Shalit, « Ruralism or Environmentalism ? », *Environmental Values*, 1996, n°5, p. 47-58, et plus généralement la plupart des partisans du pragmatisme en écologie (B. Norton, A. Weston, B. Minteer). Un consensus semble s'être créé parmi les historiens du courant environnementaliste aux États-Unis pour reconnaître l'existence d'une « seconde vague » d'activistes, beaucoup plus préoccupés de pollution, de rejets toxiques, de santé publique et autres problèmes de justice environnementale, que de préservation de la vie sauvage. Voir M. Dowie, *Losing Ground : American Environmentalism at the Close of the Twentieth Century*, Cambridge, MIT, 1996, et D. Schlosberg, *Environmental Justice and the New Pluralism*, Oxford, University Press, 1999.

de restauration conduite avec le succès que l'on sait par ce héros des temps modernes qu'est, aux États-Unis, Steve Packard[1].

Ce qu'il s'agit de privilégier, au final, ce n'est pas la préservation d'un milieu sauvage dont il importerait d'exclure les êtres humains pour le mettre à l'abri de toute corruption, c'est bien plutôt un certain type de coopération réussie entre les êtres humains et leur cadre de vie, permettant de renforcer ou de revitaliser les liens d'une communauté à son environnement devenu objet de ses soins. Andrew Light entend de cette manière accompagner et peut-être accélérer l'émergence de cette figure du citoyen comptable de son implication territoriale qui a fait une apparition relativement récente sur la scène publique, en France comme aux États-Unis, et en laquelle il place tous les espoirs de renouveau d'une philosophie capable d'éclairer et de guider les décisions en matière de politique environnementale[2].

Avouons sans plus tarder notre embarras devant cet ensemble de thèses brillamment ficelé. De manière générale, le propos d'Andrew Light nous semble prêter le flanc à plusieurs types d'objection, qui vont des objections techniques portant sur les critères de détermination des indicateurs de la qualité environnementale urbaine et sur le privilège exclusif qu'il accorde à cette méthode d'évaluation particulière, au demeurant controversée, qu'est la mesure de l'empreinte écologique[3], à des objections de fond portant sur l'interprétation globale qui est proposée de l'histoire de l'éthique environnementale, sur la façon dont sont présentés les enjeux de certaines de ses problématiques majeures, et enfin sur l'idée centrale selon laquelle il

1. Sur ce personnage légendaire et son œuvre, voir W. K. Stevens, *Miracle Under the Oaks : The Revival of Nature in America*, New York, Pocket Books, 1995.

2. N. Blanc conduit, en France, des travaux analogues en mettant l'accent sur la relation des citadins à la ville et sur la nécessité de développer des politiques et des pratiques écologiques urbaines. Voir sa thèse de doctorat (inédite), *La nature dans la cité*, Paris I, 1995; « 1925-1990 : l'écologie urbaine et le rapport ville-nature », *L'Espace géographique*, 1998, n°4, p. 289-299; « De l'écologique dans la ville », *Ethnologie française*, 2004, n°4, p. 601-07, et dernièrement *Esthétique environnementale*, Paris, Quae, 2008. Sur l'actualité de ce genre de problématique au regard du législateur français, voir l'étude du conseil économique et social présentée par B. Reygrobellet au nom de la section du cadre de vie en octobre 2007, intitulée « La nature dans la ville. Biodiversité et urbanisme », disponible sur Internet à l'adresse suivante : http : //lesrapports.ladocumentationfrancaise.fr/BRP/074000752/0000.pdf.

3. Sur ce point, voir par exemple M. E. Kahn, *Green Cities. Urban Growth and the Environment*, Washington, Brookings, 2006, où les mérites comparés des différentes méthodes d'évaluation sont examinés; voir aussi F. Piguet, I. Blanc *et al.*, « L'empreinte écologique : un indicateur ambigu », *Futuribles*, 2007, n°334, p. 5-24.

existerait une corrélation entre le rejet des schémas anthropocentriques de détermination de la valeur et le déni de la valeur du milieu bâti.

Nous nous concentrerons dans ce qui suit sur ces dernières objections, en vue de faire apparaître les raisons qui, à nos yeux, ont conduit les éthiciens de l'environnement, non pas à ignorer la spécificité et l'acuité des problèmes écologiques en milieu urbain, mais plutôt à ne pas leur accorder de priorité dans une réflexion sur les fondements de la crise environnementale.

Ainsi que nous le disions précédemment, l'histoire de l'éthique environnementale est susceptible d'être racontée de bien des façons, et on aurait grand tort de croire que l'on puisse écrire cette histoire là, dont nous sommes à peu près les contemporains, avec plus d'objectivité que l'histoire de Rome et d'Athènes, du Moyen Âge et de la Renaissance, dont Lucien Febvre disait que chaque époque se fabrique mentalement la sienne[1]. « Toute histoire est histoire contemporaine » (B. Croce), c'est-à-dire qu'elle s'écrit toujours du point des intérêts du présent, en sorte que ce que l'on appelle le « passé » – quel que soit son degré d'éloignement par rapport à nous – n'est jamais que la manière dont le présent se présente.

L'histoire de l'émergence de l'éthique environnementale, telle que la raconte Andrew Light, n'est à ce titre qu'une version possible parmi d'autres, qui n'est certes pas celle que raconte Roderick Nash de l'avancée victorieuse du libéralisme censée apporter au monde par étapes progressives la civilisation et la liberté[2], mais – à l'inverse – celle de la faillite historique d'une certaine forme de discours philosophique incapable de se pencher sur des problèmes pratiques et d'apporter des éléments de résolution d'une quelconque efficacité. Au fond, pour Andrew Light, le drame du philosophe, c'est qu'il n'a jamais vraiment su retourner dans la grotte afin de piloter les malheureux. Ce que l'émergence de l'éthique environnementale comme champ de recherche a révélé au grand jour, c'est le caractère fondamentalement inadéquat de l'approche philosophique traditionnelle, et la nécessité d'une conversion au pragmatisme. C'est dans

1. L. Febvre, *Le problème de l'incroyance au* XVIe *siècle*, Paris, Albin Michel, 1988 (1re éd. 1942), p. 12.

2. R. Nash, *Wilderness and the American Mind*, New Haven, Yale University Press, 1982 (1re éd. 1967), et *The Rights of Nature*, Madison, University of Wisconsin Press, 1989. Voir la critique que T. Birch fait des travaux de R. Nash dans « The Incarceration of Wildness : Wilderness Areas as Prisons » (1990), trad. fr. H.-S. Afeissa dans H.-S. Afeissa (éd.), *Ethique de l'environnement*, *op. cit.*, p. 317-348.

cette perspective eschatologique que prend place l'histoire que nous raconte Andrew Light.

Rien ne nous paraît plus révélateur, de ce point de vue, que la façon dont il détermine l'enjeu du problème de savoir si les entités non humaines possèdent une valeur indépendamment de celle que les êtres humains leur reconnaissent – problème classique de l'opposition entre la valeur intrinsèque et la valeur instrumentale des entités du monde naturel dont Andrew Light a raison de dire qu'il a exercé une influence polarisante sur une grande portion de l'éthique environnementale.

A quoi vise exactement pareille distinction conceptuelle, sur laquelle repose l'opposition entre des modes anthropocentriques et des modes non anthropocentriques de valorisation de la nature? Selon lui, ce qui compte en cette affaire n'est pas tant le fait que la valeur anthropocentrique soit considérée comme purement et simplement équivalente à une valorisation de type instrumental de la nature, que le fait que l'anthropocentrisme soit jugé *a priori* incapable de garantir la disqualification de certaines formes culturelles de valorisation de la nature. En effet, en posant les problèmes environnementaux en termes de préférences humaines, l'anthropocentrisme inscrit les politiques environnementales dans une relation de dépendance étroite avec le contexte culturel, dans la mesure où les préférences sont toujours fondées sur des normes culturelles et des pratiques sociales.

Andrew Light en veut pour preuve tel passage de l'article fondateur de Richard Sylvan intitulé « A-t-on besoin d'une nouvelle éthique, d'une éthique environnementale ? », où l'auteur déclare que

> seul un heureux hasard pourrait faire que la demande collective (...) portant sur les baleines bleues considérées comme biens communs au sein de l'économie, en vienne à contrebalancer les demandes privées dont elles font l'objet : car si aucun membre de la classe de base n'a l'heur d'entendre parler de l'existence des baleines bleues, ou si, étant informé du fait, il ne s'en soucie pas le moins du monde, alors les conditions « rationnelles » de prise de décision économique [considérée comme forme de valorisation anthropocentrique instrumentale] ne pourront strictement rien faire pour empêcher leur extinction [1].

La valeur anthropocentrique est contextuelle, elle renvoie à un contexte pragmatique, au monde dans lequel vivent les hommes et aux façons multiples et changeantes qu'ils ont de l'évaluer – à ce monde de la vie dont

1. R. Sylvan, « Is there a Need for a New, an Environmental Ethic? », trad. fr. H.-S. Afeissa dans H.-S. Afeissa (éd.), *Ethique de l'environnement*, *op. cit.*, p. 49.

les philosophes n'ont jamais voulu entendre parler, et auxquels ils ont toujours préféré de grandes abstractions creuses, dont le concept de valeur intrinsèque n'est, aux yeux d'Andrew Light, que l'ultime avatar.

Le lien entre le rejet de la valeur anthropocentrique par les éthiciens de l'environnement et le ratage de la problématique urbaine, peut à présent être élucidé d'une nouvelle manière et dans une perspective clairement politique (laquelle, en fait, présidait à toutes les analyses depuis le début). Ce que le silence des éthiciens de l'environnement donne à entendre, c'est « la vieille hostilité du philosophe envers la *polis* » (H. Arendt), envers le monde commun, la pluralité, bref envers l'humanité des hommes qui n'est rien d'autre que leur vivre-ensemble en ce monde. De là cette mythologie de la nature sauvage et de ses valeurs originelles, de là l'idée de ce sanctuaire où il serait loisible de se réfugier et d'où il serait possible de parler de l'homme sans qu'il entre dans son concept qu'il habite la Terre avec d'autres, qui sont ses semblables.

Que l'on ne s'y trompe donc pas : l'échec de l'éthique environnementale à penser la question urbaine est bien de nature politique, parce que fait défaut dans ce domaine toute prise en compte sérieuse de la dimension de pluralité et de son rapport proprement politique au monde, lequel commence aux portes des villes, dans cet espace bâti qui est un espace public où les modalités d'action doivent être décidées en commun[1]. Se détourner de la cité des hommes au profit des déserts, et invoquer sur un ton moralisateur des valeurs intrinsèques étrangères à toute culture plutôt que de s'asseoir à la table des négociations dans l'espoir de trouver un compromis entre les différentes valeurs en jeu et de déterminer les conditions d'une action coopérative visant à assurer la protection de l'environnement : ce sont là les deux faces d'une seule et même attitude de fuite devant la réalité de ce monde que les hommes ont en partage.

1. M. Hénaff a fort justement rappelé que l'espace de la ville a toujours été pensé comme étant essentiellement coextensif à l'espace civique : « Que la ville soit par excellence le lieu d'affirmation de l'espace public, c'est là une conviction que l'on peut qualifier de première dans la pensée politique occidentale. Outre la question des origines de la démocratie – en Grèce, à Rome – il y a une raison essentielle à cette conviction : l'usage – et avec lui le constant témoignage – du vocabulaire politique qui, dans de nombreuses langues européennes, tend à se confondre avec celui qui a rapport à la ville. En latin le terme *civis* – citoyen – est lié à *civitas*. (…) En Grèce attique, (…) chacune des dix tribus qui forment la *polis* comporte une population proprement urbaine (…). La notion d'espace public évolue depuis son origine urbaine – celle d'un espace construit – vers l'idée d'un dispositif institutionnel de débat ouvert et contradictoire destiné à rendre possible un accord raisonné entre membres de la cité en ce qui concerne la définition des institutions, la formulation des lois et leur mise en application », *La ville qui vient*, Paris, L'Herne, 2008, p. 155-156.

L'histoire de l'émergence de l'éthique environnementale telle que la raconte Light n'est qu'une histoire possible parmi d'autres, sans privilège, une histoire de plus qui s'écrit en fonction des intérêts que l'historien investit dans la lecture du passé. Pour ne pas être en reste, nous permettra-t-on de raconter notre propre version de cette histoire ?

L'histoire pourrait débuter de la manière suivante. En 1967 Lynn White jr. publie dans la revue *Science* un article intitulé « Les racines historiques de notre crise écologique »[1]. La thèse principale qu'il défend est la suivante : les racines de notre crise écologique doivent être cherchées, ni plus ni moins, dans la victoire que le christianisme a remportée sur le paganisme, en laquelle il convient de voir, selon lui, « la plus grande révolution psychique de notre histoire culturelle ». En effet,

> dans l'Antiquité, chaque arbre, chaque source, chaque fleuve, chaque colline, possédait son propre *genius loci*, son esprit tutélaire. (...) Avant de couper un arbre, de creuser une montagne ou de construire un barrage sur une rivière, il importait de se concilier l'esprit des lieux (...). En détruisant l'animisme païen, le christianisme a rendu possible l'exploitation de la nature dans un climat d'indifférence [à l'endroit d'un environnement que les esprits et les divinités ont fui].

En outre, le Christianisme a introduit dans l'histoire de l'humanité tout un faisceau d'idées nouvelles liées intimement les unes aux autres (celle de temps linéaire, celle de création, celle d'un aménagement et d'une mise en valeur de notre lieu de séjour), réunissant par là même les conditions spirituelles pour que l'homme en vienne à voir dans son environnement naturel un monde à former, à façonner, à dominer, un monde réduit à l'état de matière inerte, offert aux manipulations des technosciences, où toutes les déterminations sensibles doivent avoir leur index quantitatif, où seules les relations spatiales entre les différents éléments importent, et où le *genius loci*, fondé sur l'autonomie du lieu et sa différenciation qualitative, se trouve en quelque sorte oblitéré[2].

1. Lynn White Jr., « The Historical Roots of Our Ecological Crisis », *Science*, 1967, p. 1203-1207. Cet article a fait l'objet de multiples traductions en français : par F. A. Schaeffer, dans F. A. Schaeffer *La pollution et la mort de l'homme : un point de vue chrétien*, Lausanne, Ligue pour la lecture de la Bible, 1974, p. 79-97 ; par J. Morizot, dans J.-Y Goffi, *Le philosophe et les animaux. Du statut éthique de l'animal*, Nîmes, J. Chambon, 1994, p. 291-309 ; par A. de Benoist dans la revue *Krisis*, n°15, 1993, p. 60-71.

2. Sur le thème du *genius loci* examiné d'un point de vue historique et philosophique, voir notamment M.-A. Brayer, « Cartographies du "génie du lieu" », in *Genius Loci*, Paris, La Différence, 1993, p. 11-36.

De façon corrélative, l'homme, en tant qu'unique artisan de cette transformation du monde, est donné comme étant également l'unique bénéficiaire de la création, celui qui, en tant que tel, en vertu de la *valeur intrinsèque* qui est la sienne, a le droit de soumettre la nature et de l'exploiter, toutes choses n'ayant par rapport à lui qu'une *valeur instrumentale* parce qu'elles n'ont que la valeur que leur confère l'usage qu'il peut en avoir.

Valeur intrinsèque *vs.* valeur instrumentale : à quoi vise exactement pareille distinction, demandera-t-on une nouvelle fois ? A opposer des modes de valorisation de la nature selon leur plus ou moins grande dépendance à l'endroit du contexte culturel ? L'article de White suggère une autre réponse : le couple oppositionnel permettrait plutôt de penser *le rapport d'habitation du monde par l'homme en ce temps de crise qu'inaugure le Christianisme.*

En effet, s'il nous appartient de nous rendre comme maîtres et possesseurs de la nature, et de réduire toutes choses à leur valeur instrumentale, n'est-ce pas aussi bien parce que le monde n'est plus *habité* et qu'il n'est plus celui de personne, à commencer par les Faunes et les Sylvains qui ont *déserté* la nature, et dont nous n'avons plus à nous ménager les bonnes grâces, en sorte que nous pouvons bien faire comme si la nature n'avait pas d'autres fins ni d'autres valeurs que celles que nous lui assignons ? Comment cette « longue tradition qui veut que couper un arbre, ce soit frapper un coup pour le progrès »[1] aurait-elle pu se perpétuer, comment la civilisation aurait-elle pu se développer en défrichant les forêts, en cultivant le sol et en convertissant le paysage sauvage en installation humaine, si le monde n'avait été au préalable vidé de ses lieux et abandonné des dieux – dévasté avant même que de l'être ?

L'idée forte de Lynn White jr., qui nous paraît avoir gardé tout son pouvoir de séduction en dépit de ses faiblesses historiques, consiste à inscrire au fondement de la crise écologique une *crise de l'habiter humain* ou plus exactement du *co-habiter* au sein d'un monde où l'homme peut légitimement prendre toute la place parce qu'il est désormais seul au monde sous le regard de Dieu.

Si l'opposition, qui joue un rôle capital en éthique environnementale, entre valeur intrinsèque et valeur instrumentale, exprime la façon dont l'homme *habite* désormais le monde en « toisant la chose » (J. Beaufret)

1. K. Thomas, *Dans le jardin de la nature. La mutation des sensibilités en Angleterre à l'époque moderne (1500-1800)*, trad. fr. C. Malamoud, Paris, Gallimard, 1985, p. 259.

– c'est-à-dire en l'objectivant, en en prenant les mesures, en la considérant avec dédain comme n'étant là que pour le seul usage de l'homme –, comment comprendre que l'existence au sein d'un milieu urbain soit si rarement thématisée au profit d'une réflexion sur les modalités de préservation de la nature sauvage où, par définition, nul n'est censé *habiter*?

Posée de cette manière, il n'est pas sûr que la question soit recevable parce qu'elle suppose que l'on s'accorde avec la façon dont l'inventaire des positions en conflit a été effectué. Or le moins que l'on puisse dire est que l'opposition entre un milieu de nature sauvage et un milieu d'artifice de type urbain n'a rien de tranché en éthique environnementale, et a été constamment problématisée. Sans doute n'existe-t-il plus nulle part sur terre une nature sauvage, primordiale, originaire, soustraite par on ne sait quelle miracle à toute influence anthropique, pas davantage que n'existe un milieu de pur artifice, où toutes les manifestations de la nature seraient savamment orchestrées. Sans doute convient-il, plutôt que de les opposer, de les ordonner selon un gradient allant du plus naturel au plus artificiel. Ce sont là des banalités du genre[1].

Il reste que, aux yeux de certains éthiciens de l'environnement, l'expérience de la nature, dans sa spontanéité, délivre une leçon à laquelle le citadin risque fort de rester insensible s'il n'a pas d'autre horizon au quotidien que les fenêtres opaques des gratte-ciels qui, la nuit, réfléchissent les lumières de la ville, et qu'Andrew Light confond, au tout début de « The Urban Blind Spot », avec le scintillement des étoiles du ciel. En l'absence de l'expérience de la nature sauvage, il se peut que le citadin ne puisse tout simplement pas apprendre à habiter en milieu urbain, qu'il soit comme un étranger sous son propre toit.

Holmes Rolston III est, parmi les penseurs de l'éthique environnementale, celui qui a probablement examiné avec le plus d'insistance l'idée d'une habitation de l'homme sur terre, en situant l'habiter humain dans les trois dimensions où il est appelé à s'accomplir simultanément : à savoir les milieux urbain, rural et sauvage. En un sens, tout le propos de la philo-

1. Il est impossible de résumer en quelques lignes l'ampleur du débat qu'a suscité en Amérique du Nord l'examen du fameux concept de *wilderness*. Voir le recueil des principales « pièces » de ce dossier dans J. B. Callicott et Michael P. Nelson (éd.), *The Great New Wilderness Debate*, Athens, University of Georgia Press, 1998, J. B. Callicott et M. P. Nelson (éd.), *The Wilderness Debate Rages On : Continuing the Great New Wilderness Debate*, Athens-Londres, The Universty of Georgia Press, 2008, et le travail de Max Oeslchlaeger, *The Idea of Wilderness : From Prehistory to the Age of Ecology*, New Haven, Yale University Press, 1991.

sophie de Rolston est de trouver le moyen de replacer les expériences humaines sur la scène de l'histoire de la vie sur terre de telle sorte à faire apparaître dans ses déterminations multiples le monde dans lequel nous vivons comme lieu de notre séjour.

Dans la version alternative de l'histoire de l'éthique environnementale telle que nous la racontons, Holmes Rolston reprendrait donc à son compte la thèse de White selon laquelle une crise de l'habiter humain ou du co-habiter serait au fondement de la crise écologique – l'apport spécifique de Rolston consistant à rompre l'isolement des êtres humains en peuplant leur solitude de la profusion des formes de vie avec lesquelles, en tant que « compagnons voyageurs des autres espèces dans l'odyssée de l'évolution »[1], ils ont co-évolué. Les êtres humains doivent apprendre à percevoir leur propre existence en la situant au sein du flux immense du vivant, dans la succession presque infinie des formes de vie; ils doivent apprendre à suivre le développement et l'enchevêtrement des lignes de vie dans le temps, à retrouver derrière les formes actuelles la longue histoire dont elles sont les héritières, à saisir pour lui-même ce long et lent travail de la vie sur terre qui est un véritable miracle de créativité, et qui a débouché à un certain moment sur l'*Homo sapiens*. Les êtres humains sont partie prenante d'une histoire en cours dont les acteurs et figurants sont innombrables. En apprenant à penser les modalités de notre existence sur terre de cette manière, l'objectif, dit Rolston, est de nous « inviter en tant que sujet historique à apprécier l'histoire objective qui se déroule sous nos pieds et qui nous traverse, à enrichir l'histoire du seul fait de la raconter ». Il s'agit, autrement dit, de faire comprendre que « nous pouvons être un microcosme dans un macrocosme et jouir de la résidence légendaire (*storied residence*) qui est ici la nôtre »[2].

Le concept de « *storied residence* » mérite d'être examiné de près, parce que c'est lui qui va permettre d'articuler les uns sur les autres les différents modes d'habiter humain, et de comprendre ce que l'expérience de la nature sauvage peut apporter à la vie citadine.

L'expression de « *storied residence* » ne se laisse pas traduire aisément. « *Storied* » revêt plusieurs significations en anglais, et peut designer soit ce qui est illustre ou glorieux (on parlera, par exemple, de « *the storied journey of the Mayflower* »), soit – s'agissant d'une tapisserie ou d'un chapiteau –

1. A. Leopold, *Almanach d'un comté des sables* (1949), *op. cit.*, p. 145.

2. H. Rolston, « The Human Standing in Nature : Storied Fitness in the Moral Overseer », dans W. Sumner, D. Callen et T. Attig (éd.), *Values and Moral Standing* Ohio, Bowling Green University Press, 1986, p. 97.

ce qui est décoré de scènes à personnages, et spécialement de scènes tirées de l'Ecriture sainte (c'est le sens du mot français « historier »). Rolston joue avec ces deux significations, auxquelles s'ajoute pour le lecteur anglophone l'idée d'une narration, d'une histoire ou d'une romance, au sens d'un récit d'événements réels ou imaginaires (comme lorsque l'on parle par exemple d'une « *love story* »).

L'histoire évolutive est par excellence, une « *storied natural history* » parce qu'elle est, dans son ensemble, l'histoire du triomphe de la vie et, en particulier, celui des espèces encore existantes qui ont co-évolué. La « résidence légendaire » des hommes doit être comprise comme étant d'abord et avant tout de type évolutive et écologique, et elle renvoie à ce titre à la parenté des êtres humains avec les autres êtres vivants, et à la place qu'ils occupent au sein des différents écosystèmes.

Si nous parvenons à penser le verbe « habiter » avec suffisamment d'ampleur et de sens, il nomme la façon dont les êtres humains accomplissent sur terre et sous la voûte du ciel leur trajectoire d'existence, de l'émergence au sein de la matière organisée de cette ligne de vie qui les caractérise à sa persistance actuelle sous une forme modifiée. Si nous appelons « monde » cet intervalle multiple, alors il importe, pour que les êtres humains (que Rolston appellent souvent « *earthlings* » – les mortels) n'y soient pas étrangers, qu'ils ne perdent pas le fil, pour ainsi dire, de leur résidence légendaire, et c'est pour cette raison qu'il importe également de préserver la nature sauvage.

Contrairement à ce que prétend Andrew Light, les éthiciens de l'environnement en général, et Holmes Rolston en particulier, ne se tournent pas volontiers vers les déserts et les zones marécageuses parce que ces espaces sont impropres à l'habitation humaine et donc relativement à l'abri de toute perturbation anthropique, mais parce qu'ils sont le lieu, le monument ou l'origine de leur résidence légendaire, le creuset même de la création où grouillent encore mille formes de vie et d'où jailliront demain de nouvelles formes d'existence. Henry David Thoreau ne s'y trompait pas, lui qui pénétrait dans le « bois le plus sombre », le « marécage le plus dense, le plus interminable et, aux yeux du citadin, le plus désolé », comme dans « un lieu saint, un *sanctum sanctorum* » où « la vigueur, la moelle de la nature »[1] est comme mise en dépôt. Plus récemment, Peter Westbroek n'ajoutait pas sa voix au chœur des récriminations contre la civilisation

1. H. D. Thoreau, « Marcher », dans H. D. Thoreau, *Désobéir et autres essais*, trad. fr. S. Rochefort-Guillouet et A. Suberchicot, Paris, 10/18, 1994, p. 103-104.

usinière et citadine en faisant l'éloge des dômes de boue qui sont « de gigantesques abcès naturels, amas gélatineux de bactéries, d'humus et de minéraux », et en nous invitant à les préserver et à témoigner du « respect à nos partenaires bactériens sans qui toute vie serait impossible », à commencer par la nôtre en tant que « nous aussi sommes faits de bactéries, de biominéraux et de boue » [1].

Mais de quelle façon l'éloge de la boue et des tourbières peut-il nous aider concrètement à résoudre les problèmes écologiques urgents auxquels notre monde est confronté ? Quelle peut bien être l'utilité d'une telle approche en matière de politique environnementale ? La boue n'est-elle pas en éthique environnementale ce qu'elle était déjà chez Platon qui refusait de lui reconnaître une forme séparée : à savoir, la démonstration par l'absurde de son incapacité à saisir les problèmes avec tout le sérieux exigé ?

Disons le franchement : il y a quelque chose d'exaspérant dans cette charge politique qui, selon nous, est au fondement du reproche qui est fait aux éthiciens de l'environnement de négliger la problématique urbaine. Car il faut bien voir que, sous couvert de dénoncer son inefficacité politique, c'est en fait la spécificité même d'un certaine pratique de la philosophie qui est dénoncée, coupable d'élaborer des « visions du monde » à la mode du XIXe siècle, coupable de se poser des questions métaphysiques oiseuses sur le sens de notre présence sur terre, sur le fondement dernier de nos obligations, sur les critères de considération morale, etc., au lieu de prendre pied sur la terre ferme des résultats de la science, et de voir de quelle manière ces derniers peuvent aider les partenaires de discussion d'un programme de politique environnementale à trouver un accord. Comme le fait remarquer Callicott dans un article intitulé « *Silencing Philosophers* » [2], l'impérialisme des sciences de fait, à quoi se ramène la critique de la philosophie comme « vision du monde » et qu'une certaine lecture de Quine a rendu possible et légitime au sein du courant pragmatique, finit par rendre suspecte l'invocation de valeurs par le philosophe auquel il est demandé de bien vouloir se taire et de quitter la table des négociations.

1. P. Westbroek, *Vive la terre. Physiologie d'une planète*, trad. fr. N. Witkowski, Paris, Seuil, 1998, p. 156-57.

2. J. B. Callicott, « Silencing Philosophers : Minteer and the Foundations of Anti-Foundationalism », *Environmental Values*, 1999, n°8, p. 499-516. Dans le même sens, voir aussi du même auteur « Science, Value, and Ethics : A Hierarchical Theory », dans B. A. Minteer et B. P. Taylor (éd.), *Democracy and the Claims of Nature. Critical Perspectives for a New Century*, Lanham, Rowan & Littlefield, 2002, p. 92-114.

Or ce qui semble précisément digne d'intérêt, aux yeux de certains éthiciens de l'environnement, dans la science écologique (dont il ne s'agit en aucune façon de repousser les leçons), et qui leur paraît être de nature à révolutionner la philosophie morale, est qu'elle implique une nouvelle manière de se rapporter à la nature, une nouvelle vision du monde qui conduit à s'interroger de manière originale sur ce qu'est la nature, sur ce qu'est l'homme et sur la façon dont ce dernier devrait vivre au sein de l'environnement naturel. Dans la perspective de l'étude scientifique des interactions entre les organismes, des communautés biotiques et de leur environnement, les êtres vivants sont envisagés comme des « nœuds au sein du réseau ou du champ de la biosphère » en tant qu'unité englobante de fonctionnement. Ce qu'Arne Naess appelait le « modèle du champ de vue total » a pour effet de dissoudre le concept de l'homme compris comme un empire dans un empire, et d'inscrire la forme d'existence qui est la sienne au sein de la communauté de vie sur terre [1].

Comment réussir à contempler ce spectacle d'ensemble dont nous sommes partie prenante et apprécier la scène sur laquelle nous nous tenons comme étant celle de notre résidence légendaire, si ce n'est en tournant l'attention, pour ainsi dire, du côté des coulisses, là où tout se trame, là où de nouvelles intrigues se fomentent qui enrichiront demain le récit de la vie – donc, du côté de la nature sauvage, et non pas des villes d'où ont été successivement chassés « l'eau stagnante, la boue, la neige, la poussière, les animaux et les déchets », vaincus « le froid et la nuit », où le rythme des saisons et la régénération de la vie se laissent plus difficilement percevoir?

Holmes Rolston achève l'un de ses livres par un petit questionnaire amusant où il est demandé au lecteur, par exemple, de nommer une demi-douzaine de fleurs sauvages qui poussent dans le voisinage le plus proche de son environnement urbain. Quelles sont les premières fleurs du printemps ? Quelles sont les dernières de l'automne ? Citez la dernière fois où, au cours de la semaine qui vient de s'écouler, vous avez contemplé la nature d'un point de vue proprement esthétique (le lever du soleil, le passage d'un cumulus, une envolée d'oies sauvages, etc.). Pourriez-vous me dire l'heure qu'il est sans regarder votre montre, en consultant le ciel ou

1. A. Naess, « The Shallow and the Deep, Long Range Ecology Movement : A Summary », trad. fr. H.-S. Afeissa dans H.-S. Afeissa (éd.), *Ethique de l'environnement*, *op. cit.*

le soleil ? Seriez-vous capable de dire sous quelle saison vous vivez sans jeter un œil sur le calendrier[1] ?

L'épaisseur des murs de la cité assourdit la voix de la nature. Mais cela ne signifie pas pour autant que l'existence citadine soit une forme d'existence aliénée qui nous ferait irrémédiablement perdre le sens de notre résidence légendaire, car le sens du concept de « *storied residence* » ne s'épuise pas dans la référence à l'histoire évolutive d'où nous sommes issus. Selon une inflexion nettement biorégionaliste[2], ce concept renvoie également au « sens du lieu » que cultivent les êtres humains en fonction de leur inscription historique et géographique, de la topographie des lieux et de l'environnement culturel où ils vivent et au sein desquels se déploient leurs histoires personnelles.

De ce point de vue, Rolston fera valoir qu'il importe de restituer au séjour des hommes sur terre son *épaisseur sensible* en exigeant que compte soit tenu des spécificités effectives, de la continuité de sens qui définissent un lieu au fil du temps, du tissu complexe de la sédimentation territoriale qui en constitue l'identité physionomique, correspondant à la façon dont s'établit historiquement dans un lieu le sens de la vie collective. Et ce non pas au nom d'un désir de conservation muséale des témoignages du passé, mais au nom de cette idée selon laquelle l'habitation, comme processus de configuration d'un lieu de séjour, est le produit d'une lente et imprévisible appropriation traditionnelle, un ensemble complexe d'actions, de mémoires, d'identités. Un territoire habité est une sorte de diagramme du sens qu'une communauté ou une culture s'est donné à elle-même en l'inscrivant dans la configuration visible d'un paysage et d'un milieu bâti spécifiques, en le rendant lisible à ses descendants au fil des siècles.

Si l'on admet que le domaine construit et l'espace paysager peuvent être définis comme formant une « localité culturelle », alors la violation de leur identité formelle et symbolique aura comme conséquence, en tant que bouleversement des valeurs esthétiques, mémorielles et naturelles, d'affec-

1. H. Rolston III, *Environmental Ethics : Duties to and Values in the Natural World*, Philadelphia, Temple University Press, 1988, p. 347-49.

2. Rolston cite habituellement sur ce point les travaux issus de la mouvance biorégionaliste de K. Sale. Voir en français le numéro spécial de la revue *Eléments*, « Le localisme. Une réponse à la mondialisation » (n°100, 2001). Aussi étonnant que cela puisse paraître, Rolston ne mentionne jamais l'œuvre remarquable de J. Brinckerhoff Jackson qui a pourtant révolutionné l'étude des paysages au XXe siècle et qui a soutenu des thèses analogues à celles de Rolston : voir J. B. Jackson, *The Necessity for Ruins, and Other Topics*, Amherst, University of Massachusetts Press, 1980. Mais c'est que, une fois n'est pas coutume, Jackson est probablement mieux connu en France que dans son pays d'origine.

ter les conditions sous lesquelles une communauté intergénérationnelle historiquement donnée a su imprimer son style propre à un ensemble environnemental pour le constituer en une région du monde de la vie (ou « biorégion ») – considération suffisamment puissante pour imposer une certain nombre de règles aux politiques d'aménagement du territoire.

Ainsi que le fait remarquer de nos jours Michel Lussault, si nous avons l'impression que « ce que nous regardons, c'est de l'urbain en crise, en catastrophe, dévasté, en guerre, menacé de ruine sans qu'on sache très bien qui menace, qui est la victime, qui est le bourreau », c'est non seulement parce que le milieu urbain est devenu à ce point infigurable que « même avec Google Earth, on n'arrive plus à situer les limites de l'urbain », mais encore parce qu'il est devenu inracontable. « Pour que l'espace urbain existe, il faut qu'il soit racontable. Et il faut qu'il soit figurable. Il n'y a pas d'expérience humaine collective vivable sans histoire à raconter et sans figure à rencontrer[1]. »

Le concept de « *storied residence* » qu'avance Holmes Rolston a précisément pour fin de rendre disponible un instrument intellectuel permettant, non pas bien sûr de résoudre la crise urbaine, mais au moins de la penser.

1. Entretien avec M. Lussault réalisée le 3 juin 2007 par L. Wolf pour le journal *Le Temps* (Genève), disponible sur Internet à l'adresse suivante : http://www.tierslivre.net/spip/spip.php?article888. Voir aussi *L'homme spatial. La construction sociale de l'espace humain*, Paris, Seuil, 2007, et *De la lutte des classes à la lutte des places*, Paris, Grasset, 2009.

DE MIRABILIBUS MUNDI
VERS UNE ÉTHIQUE ET UNE ESTHÉTIQUE ENVIRONNEMENTALES

Nous souhaiterions nous interroger dans le cadre de ce chapitre sur les relations que peuvent soutenir deux types de discours ou deux types d'approche de la nature : d'une part celle qui fait de l'environnement naturel un objet de *préoccupation morale*, et d'autre part celle qui fait de la nature un objet d'*appréciation esthétique*.

Précisons d'emblée que notre point de vue ne sera pas celui de l'historien. Qu'il y ait un lien généalogique entre ces deux formes de sensibilité à la nature, que la contemplation de la nature comme constituant un spectacle de toute beauté ait pu conduire historiquement à la préservation des sites doués d'une certaine valeur esthétique, c'est un point de fait parfaitement documenté. Il a ainsi pu être établi que la représentation paysagère de la nature a joué un rôle décisif dans l'histoire de la formation de la sensibilité écologique partout dans le monde, que l'environnementalisme contemporain – surtout en Amérique du Nord – plonge ses racines dans la tradition romantique du XIXe siècle, que le mouvement de préservation des parcs nationaux aux États-Unis a trouvé l'une de ses principales motivations dans l'appréciation esthétique de la nature sauvage. Pour prendre un exemple très précis, les historiens ont pu montrer que les séries artistiques de l'école de Barbizon ont permis d'obtenir l'annulation de coupes de vieux arbres dans la forêt de Fontainebleau, et ont conduit ultimement à classer cette forêt parmi les sites protégés[1].

1. Voir J.-C. Polton, « La fôret de Fontainebleau aux origines de la protection de la nature », *La Grappe*, 2005, n°63-64, p. 55-64. Pour le cas de la France, voir l'intéréssante étude de D. G. Charlton qui s'arrête au seuil du XIXe siècle, *New Images of the Natural in France. A Study in European Cultural History (1750-1800)*, Cambridge, Cambridge University Press, 1984. Comme toujours, la bibliographie des travaux pertinents est

Le lien entre le souci de la nature et son appréciation esthétique se laisse donc aisément établir au regard de l'histoire, ce qui ne surprendra personne : en effet, si les diverses composantes de notre environnement naturel étaient absolument dénuées à nos yeux de toute valeur esthétique, si nul n'admirait la magnificence de ses paysages, la luxuriance de sa végétation, l'abondance des formes de vie qui pullulent à sa surface et dans ses océans, il est hautement probable que la sensibilité écologique ne se serait pas développée, ou en tout cas avec beaucoup moins de vigueur et d'amplitude. La beauté de l'environnement naturel possède une force mobilisatrice sans pareille.

Il ne s'agit donc pas pour nous de documenter ce point de fait – ce travail a déjà été fait et très bien fait. Notre propos se voudrait plus philosophique, en prenant pour objet le type de relations discursives qu'une *esthétique de la nature* peut soutenir avec une *éthique de l'environnement*. Que veut dire que ces deux types d'approche de la nature peuvent être « complémentaires » l'une de l'autre ? En quel sens une esthétique de la nature peut-elle prétendre « fonder » une éthique environnementale ? Comment peut-on passer de la considération de la beauté de la nature à l'idée selon laquelle nous aurions des devoirs à l'endroit des entités du monde naturel ? Que doit être une morale pour pouvoir puiser sa motivation pratique dans la considération de la beauté de la nature ? En admettant que la beauté puisse constituer une source de motivation pratique, l'acte qui en résulte peut-il être tenu pour un acte authentiquement moral ? Et réciproquement : que doit être une esthétique de la nature pour pouvoir contenir en tant que telle des prescriptions axiologiques ? Dans la mesure où une éthique et une esthétique semblent relever de deux registres discursifs fondamentalement distincts, ne peut-on légitimement soupçonner que le projet visant à les combiner offre un bel exemple de ce qu'Aristote appelait une « *metabasis eis allos genos* » – une confusion des genres ?

Depuis plus de deux décennies, les philosophes de l'art et les environnementalistes anglo-saxons ont cherché à répondre à ces questions difficiles en s'efforçant de construire un espace commun d'interlocution entre leurs domaines de recherches respectifs. C'est ainsi qu'un croisement s'est effectué entre le courant d'éthique environnementale et le courant d'esthétique naturaliste (également baptisé du nom d'esthétique « environ-

pléthorique. Consulter la bibliographie sélective à la fin de ce livre. Enfin, on trouvera une intéressante histoire de la sensibilité écologique au cours des deux derniers siècles dans la thèse de doctorat de J. Bardes, *La sensibilité écologique. De la révolte romantique à la crise écologique*, thèse de doctortat (inédite), Institut d'études politiques de Paris, 2007.

nementale »), selon des modalités assez complexes qui ont suscité de nombreux débats à la fois *entre les éthiciens de l'environnement* (certains estimant qu'il est nécessaire de chercher du côté d'une esthétique de l'environnement le fondement d'une éthique environnementale, d'autres jugeant la chose impossible et contradictoire), *entre les théoriciens d'une esthétique environnementale* (certains estimant qu'une esthétique environnementale ne peut avoir, en tant que telle, de pertinence quelconque sur le terrain de la moralité, d'autres pensant le contraire), et enfin *entre les éthiciens de l'environnement et les théoriciens de l'art* (certains protestant contre l'usage que font de leurs travaux les spécialistes de l'autre domaine de recherche, d'autres se félicitant au contraire de cette situation)[1].

Une cartographie précise des débats en cours demanderait beaucoup de soin, et elle aurait l'incomparable mérite d'offrir un premier accès en français à une vaste littérature qui attend encore d'être traduite et qui n'a connu que fort peu d'écho en France. Les pages qui suivent visent plus modestement à poser les premiers jalons d'une telle étude.

A cette fin, il nous a paru opportun de travailler en priorité à défricher le terrain, et de ne pas craindre par conséquent de sacrifier l'élégance à la clarté en adoptant un plan divisé en quatre parties. La première sera consacrée à présenter pour elles-mêmes quelques-unes des idées clés du courant d'éthique environnementale, de manière à faire ressortir la spécificité de cette manière de poser philosophiquement les problèmes environnementaux. La seconde prendra pour objet de réflexion un modèle d'esthétique subjectiviste (celui défendu par Oscar Wilde) afin de mettre au jour quelques-unes de ses caractéristiques essentielles, et afin de pouvoir les opposer, dans une troisième partie, à l'esthétique objectiviste (dans la version défendue par Allen Carlson). Enfin, la quatrième partie s'emploiera à expliquer de quelle manière la rencontre entre une éthique et une esthétique environnementales est susceptible de se produire, en resserrant l'attention autour de l'une des figures majeures de l'éthique environnementale contemporaine (à savoir Holmes Rolston III).

Pour ne pas trop nous éloigner de notre propos, nous ne ferons aucune remarque d'ordre historique sur la formation de ce courant de pensée qu'est l'éthique environnementale, en renvoyant le lecteur désireux d'en savoir

1. L'on trouvera en fin de volume une sélection de quelques travaux de spécialistes consacrés au problème de l'articulation d'une éthique environnementale à une esthétique de la nature, ainsi que des travaux de théoriciens de l'art qui s'interrogent sur la pertinence d'une esthétique environnementale aux fins d'élaboration d'une éthique de l'environnement.

plus aux études existantes déjà abondamment citées dans les chapitres précédents. Nous voudrions poser sans plus tarder la question de savoir quel type de projet philosophique poursuit une éthique environnementale.

Il importe de dire sans plus tarder qu'il est très malaisé de répondre à cette question car l'éthique environnementale n'est pas un courant philosophique homogène, unifié autour d'un certain nombre de principes ou de problématiques dans lesquels tous les penseurs se reconnaîtraient. Elle est bien plutôt une nébuleuse en expansion permanente traversée par des tendances de sens opposées, en compétition les unes avec les autres. Il serait loisible de dénombrer au moins une dizaine d'écoles différentes (le biocentrisme, l'écocentrisme, l'écoféminisme, l'écologie sociale, le pluralisme, le pragmatisme, etc.), si bien que l'on peut dire qu'il n'y a peut-être pas une seule proposition qui n'ait fait l'objet de contestation à l'intérieur même du champ de l'éthique environnementale. Par conséquent, toute présentation en termes généraux court le risque d'être à la fois partielle et partiale – risque que nous assumerons dans ce qui suit, en nous réglant, non pas sur le contenu doctrinal de telle ou telle école d'éthique environnementale, mais sur un idéal-type, en entendant par là, comme le veut Max Weber, un concept limite auquel on mesure la réalité pour clarifier le contenu empirique de ses éléments.

Disons enfin, par anticipation, que nous procéderons de la même manière lorsque l'heure sera venue de nous tourner vers le courant d'esthétique environnementale, qui est au moins aussi diversifié et conflictuel que peut l'être celui de l'éthique environnementale. Dans la mesure où il s'agit pour nous de mettre en lumière les conditions sous lesquelles un dialogue fructueux est parvenu à se nouer entre ces deux domaines de recherche, nous privilégierons, parmi les nombreuses variantes d'esthétique environnementale, celle qui s'est révélée la plus proche de la théorie d'éthique environnementale en direction de laquelle notre étude est délibérément orientée et dont nous reprenons plus d'une propositions à notre compte.

Comme le nom l'indique, une *éthique environnementale* entreprend de poser les problèmes *environnementaux* sur le terrain de la *moralité* en se demandant quels sont les devoirs et les obligations qui nous incombent dans le rapport aux entités du monde naturel, en entendant par là non seulement les organismes individuels, mais aussi les éléments abiotiques du milieu naturel, et des ensembles naturels tels que des écosystèmes. Dans la perspective d'une éthique environnementale, la régulation qui doit être mise en place dans notre rapport à la nature n'est pas d'abord ni essentiellement d'ordre juridique, technique ou politique, mais d'ordre moral.

Mais, objectera-t-on, cette façon de poser les problèmes n'est-elle pas quelque peu incongrue dans la mesure où la crise environnementale ne se présente pas à nous à la façon d'un problème *moral* dont il conviendrait d'apprendre à mesurer les enjeux, mais plutôt sous la forme beaucoup plus *technique* d'une perturbation qui défie les possibilités de reconstitution des stocks naturels et de restauration de ses équilibres? Les interventions humaines, parce qu'elles sont de plus en plus massives et de plus en plus concentrées dans le temps, menacent d'interrompre des cycles naturels et de nous conduire à des seuils d'irréversibilité : voilà – précisément défini – le problème auquel nous sommes confrontés, et on ne voit pas du tout ce que la morale vient faire ici.

Si donc l'état de délabrement de la planète justifie pleinement que l'on prenne un certain nombre de décisions en vue de fonder une pratique écologiquement et socialement responsable de la vie économique (par exemple en mettant en place une fiscalité incitative, en faisant voter des lois interdisant aux industriels de déverser des produits toxiques dans nos rivières, en exigeant que des études d'impact et d'aménagement soient menées à bien avant toute implantation d'un centre d'enfouissement de déchets, etc.), il n'y a cependant aucun sens à élaborer une éthique de l'environnement et à promouvoir la nature au rang de sujet de considération morale. De ce point de vue, il paraît tout bonnement absurde et grotesque de parler de *devoirs* à l'endroit de la nature, du *respect* qui lui est dû, de *valeurs* naturelles.

C'est en vertu de cette suspicion de principe à l'endroit de toute problématique d'éthique environnementale qu'il a longtemps été d'usage en France de mettre l'accent sur la responsabilité environnementale des hommes les uns à l'endroit des autres, et sur les risques qu'engendre l'usage des techniques *sans que jamais* soit posée la question de savoir si nous n'avons de devoir qu'à l'endroit des autres hommes, ou encore si l'opposition dualiste entre l'homme d'une part et la nature d'autre part ne demanderait pas à être réexaminée. Plus grave encore, il est à noter que la nature même de la crise écologique n'est pas vraiment examinée dans ce cadre de pensée. Le problème est en effet de savoir si l'on peut se contenter de poser le problème de la crise de l'environnement dans le langage de la comptabilité énergétique, comme on a tendance à le faire en Europe, sans que jamais soient examinés pour eux-mêmes les *principes* et les *motifs* des rapports que nous soutenons avec la nature. Peut-on se contenter de faire ses comptes avec la nature, de recenser et de quantifier les ressources naturelles sans jamais s'interroger sur ce que sont les représentations, les valeurs qui règlent le rapport de l'homme à son environnement naturel, sur la façon dont l'homme se représente la place qu'il occupe dans la nature?

L'éthique environnementale (et ceci vaut également de la *deep ecology* d'Arne Naess[1]) se donne précisément pour programme d'examiner tout le système d'idées qui règle le rapport de l'homme à la nature dans le but de mettre au jour les racines culturelles de la crise environnementale contemporaine. L'on comprend par là même qu'elle ne puisse pas se contenter d'une remise en question de la société libérale en ses modes de gestion économique et politique – même si elle peut *aussi* prendre cette forme –, tout simplement parce que ce qui est entré en crise avec la crise environnementale est jugé être autrement plus profond et plus ancien que le seul mode de production capitaliste ou que le consumérisme propre à la manière de vivre des Occidentaux.

Mais en quel sens peut-on dire que la crise écologique contemporaine procède de la tradition philosophique, scientifique et religieuse occidentale? Qu'est-ce qui fait problème dans cette tradition? De quoi s'agit-il? En un mot: de son anthropocentrisme – autrement dit de l'idée selon laquelle *l'homme est la mesure de toute chose*. L'une des expressions caractéristiques de cet anthropocentrisme de la culture occidentale se trouve dans la distinction multiséculaire qui est faite entre les choses et les entités du monde qui comportent une «valeur instrumentale» et celles qui comportent une «valeur intrinsèque». Dire d'une chose ou d'une entité qu'elle a une «valeur instrumentale» signifie qu'elle n'a aucune «valeur intrinsèque», aucune valeur en soi, par elle-même, mais qu'elle n'a que la valeur que lui confère l'usage que les hommes peuvent en avoir. Conformément à une tradition dont les prémices remontent à l'antiquité grecque, les êtres humains et eux seuls sont censés posséder une valeur intrinsèque, c'est-à-dire *grosso modo* une dignité (et non pas un prix), tandis que tout le reste de la nature n'est censé posséder qu'une valeur instrumentale, c'est-à-dire n'exister que pour servir les fins que poursuivent les hommes[2].

L'éthique environnementale se propose de mettre fin à l'anthropocentrisme des valeurs qu'elle accuse d'être à l'origine des problèmes

1. Voir A. Naess, *Ecologie, communauté et style de vie*, trad. fr. Ch. Ruelle, Paris, Editions MF, 2008 ainsi que la postface que nous avons rédigée pour cette édition aux p. 309-355.

2. Sur le sens de cette distinction, nous nous permettons de renvoyer à H.-S. Afeissa, «Intrumental and Intrinsic Value», dans J. B. Callicott et R. Frodeman (éd.), *Encyclopedia of Environmental Ethics and Philosophy*, New York, Macmillan, 2008, t. 1, p. 528b-531b.

environnementaux que nous rencontrons, et elle s'efforce de concevoir les êtres vivants non humains, ainsi que les composantes abiotiques du milieu naturel, comme des *patients moraux*, c'est-à-dire comme des êtres susceptibles d'être présentés comme des objets de préoccupation morale pour eux-mêmes[1]. Il ne s'agit pas de promouvoir des comportements normatifs vis-à-vis de l'environnement non humain en fonction de la prospérité et du bien-être humain, puisque cela revient à n'attribuer de valeur à la nature qu'en fonction des hommes (donc une valeur instrumentale). Il ne s'agit pas de promouvoir un usage pondéré, un usage durable des ressources naturelles pour garantir la survie de l'humanité. L'éthique environnementale revendique la prise en compte morale de l'environnement non humain *pour lui-même*. Elle s'oppose à la réduction des éléments composant l'environnement à de seules et uniques ressources, et entend mettre au jour la nature comme lieu de valeurs intrinsèques dont l'existence commande un certain nombre d'obligations morales.

Par là même apparaît l'espace au sein duquel vont pouvoir s'élaborer quelques-unes des problématiques majeures de l'éthique environnementale. Le problème fondamental que rencontre toute entreprise d'éthique environnementale est de savoir, premièrement, comment déterminer quel type d'objet ou d'entité au sein de l'environnement naturel peut être tenu pour porteur d'une valeur intrinsèque; deuxièmement, comment fonder un certain nombre d'obligations morales et, de manière plus générale, une responsabilité des hommes à l'endroit de la nature sur la reconnaissance de l'existence de valeurs naturelles intrinsèques; troisièmement, comment ordonner de façon hiérarchique les diverses valeurs intrinsèques et les obligations morales qui leur sont corrélatives, étant bien entendu qu'une éthique de la valeur intrinsèque n'implique pas de soutenir la thèse d'une sorte d'égalitarisme normatif (exigeant un traitement moral identique pour les êtres humains et pour l'ensemble de la nature) au motif qu'on reconnaît une valeur intrinsèque à la nature dans sa totalité ou dans certaines de ses composantes.

Quel bénéfice une entreprise de ce genre peut-elle espérer tirer d'une esthétique de la nature? Quels sont les liens que peuvent nouer ces deux approches du monde naturel? A quel niveau de la construction d'une

1. L'expression de « patient moral » est de G. Warnock, *The Object of Morality*, Londres, Methuen & Co, 1971, et a été reprise et élaborée par K. Goodpaster, « On Being Morally Considerable », *Journal of Philosophy*, 1978, n°6, p. 308-25, trad. fr. H.-S. Afeissa dans H.-S. Afeissa (éd.), *Ethique de l'environnement*, *op. cit.*, p. 61-91.

éthique environnementale l'esthétique de la nature peut-elle se révéler d'une quelconque utilité, et de quelle manière ?

Les connexions entre ces deux approches peuvent s'effectuer à tous les niveaux, et l'entrelacs de relations complexes qui en résulte explique la multiplication des débats entre les éthiciens de l'environnement et les théoriciens de l'art. Les divergences se sont fait jour sur la façon de déterminer le statut conceptuel du beau naturel envisagé comme l'une des déterminations de valeur de la nature, sur la possibilité de dériver un ensemble de devoirs à partir de la considération des propriétés esthétiques des éléments du monde naturel, et sur le problème de savoir si la beauté du monde naturel peut déterminer un critère d'évaluation morale permettant de juger, au cas par cas, du bien-fondé de telle ou telle action dans la nature.

La principale difficulté que rencontre le projet visant à articuler une esthétique de la nature à une éthique de l'environnement tient à ce que l'appréciation esthétique semble être par essence irrémédiablement subjective et, en ce sens, anthropocentrée. En effet, la beauté, que ce soit celle d'une œuvre d'art ou celle d'une composante quelconque du monde naturel, n'est-elle pas toujours, comme le disait le poète, dans l'œil de celui qui regarde ? N'est-ce pas à la faveur de la représentation que s'en donnent les hommes que la nature s'éveille à la vie ? Que peut bien être la nature en elle-même, vidée pour ainsi dire de tout regard, si ce n'est une nature morte, muette, « an-esthésiée » ou « an-esthétique », en dépit de son exubérance[1] ?

Entre mille autre références possibles permettant d'élucider le sens de ces thèses, un texte célèbre d'Oscar Wilde extrait du *Déclin du mensonge* nous retiendra quelques instants en tant qu'il fait apparaître peut-être mieux qu'un autre les caractéristiques fondamentales de toute esthétique subjectiviste :

> Ce que nous voyons, et la façon dont nous le voyons, dépend des arts qui nous ont influencés. Jeter un coup d'œil à une chose ce n'est pas la voir vraiment. On ne voit une chose que si l'on en aperçoit la beauté. Alors, et alors seulement, commence-t-elle vraiment d'exister. De nos jours, les gens voient les brouillards non parce qu'il y a des brouillards, mais parce que les poètes et les peintres leur ont appris la mystérieuse beauté de tels effets. Il a certes pu y avoir du brouillard sur Londres depuis des siècles et j'ose même dire qu'il y en avait. Mais comme personne ne le voyait, nous

1. Sur ce genre d'idées très courantes dans l'histoire de l'esthétique, voir le chapitre 4 du livre de J. Roger, *Nus et paysages. Essai sur la fonction de l'art*, Paris, Aubier, 1978.

n'en savons rien. Le brouillard n'avait pas d'existence avant que l'art ne l'eût inventé [1].

Comment Wilde peut-il dire que le brouillard qui s'abat sur Londres depuis des siècles n'avait pas d'existence avant que les poètes et les peintres – c'est-à-dire en l'occurrence principalement Dickens et Monet [2] – ne l'eurent inventé ? Wilde ne dit pas qu'il n'y avait pas de brouillard sur Londres avant l'invention des poètes et des peintres, il dit même expressément le contraire : il est tout à la fois sûr qu'il y avait du brouillard sur Londres *et* que personne ne le voyait. L'incertitude dont il est question dans le texte (« ...nous n'en savons rien... ») ne porte pas sur l'un ou l'autre point, mais sur ce que pouvait bien être le brouillard *avant* son invention par les peintres et le poètes. Les nappes de brouillard n'ayant jamais été données à voir pour elles-mêmes auparavant, n'ayant jamais été décrites ni jamais représentées pour elles-mêmes, ses propriétés sont longtemps restées inconnues.

De quelle manière le brouillard existait-il par le passé, et comment était-il vu ? Afin de répondre à ces questions, Wilde distingue finement entre deux régimes de perception : celui qui consiste à « jeter un coup d'œil » et celui qui consiste à « voir » – « *to look* » et « *to see* » (ce que l'on pourrait également traduire dans ce contexte par « entrevoir » et « apercevoir »). Selon Wilde, il ne fait aucun doute que les nappes de brouillard ont été *entrevues* depuis des siècles, et que les Londoniens n'ont pas attendu les artistes pour leur prêter une certaine attention. Tout le problème est de savoir quel type d'attention était accordé à ce phénomène. En toute rigueur, assure Wilde, on ne peut pas dire que le brouillard était vu pour lui-même, il était au mieux *entrevu*, il était ce sur quoi *on jetait un coup d'œil* pour voir *au-delà* de lui, comme par transparence. Le brouillard n'était pas vu, il était ce qui empêchait de voir ; il était *vécu* (plutôt que vu) comme une gêne, un

1. O. Wilde, *Le déclin du mensonge* (1891), trad. fr. P. Neel modifiée, dans O. Wilde, *Œuvres*, Paris, Stock, 1977, vol. 1, p. 307-308.

2. Monet est par excellence le peintre du *fog* londonien, qu'il a cherché à représenter d'innombrable fois. Quant à Dickens, ses lecteurs n'auront sans doute pas oublié les éblouissantes premières pages de *Bleak House* (1853) consacrées à une description de Londres et de ses abords envahis par les brumes, ni tel passage de *Notre ami commun* (1865) ou tel autre de ses *Contes de Noël* où le brouillard joue un rôle diégétique capital. Sur l'histoire de la représentation artistique des nuées et des brumes, voir B. M. Stafford, *Voyage into Substance : Art, Science, Nature, and the Illustrated Travel Account 1760-1840*, Londres, MIT Press, 1995, p. 185-214, et l'article suggestif de M. Perrot, « Brouillard, brumes et nuées dans la peinture romantique allemande », *Cahiers du centre de recherche sur l'image, le symbole et le mythe*, 2002, n°26-27, p. 109-117.

voile intempestif, un rideau de fumée qui dissimule et soustrait à la vue ce qui seul vaut d'être vu. Le brouillard avait bien une signification pratique dans la vie quotidienne des Londoniens, en tant que perturbation provisoire des fonctions d'orientation, mais aucune existence esthétique.

Comme le dit avec humour Wilde dans le même texte, là où, avant l'intervention des artistes, l'homme de la rue se contentait d'attraper un rhume, voilà tout à coup que, après le travail de représentation des poètes et des peintres, il se met à saisir un effet esthétique. Comment s'y sont-ils pris ? Manifestement, le régime de perception a été modifié : ce qui n'était jusqu'alors qu'*entrevu* a été donné à voir pour lui-même en sorte qu'il soit enfin *aperçu*. Les nappes de brouillard ont commencé à être représentées pour elles-mêmes, elles ont recouvré pour ainsi dire une certaine épaisseur, de sorte à empêcher le regard de les percer sans avoir aucun égard pour elles – comme la vitre à travers laquelle on regarde n'est pas vue pour elle-même. Il fallait donc que le regard en vienne à *se réfléchir* et à observer le *milieu intermédiaire de perception* ; pour y parvenir, il fallait inventer un procédé pour contraindre le regard à faire une *halte* dans sa course folle en direction de l'objet de son attention ; il fallait lui apprendre à voir le milieu à travers lequel il voit toute chose, non pas en lui faisant perdre des yeux l'objet de son regard, mais au contraire en le rendant sensible à la manière dont le milieu intermédiaire de perception modifie le *mode d'apparaître* des choses.

Que signifie alors apercevoir les « mystérieuses beautés » du brouillard ? De quelle manière le brouillard modifie-t-il la façon dont les choses nous apparaissent ? En enveloppant toute chose d'une gaze légère, les brumes impriment d'invisibles déformations, altèrent la coloration, brouillent les frontières entre terre et ciel. L'universelle dissolution des formes et dilution de toutes les couleurs qui en résulte fait apparaître un paysage aux limites tremblantes que nul n'aurait jamais vu si les artistes n'avaient su nous le donner à voir. En ce sens, il ne suffit pas de dire qu'ils nous ont appris à voir *autrement* le brouillard, mais bien plutôt qu'ils nous appris à le voir *tout court*, parce qu'ils ne se sont pas contentés de modifier son mode d'apparition, ils lui ont donné existence en tant qu'il est ce qui modifie le mode d'apparition de toute chose.

Le coup de génie des premiers peintres du brouillard londonien a été de contraindre l'œil à se *regarder regarder*, en une torsion réflexive qui lui a donné à voir le milieu à travers lequel s'effectue toute perception. Une fois cet apprentissage effectué, l'œil saura percevoir dans la nature ce que l'art lui a appris à voir, en sorte qu'il pourra passer de lui-même d'un milieu intermédiaire de perception à un autre et en décrire les effets sur le mode d'apparition des choses : des nuées à la lumière du soleil, de la neige à la bruine, du vent à la pluie, etc.[1]

Ce qui nous paraît tout à fait remarquable dans ce texte tient à ce que l'on pourrait appeler, en des termes qui doivent autant à Kant qu'à la tradition phénoménologique, la promotion de l'activité du sujet en tant que constitutive de l'expérience esthétique[2]. Il ne s'agit en aucune façon de prêter généreusement à Wilde une quelconque théorie du libre jeu des facultés, ni une phénoménologie implicite de la perception, mais simplement de prendre note de la dimension à ses yeux essentiellement réflexive, et donc subjective, de l'expérience esthétique. La nature n'est belle que dans la mesure où elle donne occasion à un sujet constituant de s'exercer, en sorte que l'expérience de la beauté se ramène toujours à l'expérience de ce qu'un sujet peut produire à travers le jeu de ses propres facultés. Ce qui séduit dans la nature n'est finalement rien autre chose que l'image réfléchie par le miroir qu'elle nous tend.

Mais si la beauté de la nature repose en dernière analyse sur le jeu des opérations réflexives d'un sujet constituant, alors on voit mal comment ce modèle d'appréciation esthétique de la nature pourrait être compatible avec les fins que se donne une éthique environnementale, car un telle esthétique paysagère, en faisant apparaître la nature comme dénuée de toute valeur qui lui soit propre, semble plutôt conforter l'anthropocentrisme que dénonce inlassablement les éthiciens de l'environnement. En effet, dans ce cadre de pensée, la beauté de la nature n'est pas *dans la nature*, mais *dans l'œil qui celui qui regarde*, lequel continue de se contempler lui-même de façon narcissique dans le miroir de la nature.

1. O. Wilde avance clairement cette idée dans la suite du même texte où il évoque « le blanc frémissement du soleil, ces étranges taches mauves et ces inquiétantes ombres violettes qu'on observe maintenant en France », faisant allusion aux tableaux des impressionnistes – nommément : Monet, encore, et Pissaro. L'hypothèse puissante que contient ce passage ne nous semble pas avoir été évaluée à son juste prix : ce qui fait le génie de l'impressionnisme, ce n'est pas, comme on pu le dire, l'invention des couleurs (ou de nouvelles manières de mélanger les couleurs) ou la saisie de « l'éternité au coin de la rue », mais la découverte et l'exploration systématique des multiples milieux intermédiaires de perception.

2. Le concept de constitution est entendu en son sens phénoménologique, c'est-à-dire au sens de l'activité de conscience qui confère à un phénomène son sens d'apparition. Quant au concept d'« activité du sujet », il est au centre des élaborations kantiennes en matière d'esthétique depuis le début des années 1770 jusqu'à la troisième *Critique* parue en 1790. Voir sur ce point D. Dumouchel, *Kant et la genèse de la subjectivité esthétique. Esthétique et philosophie avant la* Critique de la faculté de juger, Paris, Vrin, 1999.

On trouve une formulation plaisante de cette idée dans un texte de G. Berkeley dans lequel ce dernier développe incidemment quelques remarques sur l'art à l'occasion d'une méditation dont l'objet immédiat et la portée réelle sont d'ordre moral. Fort de la maxime selon laquelle « le véritable possesseur d'une chose est celui qui en jouit et non celui qui en est le possesseur sans en jouir », Berkeley s'estime autorisé à tirer la conclusion que, tout bien considéré, il est « l'un des hommes les plus riches de Grande-Bretagne » au motif qu'il a un droit de propriété sur « tous les colliers de diamants, des croix, des étoiles et brocatelles et des manteaux brodés qu'[il] voit au théâtre et aux fêtes d'anniversaire », lesquels « donnent plus de plaisir naturel à celui qui les voit qu'à celui qui les porte ». De la même manière, il pense être justifié à considérer que « les beaux ornements de tous les carrosses dorés », que les « braves gens qui y sont assis et qui se sont mis en frais pour se parer si joliment », et même « les élégantes et les belles dames » ne sont là que pour lui plaire, pour le divertir, « comme autant de perruches dans une volière ou de tulipes dans un jardin », car « de leurs parures extérieures, le plaisir qu'[il] tire est réel, le leur imaginaire ». Et il conclut, établissant un lien explicite avec des considérations d'ordre esthétique :

> Une *galerie de tableaux*, un cabinet ou une bibliothèque où j'ai mes entrées, j'estime qu'ils sont à moi. En un mot, tout ce que je demande, c'est l'usage des choses : les possède qui voudra [1].

Si toutes choses ne sont belles et ne procurent de plaisir qu'à la condition de l'expérience que peut en faire un sujet (et, en ce domaine, plus pure et sans mélange est l'expérience, plus entière et intense sera la jouissance qu'on en tirera), alors chacune en particulier et toutes en général peuvent bien disparaître : la beauté, la richesse ou la valeur du monde n'en sera ni diminuée ni augmentée pour peu que demeure indemne la conscience d'où procède toute valorisation. Les galeries d'art, cabinets d'amateur et autres bibliothèques peuvent bien s'embraser, le monde peut bien s'effondrer – la conscience esthétique, quant à elle, perdra seulement une (belle) occasion de s'exercer.

Il y a fort à parier qu'une éthique environnementale s'accommodera fort mal d'une telle conclusion, elle qui entend mettre à l'abri le monde et ses valeurs intrinsèques de toute destruction anthropique. De manière plus générale, ce sont les conditions les plus fondamentales d'articulation d'une

1. G. Berkeley, *Essays in the Guardian*, essai n°49 (1713), trad. fr. J. Pucelle dans J. Pucelle, *Berkeley*, Paris, Seghers, 1967, p. 85. Nous soulignons.

éthique et d'une esthétique environnementales qui paraissent faire défaut. Sans doute cela est-il vrai d'une esthétique *subjective* de la nature, d'une esthétique paysagère, mais qu'en est-il d'une esthétique *objective* pour laquelle la nature brillerait, non plus d'une lumière empruntée, mais de ses propres clartés ?

Telle est exactement la façon dont Allen Carlson entreprend de poser le problème dans le cadre de son esthétique cognitiviste [1]. Pour le dire en quelques mots, l'esthétique cognitiviste avance la thèse générale selon laquelle l'appréciation esthétique de la nature exige non seulement une expérience sensible ou sensorielle, c'est-à-dire la considération des qualités formelles des entités qui la composent, mais en plus une connaissance intellectuelle de la nature de ces entités et de l'histoire de leur production. L'idée clé d'une esthétique cognitiviste est que l'appréciation esthétique doit se laisser guider par la nature même de l'objet qui est offert à l'appréciation, impliquant de la part du spectateur qu'il réunisse un certain nombre d'informations sur ce qu'est cette entité, sur la façon dont elle est venue au monde, sur l'histoire évolutive dont elle résulte, sur les propriétés qui sont les siennes, etc. [2].

L'idée n'est pas neuve, c'est sa systématisation dans le cadre d'une esthétique qui est nouvelle. Marjorie Hope Nicolson dans un livre bien connu [3] a montré que les découvertes scientifiques effectuées au cours du XVIIe siècle, notamment en astronomie, ont eu pour effet de transformer en quelques décennies la façon dont les montagnes étaient perçues. Dans le contexte de la tradition judéo-chrétienne dominante, les irrégularités de la nature, ses excavations, ses cavernes, ses crevasses, ses saillies, ses protubérances, étaient interprétées, selon la formule de Thomas Burnet, comme « les ruines d'un monde brisé » – c'est-à-dire, comme ce qu'il reste du monde après la chute provoquée par le péché d'Adam et Eve. Avant le

1. Voir de cet auteur notamment *Aesthetics and the Environment : The Appreciation of Nature, Art and Architecture*, Londres, Routledge, 2000, et *Nature and Landscape : An Introduction to Environmental Aesthetics*, New York, Columbia University Press, 2009.

2. En ses multiples versions et variantes, l'esthétique cognitiviste a contracté une dette immense à l'endroit de K. Walton, ainsi que Carlson le rappelle dans presque toutes ses publications. Voir K. Walton, « Categories of Art », *Philosophical Review*, 1970, n°79, p. 334-367, trad. fr. C. Hary-Schaeffer, dans *Esthétique et poétique*, textes réunis et présentés par G. Genette, Paris, Seuil, 1992, p. 83-129. Voir l'excellente synthèse que propose S. Réhaut, « Réalisme esthétique, éthique et environnement », *Klesis*, 2009, n°13, p. 123-146.

3. Voir M. H. Nicolson, *Mountain Gloom and Mountain Glory : The Development of the Aesthetics of the Infinite*, Ithaca, Cornell University Press, 1963. Une histoire analogue a été racontée en prenant pour objet la mer et ses rivages par A. Corbin, *Le territoire du vide. L'Occident et le désir du rivage* (1750-1840), Paris, Flammarion, 1988.

Déluge, la terre était polie, régulière, uniforme, sans montagnes, ni rochers, ni fonds marins, plane comme les champs Elysées. Pour punir Adam et Eve de leur désobéissance, Dieu inclina de quelques degrés l'axe du globe et modifia de ce fait le printemps éternel de leur première demeure. La différence des climats, les intempéries, les maladies, la formation du relief terrestre qui rendirent la seconde terre bien moins agréable que la première, ne seraient ainsi que le reflet physique de la décadence morale dans laquelle l'homme est tombé[1].

Or ce que l'on découvre grâce aux lunettes astronomiques de Galilée au début du XVIIe siècle, c'est qu'il existe aussi des montagnes sur la lune et qu'il en existe probablement aussi sur les autres planètes, ce qui contraint à comprendre en termes géologiques (et non plus théologiques) l'histoire de leur formation[2]. De la même manière, les savants de l'époque commencèrent à étudier le rôle considérable que la mer a joué dans le façonnement du globe, apprenant ainsi à leurs contemporains à déchiffrer d'une autre manière la morphologie du paysage, en prenant en compte les rythmes temporels et les lents processus géologiques à l'œuvre. Plutôt que de voir les couches superposées des épaisseurs rocheuses comme autant de débris du déluge, ils leur apprirent à y lire l'obscure autobiographie de la croûte terrestre. L'apparition d'un langage scientifique capable de dire les profondeurs et d'interpréter les archives de la terre (en l'occurrence la géologie et la minéralogie) a ainsi rendu possible une véritable révolution du regard conduisant à terme à rendre aux montagnes la beauté qui leur a longtemps été contestée[3].

1. Sur l'importance du mythe du déluge universel dans la pensée européenne jusqu'à la fin du XVIIe siècle, voir M. S. Seguin, *Science et religion dans la pensée française du XVIe siècle : le mythe du déluge universel*, Paris, H. Champion, Paris, 2001.

2. Descartes a également joué un rôle décisif dans la constitution d'une théorie géologique de la terre dans ses *Principia Philosophiae* (1664), notamment dans les articles 37 à 44 de la quatrième partie où la formation des reliefs de la terre est expliquée par des raisons strictement mécaniques (différenciation progressive de la matière, rupture de la couche extérieure de la terre, etc.). Sur l'importance de l'invention et de l'usage scientifique des télescopes et des microscopes au XVIIe siècle dans la mutation intellectuelle qui affecta non seulement le contenu de certaines sciences observationnelles mais aussi les représentations de l'expérience visuelle, voir P. Hamou, *La mutation du visible. Essai sur la portée épistémologique des instruments d'optique au XVIIe siècle*, Paris, Septentrion, 1999.

3. L'élaboration d'une théorie scientifique géologique ne constitue toutefois que l'un des facteurs de cette révolution, comme y insiste Nicolson, qui cite également l'héritage littéraire, les récits de voyage, la poésie, la théorie philosophique du sublime, le développement du tourisme, etc. Voir sur ce point l'intéressante préface de R. Legros au *Journal d'un voyage dans les Alpes bernoises* de G. W. F. Hegel, Grenoble, Million, 1988, et l'étude de C. Thacker, *The Wilderness Pleases. The Origins of Romanticism*, London-New York, Croom Helm-

L'esthétique cognitiviste tire argument de cet état de fait pour avancer l'idée selon laquelle il existe un lien entre la connaissance des propriétés essentielles d'un objet naturel et son appréciation esthétique. Elle ne *réduit* donc pas l'appréciation esthétique de la nature à sa représentation scientifique. Elle défend l'idée selon laquelle les sciences naturelles et physiques (la géologie, la biologie, l'écologie, la physique, etc.) peuvent contribuer à *libérer* le regard et *mener* à une appréciation esthétique de la nature en livrant les informations objectives nécessaires se rapportant aux mécanismes et processus évolutifs qui œuvrent en silence dans la nature[1].

Cette appréciation esthétique de la nature est d'un genre tout différent de l'appréciation subjective et anthropocentrée dont il a été question précédemment, parce que ce que l'on est conduit à admirer n'est pas la manière dont la nature « fait tableau » ou la manière dont elle « fait miroir », mais plutôt la puissance créatrice de la nature, les forces *objectives* immenses qui participent à façonner le monde *tel qu'il est réellement*. En ce sens, l'esthétique cognitiviste est une nouvelle mouture de l'esthétique du sublime, à cette différence près que l'expérience d'effroi ou d'émerveillement vécu par le sujet est corrélée à la mise au jour dans la nature d'immenses facultés créatrices toujours à l'œuvre.

Dans ce cadre de pensée, la valeur esthétique reconnue à la nature est une valeur qui lui appartient en propre puisque c'est ce dont *elle est capable* qui force l'admiration. Il n'est désormais plus possible de dire que la beauté réside dans l'œil de celui qui regarde, parce que *l'œil qui regarde*, en tant qu'il est le fruit d'une longue histoire évolutive, *force lui aussi l'admiration*. En outre, cette admiration n'a plus rien de narcissique, car l'œil ne se contemple pas lui-même dans le miroir que lui tend la nature, il contemple bien plutôt le processus évolutif qui l'a porté à l'existence tout au long de

St Martin's Press, 1983, ainsi que celle de F. Turner, *Beyond Geography. The Western Spirit Against The Wilderness*, New York, The Viking Press, 1980.

1. Thèse évidemment très controversée : voir par exemple C. Klonk, *Science and the Perception of Nature : British Landscape Art in the Late Eighteenth and Early Nineteenth Centuries*, New Haven, Yale University Press, 1996 ; P. Matthews, « Scientific Knowledge and the Aesthetic Appreciation of Nature », *Journal of Aesthetics and Art Criticism*, 2002, n°60, p. 37-48 ; G. Parsons, « Nature Appreciation, Science, and Positive Aesthetics », *British Journal of Aesthetics*, 2002, n°42, p. 279-295, « Natural Functions and the Aesthetic Appreciation of Inorganic Nature », *British Journal of Aesthetics*, 2004, n°44, p. 44-56, « Theory, Observation, and the Role of Scientific Understanding in the Aesthetic Appreciation of Nature », *Canadian Journal of Philosophy*, 2006, n° 36, p. 165-186 ; Y. Saito, « Is There a Correct Aesthetic Appreciation of Nature ? », *Journal of Aesthetic Education*, 1984, n°18, p. 35-46 ; A. Carlson, « Saito on the Correct Aesthetic Appreciation of Nature », *Journal of Aesthetic Education*, 1986, n°2, p. 85-93.

cette immense histoire de la vie sur terre, en liaison étroite avec l'ensemble des autres créatures et entités du monde naturel avec lesquels il a coévolué. Le sujet de l'expérience esthétique en vient à se saisir lui-même comme créature parmi d'autres créatures, « compagnon voyageur des autres espèces dans l'odyssée de l'évolution »[1], qui ajoute quelque chose à la beauté du monde du seul fait d'exister, mais qui ne peut pas prétendre réduire la beauté du monde à sa seule existence et à ses opérations de conscience.

C'est en ce sens que, aux yeux de Holmes Rolston, l'esthétique de la nature peut prétendre préparer le terrain sur lequel pourra s'édifier une éthique environnementale, en vertu de l'idée selon laquelle « nous formons toujours nos valeurs dans une large mesure en liaison avec la conception que nous nous faisons du type d'univers dans lequel nous vivons – l'une et l'autre influençant notre sens du devoir »[2]. La façon dont le monde nous semble *être* (sur quoi nous instruisent les sciences naturelles et physiques) dessine toujours l'horizon sur le fond duquel se détachent les fins dernières déterminant ce qui *doit être*. Le rôle stratégique que peut jouer une esthétique de la nature tient à ce que, en nous apprenant à nous émerveiller de la puissance créatrice de la nature, elle réussit à nous inspirer un sentiment de crainte respectueuse mêlée d'admiration – ce sentiment paralysant d'être dépassé par une puissance créatrice supérieure, qui nous enveloppe en nous assignant une position au sein de la création, en tant que l'espèce humaine constitue simplement l'un des chapitres de l'odyssée de la vie sur terre. Il existe ainsi une ligne de pente très douce qui conduit de l'appréciation esthétique de la nature (stimulée par les sciences naturelles et physiques) au sentiment des devoirs qui sont les nôtres dans le rapport à l'environnement naturel.

Certes, ces devoirs ne sont pas à proprement parler *déduits* de la considération de la beauté de la nature, mais aussi bien est-ce un contresens que d'exiger de la part d'une philosophie morale de justifier de cette manière ses prescriptions. Holmes Rolston n'entreprend pas de *démontrer* que la beauté naturelle constitue une valeur intrinsèque, puis de *démontrer* que l'existence de cette valeur intrinsèque commande un certain type de devoirs. En toute rigueur, il n'y a pas d'implication logique entre une éthique et une esthétique environnementales, mais cette absence de

1. Selon la belle formule d'A. Leopold, *Almanach d'un comté des sables*, *op. cit.*, p. 145.

2. H. Rolston, « Challenges in Environmental Ethics », dans M. Zimmermann *et al.* (ed)., *Environmental Philosophy : From Animal Rights to Radical Ecology*, New Jersey, Prentice Hall, 1998, p. 143.

connexion logique ne constitue pas pour autant une faiblesse pour l'un ou l'autre discours.

De la même manière, ce serait une erreur d'exiger de la part de la science naturelle de *déduire* les multiples formes de vie qui peuplent la terre comme si la « logique » du vivant pouvait se réduire au jeu de quelques lois naturelles auxquelles on adjoindrait des conditions initiales. Comme le dit Rolston, nul ne peut, en se donnant les microbes pour prémisse, déduire les trilobites au titre de conclusion :

> Je ne peux pas vous donner un argument expliquant le déroulement de toute cette histoire – vous dire en vertu de quelle logique il y a eu une Terre primitive, des protozoaires durant le Précambrien, des trilobites durant le Cambrien, des dinosaures durant le Triassique, des mammifères durant l'Eocène, des primates durant le Pliocène, débouchant sur l'*Homo sapiens* durant la Pléistocène. (…) La théorie de la sélection naturelle ne prédit pas ce qui va se produire, pas plus qu'elle n'est capable de dire, après coup, pourquoi ce sont ces événements là qui se sont produits plutôt que des centaines d'autres théoriquement tout aussi probables [1].

Tout ce que l'on peut faire, à ce niveau, c'est raconter une histoire – l'histoire de la vie sur terre – de telle sorte que le drame vivant suffise à rendre pleinement compte de chaque existence individuelle et de chaque lignée évolutive. Par conséquent, il n'y a aucun sens, pour Rolston, à vouloir *justifier* la valeur intrinsèque d'une être naturel, comme s'il pouvait exister une « logique » qui permettrait de défendre pour elle-même l'existence des hiboux tachetés ou celle des lémuriens. L'une et l'autre sont des formes de vie spécifique qui se sont maintenues au sein de leur environnement respectif à travers le temps, au cours d'une longue histoire venant enrichir l'histoire de la vie sur terre. Et cela seul doit suffire à justifier leur existence.

Le stratagème adopté par Rolston dans son éthique environnementale consiste à déployer pour elle-même, avec un certain luxe de détails, l'histoire évolutive de la vie sur terre telle que le darwinisme l'a rendue intelligible, en faisant valoir la formidable créativité qui l'anime de telle sorte à forcer le respect et l'admiration. C'est à cette fin que Rolston invite ses lecteurs à examiner de plus près le règne du vivant (depuis la forme végétale la plus fruste jusqu'à l'organisme animal pluricellulaire), en leur

1. H. Rolston, « The Human Standing in Nature : Storied Fitness in the Moral Overseer », dans W. Summer, D. Callen et T. Attig (éd.), *Values and Moral Standing*, Ohio, Bowling Greene University Press, 1986, p. 96.

apprenant à s'émerveiller des phénomènes d'organisation, des processus d'autorégulation et de suppléance fonctionnelle, lesquels attestent partout qu'il y a comme une intelligence de ce qui vit, une plasticité et une puissance de restauration des formes de l'organisme qui croît, qui cicatrise ses blessures, qui résiste à la mort et se reproduit. « Chaque dotation génétique », note Rolston, « est, en ce sens, une dotation normative bien que non morale ; au-delà de ce qui est, elle suggère ce qui doit être » [1]. De ce point de vue, dire d'un être naturel qu'il possède une valeur intrinsèque indépendamment de toute conscience humaine qui lui en conférerait une, revient simplement à lui reconnaître la capacité à afficher un projet propre, inscrit en lui par voie de programmation génétique, pouvant se déployer et se réaliser de façon autonome.

Mais l'analyse, et l'émerveillement qui lui est corrélatif, ne peuvent en rester là, car un être naturel n'est ce qu'il est que comme partie d'un tout, au sens où il est membre d'une population spécifique adaptée par voie évolutive à la niche écologique qui l'abrite, elle-même en liaison étroite avec une communauté biotique plus large au sein d'un réseau d'écosystèmes hiérarchisés en niveaux d'intégration successifs. A ce titre, bien que les êtres naturels constituent individuellement le lieu de la valeur intrinsèque en tant que les intérêts vitaux qu'ils défendent sont toujours ceux de leur propre existence, cette valeur se transfère, pour ainsi dire, d'un niveau d'intégration à un autre, en passant successivement des êtres naturels individuels à l'espèce dont ils sont membres, puis de cette espèce à l'ensemble des espèces et des communautés biotiques qui, à un moment donné (dans une perspective synchronique) et à tous les moments de l'histoire de la vie sur terre (dans une perspective diachronique), sont en relation les unes avec les autres, et enfin de ces communautés biotiques transhistoriques aux multiples composantes abiotiques de l'environnement avec lesquelles elles sont en relation d'interdépendance, jusqu'à inclure l'ensemble de la nature.

A terme, l'histoire naturelle, si elle est bien racontée, devra inspirer ce sentiment proche de la stupéfaction du croyant devant le *mysterium tremendum fascinans et augustum* – sentiment religieux, assurément, mais aussi sentiment esthétique, puisque l'objet d'admiration est donné dans la puissance de la nature, dans son exubérance et sa fécondité – bref, dans ce tout qui est « *wild* », par opposition à ce qui est domestiqué, anthropisé et mis en scène. Rolston nous invite à suivre le développement et l'enche-

1. H. Rolston, *Environmental Ethics. Duties to and Values in the Natural World*, Philadelphia, Temple University Press, 1988, p. 257.

vêtrement des lignes de vie dans le temps, à retrouver derrière les formes de vie actuelles la longue histoire dont elles sont les héritières, à saisir pour lui-même ce long et lent travail de la vie sur terre qui est un véritable miracle de créativité investissant les êtres qu'il appelle à l'existence d'une dignité qui force le respect. L'histoire de la vie révèle la nature en tant que nature « projective », laquelle forme des projets, trace des lignes de vie, édifie des équilibres écosystémiques, dans le cadre d'un système où rien n'est laissé au hasard, où tout joue un rôle, aussi discret soit-il, et où pourtant tout peut advenir. Pour peu que les hommes apprennent à admirer pareil spectacle dont ils sont partie intégrante, à s'étonner de la grandeur et de la durée de l'entreprise biotique, ils ne manqueront pas alors de se soucier du rôle qu'ils y tiennent en ayant soin de ne plus agir à la façon de vandales[1].

1. La position de Rolston mériterait d'être comparée à celle que défend M. Kieran dans un article peu connu et rarement cité, « A Divine Intimation : Appreciating Natural Beauty », *The Journal of Value Inquiry*, 1997, n°31, p. 77-95.

COMME CHIENS ET CHATS
LE CONFLIT FRATRICIDE ENTRE ÉTHIQUE ENVIRONNEMENTALE ET ÉTHIQUE ANIMALE

Dans un bel essai publié en 1968 sous le titre de *Two Against One. Coalitions in Triads*[1], Theodore Caplow soutient la thèse que toute interaction sociale est par essence triangulaire et non pas linéaire. Comme le disait l'architecte Buckminster Fuller, célèbre pour ses dômes géodésiques : « Tout ce qui dans la nature lutte, se combine, forme des ensembles, doit nécessairement prendre le triangle comme modèle, car il n'y a pas d'autre structure valable »[2]. La formation de triade, c'est-à-dire d'un système social comprenant trois éléments liés entre eux par une relation durable, qui ont tendance à se diviser pour former une coalition de deux éléments contre le troisième, est l'un des phénomènes les plus courants de l'expérience humaine. Le projet de Theodore Caplow est de montrer, à la suite de Georg Simmel, de quelle manière le conflit contribue au développement de la structure sociale, comment des agrégats d'individus peuvent en venir à se souder en groupes à l'apparition d'un ennemi commun.

S'il faut et s'il suffit d'avoir le même adversaire pour se sentir solidaires et former une coalition de cause, alors tout porte à croire que les acteurs de l'éthique environnementale et ceux de l'éthique animale anglo-américaines doivent être les uns pour les autres d'inséparables partenaires luttant main dans la main et développant des stratégies communes pour faire échec aux entreprises de ceux qui, au sein du même système social, rejettent des produits toxiques dans les rivières, détruisent les fonds de

1. T. Caplow, *Two Against One : Coalitions in Triads*, Englewood Cliffs, Prentice-Hall, 1968, trad. fr. P. Cep, *Deux Contre un. Les coalitions dans les triades*, Paris, A. Colin, 1971.

2. Cité par T. Caplow, *Two Against One : Coalitions in Triads*, *op. cit.*, trad. fr. p. 5.

corail, polluent l'atmosphère, rasent les forêts, massacrent les baleines jusqu'à menacer l'espèce entière d'extinction[1].

L'on serait d'autant plus porté à le penser que la cause animalière et les préoccupations écologiques semblent avoir une origine historique commune. Keith Thomas, dans son étude classique sur la mutation des sensibilités en Angleterre à l'époque moderne, a ainsi pu faire la preuve de la quasi-contemporanéité entre l'apparition d'une « compassion pour la création brute » (en y incluant non seulement les animaux de compagnie, mais encore certaines espèces domestiques et sauvages privilégiées) et l'importance sans précédent attachée à la contemplation des paysages champêtres, dans son contraste avec les terres cultivées, conduisant à se soucier de plus en plus de la préservation de la nature sauvage, comme un sanctuaire où les animaux et les arbres pourraient retrouver les conditions d'une vie libre, originelle, sans entraves ou menaces venues des activités humaines[2].

Notre moderne « industrie agro-alimentaire motorisée », pour reprendre l'expression de Heidegger[3], où les animaux se reproduisent, sont allaités et nourris jusqu'à maturité dans des enclos spécialement conçus avant d'être abattus puis acheminés sur le marché en pièces détachées, aurait dû, selon toute probabilité, resserrer les liens entre les partisans d'une éthique environnementale et ceux d'une éthique animale dans la mesure où le développement de ce type d'exploitation constitue à la fois une atrocité morale pour les animaux et une calamité d'un point de vue écologique et social[4].

Les chiffres que citent Jeremy Rifkin dans son étude sur l'industrie bovine aux États-Unis intitulé *Beyond Beef* sont édifiants : 1,2 milliard de bœufs, vaches, veaux et moutons destinés à l'abattage vivent sur terre. Ce

1. Pour une présentation d'ensemble de ces deux courants en français, voir C. Larrère, *Les philosophies de l'environnement*, Paris, P.U.F., 1997, J.-B. Jeangène Vilmer, *Ethique animale*, Paris, P.U.F., 2008 et du même *L'éthique animale*, Paris, P.U.F., 2011.

2. K. Thomas, *Man and the Natural World : Changing Attitudes in England 1500-1800* (1983), trad. fr. C. Malamoud, *Dans le jardin de la nature. La mutation des sensibilités en Angleterre à l'époque modern (1500-1800)*, Paris, Gallimard, 1985.

3. M. Heidegger, « Le dispositif » (1949), trad. fr. S. Jollivet, *Po&Sie*, 2006, n°115, p. 12.

4. Cette remarque est également faite par D. Jamieson dans « Animal Liberation Is an Environmental Ethic » (1998), repris dans D. Jamieson, *Morality's Progress. Essays on Humans, Other Animals, and the Rest of Nature*, Oxford, Clarendon Press, 2002, p. 203. M. Braunstein donne une formulation brillante de cette idée d'une convergence d'intérêts entre éthiciens de l'environnement et partisans de la cause animale en écrivant : « *One way to make ends meet is to make meat end* ». Voir M. Braunstein, *Radical Vegetarianism : A Dialectic of Diet and Ethic*, Quaker Hill, Panacea Press, 1993, p. 99.

véritable continent d'animaux de boucherie, et la monoculture céréalière qui l'accompagne, occupent 25 % des terres cultivées planétaires. Un tiers des céréales mondiales nourrit le bétail que dévorent un demi-milliard d'Occidentaux. Au Brésil, 23 % des terres arables vont à l'alimentation du bœuf exporté, au détriment du maïs et des haricots noirs, nourriture de base des paysans. 90 % du bœuf du Guatemala, pays en malnutrition, part aux États-Unis. 50 000 tonnes de bœuf passent chaque année de l'Amérique latine aux États-Unis. Les conséquences en sont tout d'abord l'obésité : 6,7 milliards de hamburgers sont vendus aux États-Unis chaque année dans les fast-foods. En moyenne, un Américain entre 7 et 13 ans mange 6,2 hamburgers par semaine, presque un par jour. Selon Rifkin, 50 % de l'eau consommée aux États-Unis sert à l'élevage. Enfin, les déjections des ruminants libèrent chaque année dans l'atmosphère 60 millions de tonnes de méthane, dont la molécule accumule vingt-cinq fois plus de chaleur solaire qu'une molécule de CO2, contribuant de cette manière au réchauffement climatique [1].

Dans le même sens, Peter Singer et Jim Mason concluent leur enquête sur les pratiques alimentaires carnivores mondiales en ces termes :

> Certains pensent que l'élevage industriel est nécessaire pour nourrir la population croissante de notre planète. C'est toutefois l'inverse qui est vrai. Aussi efficace que la production intensive de porc, de bœuf, de poulet, d'œuf et de lait puisse devenir, au sens limité d'une production d'une plus grande quantité de viande, d'œuf et de lait pour chaque grain de céréale qui sert à nourrir les animaux, l'élevage des animaux reposant sur la culture céréalière demeure un gaspillage. Loin d'augmenter la somme totale de viande disponible pour la consommation humaine, il la réduit. (...) En raison du fait que les animaux, même confinés, dépensent la plus grande partie de la valeur nutritionnelle de leur nourriture pour se mouvoir, se tenir chaud, et pour la formation de leurs os et autres parties non comestibles de leur corps, l'opération est tout entière un procédé bien inefficace pour nourrir les hommes. Elle fait peser sur l'environnement une charge, en termes de terres cultivables, d'énergie et d'eau, bien plus lourde que toute autre forme d'exploitation. Il serait bien plus efficace d'utiliser les terres cultivables pour y faire pousser de quoi nourrir les hommes [2].

1. J. Rifkin, *Beyond Beef: The Rise and Fall of the Cattle Culture*, New York, Penguin Books, 1992.

2. P. Singer et J. Mason, *The Way We Eat: Why Our Food Choices Matter*, New York, Rodale, 2006, p. 231. Voir aussi M. A. Fox, *Deep Vegetarianism*, Philadelphia, Temple University Press, 1999, p. 84-112, M. Engel jr., « The Immorality of Eating Meat », dans

Faut-il s'étonner dès lors si l'on observe que la formation du courant d'éthique environnementale est rigoureusement concomitante de celle du courant d'éthique animale, que l'on peut dater assez précisément du début des années 1970 dans les pays anglo-saxons, sous la plume respectivement de Richard Routley, d'Arne Naess et de Peter Singer qui publient tous les trois un article fondamental au cours de la même année 1973[1] ?

Mais plus fondamental encore, nous semble-t-il, que la simultanéité de ces trois articles dans l'histoire des relations entre l'éthique animale et l'éthique environnementale nous paraît être la publication légèrement antérieure en 1972 de l'article de Christopher Stone intitulé « Should Trees Have Standing ? Toward Legal Rights for Natural Objects »[2], ainsi que la conférence prononcée en 1971 et publiée en 1974 par Joel Feinberg sous le

L. Pojman (éd.), *The Moral Life : An Introductory Reader in Ethics and Literature*, New York, Oxford University Press, 2000, p. 856-90. Cet argument – caractéristique de ce que l'on a parfois appelé le « végétarisme environnemental » – a également été développé dans le contexte de la lutte contre la faim dans le monde, au moment même où le courant d'éthique animale commençait à émerger : voir F. M. Lappé, *Sans viande et sans regret. Un régime alimentaire pour une petite planète* (1971), trad. fr. C. Germain et N. Lacelle, Québec, Editions l'étincelle, 2002, J. Wynne-Tyson, *Food for a Future*, Londres, Sphere Books, 1975, et R. Sinha, *Food and Poverty*, New Delhi, Ambika Publications, 1976. Il a été vivement critiqué notamment par C. E. Fager, « Vegetarians : A Force Against Famine ? », *Christian Century*, 29 octobre 1975, p. 971-72, M. Martin, « A Critique of Moral Vegetarianism », *Reason Papers*, 1976, n°3, p. 13-43, L. Keith, *The Vegetarian Myth : Food, Justice, and Sustainability*, Oakland, PM Press, 2009. J. Robbins dans un livre à grand succès a cherché à lier la crise environnementale, les aliments d'origine animale et l'apparition d'un nouveau paysage de maladies (maladies cardiovasculaires, cancers, maladies dégénératives, etc.). Voir J. Robbins, *Se nourrir sans faire souffrir* (1re éd. américaine en 1987 sous le titre de *Diet for a New America*), trad. fr. M.-J. Chrétien *et al.*, Montréal, Editions Alain Stanké, 2001. Voir aussi tout récemment J.S. Foer, *Faut-il manger les animaux ?*, trad. fr. G. Breton et R. Clarinard, Paris, Editions de l'Olivier, 2010, p. 77-78 (sur le lien entre l'industrie de la viande et le réchauffement climatique), p. 165-88 (sur le virus H1N1, le virus H5N1, etc.) Voir enfin le bel article de C. Lévi-Strauss, « La leçon de sagesse des vaches folles », *Etudes rurales*, 2001, n°157-158, p. 9-14.

1. Voir R. Routley, « Is There a Need for a New, an Environmental Ethics ? », (1973), trad. fr. H.-S. Afeissa dans H.-S. Afeissa (éd.), *Ethique de l'environnement. Nature, valeur, respect*, *op. cit.*, p. 31-49, A. Naess, « The Shallow and the Deep, Long-Range Ecology Movement. A Summary » (1973), trad. fr. H.-S. Afeissa dans H.-S. Afeissa (éd.), *Ethique de l'environnement*, *op. cit.*, p. 51-60, P. Singer, « Animal Liberation », *New York Review of Books*, 5 avril 1973, disponible en ligne à l'adresse suivante : http: //www.nybooks.com/articles/16276.

2. C. Stone, « Should Trees Have Standing ? Toward Legal Rights for Natural Objects » (1972), repris dans C. Stone, *Should Trees Have Standind ? Toward Legal Rights for Natural Objects*, Los Altos, W. Kaufmann, 1974.

titre de « The Rights of Animals and Unborn Generations »[1], lesquels donnent à voir de quelle manière l'éthique animale et l'éthique environnementale ont pu se croiser à une époque ou ni l'une ni l'autre n'avaient encore d'existence académique et institutionnelle.

Dans ce qui suit, nous diviserons notre propos en trois parties. Dans la première, nous chercherons à montrer sous quelles conditions les deux courants philosophiques considérés se sont formés conjointement en élaborant leurs problématiques respectives dans un climat de *relative indétermination*, sous l'influence décisive des articles de Joel Feinberg et de Christopher Stone. Dans la seconde, nous expliquerons pour quelles raisons les théoriciens d'éthique environnementale et ceux de l'éthique animale en sont venus à s'opposer les uns aux autres – dans une large mesure à l'initiative des premiers, et plus précisément de J. Baird Callicott qui publie au début des années 1980 un article polémique qui a fait coulé beaucoup d'encre. Enfin, dans une troisième et dernière partie, nous nous efforcerons de répondre aux objections de Callicott et de quelques autres en adoptant le point de vue des partisans d'une éthique animale, et en cherchant à prouver que le différend n'a ni la profondeur ni la radicalité que les éthiciens de l'environnement ont cherché à lui prêter.

Rappelons brièvement le propos de l'article de Feinberg[2]. La question qu'il examine est de savoir s'il est possible d'accorder des droits de manière significative à ces « entités non conventionnelles » que sont les embryons, les générations futures, les animaux individuels, les plantes, les espèces, les rivières, les montagnes, etc. La thèse qu'il défend consiste à dire que les droits doivent être fondés sur les « intérêts » de ceux auxquels un statut juridique est conféré, que ces derniers soient capables de revendiquer leurs droits par eux-mêmes ou pas. En ce sens, poursuit Feinberg, il n'y a rien d'aberrant à reconnaître aux animaux des droits puisqu'il est avéré qu'ils peuvent avoir des « intérêts », et s'ils ne sont pas capables de les défendre eux-mêmes, il est légitime que des individus, se faisant les porte-parole des

1. J. Feinberg, « The Rights of Animals and Unborn Generations », conférence présentée à la *Fourth Annual Conference in Philosophy* à l'Université de Géorgie le 18 février 1971, puis publiée dans *Philosophy and Environmental Crisis*, William T. Blackstone (éd.), p. 43-68, Athens, University of Georgia Press, 1974; repris dans J. Feinberg, *Rights, Justice, and the Bounds of Liberty*, *op. cit.*, p. 159-84, trad. fr. H-S. Afeissa, « Les droits des animaux et les générations à venir », *Philosophie*, 2008, n°97, p. 64-90.

2. Nous avons commenté plus en détail cet article dans le second chapitre de notre livre *La communauté des êtres de nature*, Paris, Editions MF, 2010, auquel nous nous permettons de renvoyer le lecteur.

« intérêts » en cause, exigent que ceux-ci soient respectés. En revanche, poursuit-il, les « simples choses » ne peuvent pas avoir d'intérêts et donc ne peuvent se voir reconnaître de droits parce que

> les simples choses n'ont pas de vie conative : pas de souhaits, pas de désirs ni d'espoirs conscients; pas d'impulsions et de mouvements spontanés; pas de pulsions, d'intentions ou de buts inconscients; pas de tendances latentes, de croissance finalisée et d'accomplissements naturels. Les intérêts doivent être d'une certaine manière combinés avec les conations; partant, les simples choses ne possèdent pas d'intérêts. *A fortiori*, elles ne possèdent pas d'intérêts à être protégées au moyen de règles juridiques ou morales. (...) Les simples choses ne sont pas des lieux de valeur par elles-mêmes, mais leur valeur consiste plutôt entièrement dans le fait d'être les objets des intérêts des autres êtres [1].

Or, au moment de considérer le cas particulier des plantes – qui tombent, ontologiquement, entre celui des animaux et celui des simples choses – Feinberg, en contradiction, semble-t-il, avec ses propres principes, nie qu'elles aient des intérêts et qu'elles puissent se voir attribuer des droits alors même qu'elles ont « une vie conative », des « pulsions, des intentions et des buts inconscients », etc.

En vertu de quoi l'attribution de droits est-elle refusée à ces dernières entités? Si l'on s'en tient à la logique même de l'article de Feinberg de 1974, il semblerait que les entités du monde naturel appartenant au règne végétal et au règne minéral doivent échouer à satisfaire le critère constitué par l'ensemble des propriétés de la vie conative. Or autant l'on accordera sans trop de peine que parler des « tendances latentes » et des « pulsions » d'une montagne n'a guère de sens, autant l'on résistera à admettre qu'une plante ne possède pas d'intérêts qui lui soient propres, ni qu'elle ne puisse pas bénéficier ou pâtir du traitement qui lui est réservé, car, de l'aveu même de Feinberg, « les arbres ne sont pas de simples choses comme les rochers, ils croissent et se développent conformément aux lois de leur propre nature ». Et pourtant, Feinberg conclut ce passage de la manière suivante :

> Dire d'un arbre qu'il a besoin de soleil et d'eau, c'est dire qu'en leur absence il ne peut pas grandir et survivre; mais à moins que la croissance et la survie des arbres ne soient un objet de préoccupation humaine, en tant qu'elles sont liées aux intérêts (pratiques ou esthétiques) des hommes, les besoins des arbres, considérés en eux-mêmes, ne peuvent pas être le fondement de la moindre revendication faite au nom de ce qui leur est

1. J. Feinberg, « Les droits des animaux et les générations à venir », art. cit., p. 70.

« dû ». Les plantes peuvent bien avoir besoin de certaines choses en vue d'accomplir leurs fonctions, mais leurs fonctions ne sont telles que parce qu'elles leur ont été assignées par les intérêts des hommes, et ne sont donc pas les leurs [1].

Il semble que Feinberg confonde ici deux choses : d'une part, les *intérêts pratiques ou esthétiques* qui peuvent conduire les êtres humains à détourner les fonctions d'une plante de leur accomplissement cohérent (comme dans le cas, par exemple, d'une fleur obtenue en serre chaude et qui ne donne que des pétales sans pouvoir engendrer un fruit : dans la mesure où cette fleur est la fleur d'une plante artificialisée, créée pour répondre à une finalité humaine, les besoins qui sont les siens sont prédéterminés par les êtres humains qui l'entretiennent et la cultivent[2]) ; et d'autre part, les *intérêts naturels* de la plante elle-même qui, toute artificialisée qu'elle soit, la portent à croître et à se développer selon un processus finalisé[3]. Ainsi que l'écrit Kenneth Goodpaster, dans un article qui a joué un grand rôle dans la formation du courant d'éthique environnementale :

> [Tout se passe] comme si les intérêts des êtres hommes pouvaient assigner aux arbres la tâche de grandir et de se préserver ! Les intérêts en jeu sont clairement ceux des choses vivantes elles-mêmes, pas seulement les intérêts de ceux qui les possèdent ou les utilisent, ou de tout autre personne ayant rapport à elles[4].

1. *Ibid.*, p. 74-75.

2. Exemple emprunté à G. Simondon, *Du mode d'existence des objets techniques*, Paris, Aubier, 1958, p. 47.

3. Cette séquence de l'article de Feinberg a été très discutée et diversement interprétée. Voir ce qu'en dit G. Varner dans *In Nature Interests ? Interests, Animal Rights, and Environmental Ethics*, Oxford, University Press, 1998, p. 61-74. Le point mérite d'être discuté effectivement car il n'est pas si aisé – à la lecture de l'essai de 1974 et de quelques autres, figurant dans le même recueil d'articles (voir « Duties, Rights, and Claims » [1966], « Is There a Right to Be Born ? » [1976], « Voluntary Euthanasia and the Inalienable Right to Life » [1977], « Human Duties and Animal Rights » [1978], « The Nature and Value of Rights » [1979]) – de déterminer le sens exact de la théorie des droits que défend Feinberg, et notamment la portée de la distinction qu'il propose entre la *nature* des droits et leur *valeur*. Voir la critique de cette théorie par Ch. H. Wellman, « Feinberg's Two Concepts of Rights », *Legal Theory*, n°11, 2005, p. 213-226, qui l'accuse d'inconsistance, et la mise au point de G. W. Rainbolt, « Two Interprétations of Feinberg's Theory of Rights », faisant immédiatement suite à l'article de Wellman, aux pp. 227-236. Voir aussi l'interprétation que propose J.-Y. Goffi, *Le philosophe et ses animaux. Du statut éthique de l'animal*, Nîmes, J. Chambon, 1994, pp. 93-107.

4. K. Goodpaster, « De la considérabilité morale » (1978), trad. fr. H.- S. Afeissa, dans H.-S. Afeissa (éd.), *Ethique de l'environnement*, *op. cit.*, p. 81. Une objection analogue a été

Si le même critère de la « vie conative » – par quoi il faut sans doute entendre, comme l'indique le contexte, une tendance inconsciente à persévérer dans l'existence, qui doit faire songer, plutôt qu'à Spinoza, au vouloir-vivre schopenhauerien, dans la version popularisée aux États-Unis par Albert Schweitzer –, si donc le même critère de la « vie conative » peut être légitimement invoqué pour reconnaître aux formes de vie végétale la capacité à avoir des intérêts, alors il semble qu'il n'y ait plus aucune raison de ne pas accorder à ces intérêts la même protection que celle qui est garantie aux intérêts des animaux par voie de représentation juridique.

Feinberg a tenté de se mettre à l'abri de ce genre d'objections, d'une part en soulignant qu'un « intérêt » présuppose un équipement cognitif rudimentaire, et d'autre part en soupçonnant un certain nombre de métaphores d'être à l'origine d'une conception anthropomorphique du mode de croissance d'une plante. Quoi qu'il en soit de la pertinence de cette tentative de justification, il est remarquable que la démarche adoptée par Feinberg, en raison même des embarras qu'elle inspire, a fourni les éléments de réflexion à partir desquels ont pu s'élaborer quelques-unes des problématiques majeures de l'éthique animale et de l'éthique environnementale. De ce point de vue, trois points de l'article de Feinberg méritent d'être particulièrement mis en lumière :

1) La définition du concept d'« intérêt » constitue un enjeu déterminant dans la mesure où la légitimité de l'attribution de droits aux animaux lui est suspendue. Dès la fin des années 1970, le philosophe australien Henri McCloskey, pourtant partisan d'une théorie des intérêts, fera valoir que les animaux ne peuvent pas se voir attribuer de manière significative des droits au nom de l'argument selon lequel les « intérêts de bien-être » (*welfare interests*) ne créent comme tels aucune obligation[1]. Richard Frey, dans un livre qui a fait date intitulé *Interests and Rights : The Case Against Animals Rights* publié en 1980[2], cherchera à montrer que le concept d'intérêt, en quelque sens qu'on l'entende (au sens de pouvoir pâtir ou bénéficier du traitement que l'on subit, ou au sens d'avoir des désirs pouvant être satisfaits ou pas), est inapplicable au cas des animaux, et rend inopérante toute théorie des intérêts à leur sujet. Tom Regan dans une section impor-

formulée par R. Attfield, « The Good of Trees », *Journal of Value Inquiry*, 1981, n°15, p. 35-54.

1. H. J. McCloskey, « Moral Rights and Animals », *Inquiry*, 1979, n° 22, p. 23-54.

2. R. F. Frey, *Interests and Rights : The Case Against Animal Rights*, Princeton, Princeton University Press, 1980.

tante de *The Case for Animal Rights*[1] et Bernard Rollin dans *The Unheeded Cry*[2] s'emploieront à répondre à cette argumentation point par point, s'inscrivant ainsi clairement dans la postérité de l'article fondateur de Feinberg. S'il est assurément abusif, et même tout simplement erroné, d'attribuer à Feinberg le mérite d'avoir posé le premier la question du sens de la notion de « personne juridique » et la question de la détermination corrélative des critères conditionnant l'attribution de la qualité de sujet de droit – lesquelles trouvent en fait de nombreux antécédents, en France et en Allemagne, sous la plume de Savigny, de Rudolph von Iehring, de René Saleilles, etc. –, et s'il également faux de lui attribuer le mérite de la réévaluation en profondeur du concept d'intérêt en Amérique du Nord – où Ralph Barton Perry et William Lamont font incontestablement figures de pionniers –, c'est bien lui toutefois qui a élaboré, dans la seconde moitié du XXe siècle, la réflexion la plus originale et la plus puissante sur le problème de la détermination de l'attribution de droits aux entités non conventionnelles en relation avec le concept d'intérêt, donnant ainsi l'impulsion décisive à la constitution de deux types majeurs de théorie du droit qui ont été élaborés à l'époque contemporaine, à savoir les théories du choix ou de la volonté (*choice or will theory*) et les théories de l'intérêt ou du bénéfice (*interest or benefit theory*), sans la connaissance desquelles il serait difficile à un lecteur non averti de comprendre les tenants et les aboutissants des débats qui font rage en éthique animale[3].

2) Il importe de noter que la méthode d'argumentation adoptée par Feinberg tout au long de son article – qui repose tout entière sur ce que l'on pourrait appeler l'éristique des « cas limites » (*borderline cases*), en entendant par là le procédé discursif visant à juger la validité d'un système de moralité ou d'une théorie du droit à l'aune de la protection qu'il est capable d'assurer, non pas seulement aux membres pléniers de la communauté morale et juridique (les êtres humains d'âge adulte en pleine

1. T. Regan, *The Case for Animal Rights*, Los Angeles, University of California Press, 1983, p. 87-94. Voir aussi du même auteur « Frey on Animal and Animal Rights », *Philosophical Quarterly*, 1977, n°27, p. 335-37, et, en collaboration avec D. Jamieson, « Animal Rights : A Reply to Frey », *Analysis*, 1978, n°38, p. 32-36. Regan discute plus longuement les idées de Feinberg dans un article important : « What Sorts of Beings Can Have Rights ? » (1974), repris dans *All That Dwell Therein. Essays on Animal Rights and Environmental Ethics*, Los Angeles, University of California Press, 1982, p. 165-83.

2. B. Rollin, *The Unheeded Cry. Animal Consciousness, Animal Pain and Science*, New York, Oxford University Press, 1989.

3. Voir sur ce sujet l'essai de synthèse que propose E. Utria, *Droits des animaux. Théories d'un mouvement*, Paris, Droits des animaux, 2007.

possession de leurs capacités intellectuelles), mais encore aux « cas marginaux » (les fœtus, les enfants, les aliénés, etc.), en évitant la « conclusion monstrueuse », comme le dit Charles Wellman [1], qui consiste à exclure purement et simplement ces derniers de la communauté contractuelle – cette méthode d'argumentation, donc, qui passe par l'invocation des « cas limites » est mise en œuvre ici sans doute pour la première fois, et elle sera appelée par la suite à jouer un rôle décisif dans le travail de justification des droits des animaux en éthique animale [2]. Tous les acteurs, sans exception, ayant fait entendre leur voix dans le domaine de l'éthique animale ont cherché à se positionner par rapport à ce qu'il est convenu d'appeler « l'argument des cas marginaux », soit en offrant des raisons justifiant le recours à ce cet argument, soit en recommandant son abandon au profit d'une autre stratégie argumentative [3]. Ici encore, même s'il est possible de trouver un antécédent historique sous la plume de Porphyre, lequel mobilise brièvement dans le *De abstinentia* un argument formellement analogue à l'argument des cas marginaux, nul doute que c'est bien l'article de Feinberg qui a mis au centre de la réflexion à l'époque moderne ce procédé d'argumentation.

3) L'article de Feinberg n'a pas seulement contribué à définir les termes de nombreuses controverses en cours au sein de l'éthique animale, il a encore joué un rôle décisif dans la formation du courant d'éthique environnementale lui-même. En effet, par le biais de ce qui semble bien être une contradiction dans son raisonnement (Feinberg refusant d'attribuer des droits aux plantes alors même qu'elles ont « une vie conative », des « pul-

1. C. Wellman, *Real Rights*, New York & Oxford, Oxford University Press, 1995, p. 113.

2. Sur les « cas limites » en général dans un contexte de réflexion juridique, voir J. G. Murphy, « Rights and Borderline Cases », (1978), repris dans *Retribution, Justice, and Therapy : Essays in the Philosophy of Law*, Dordrecht, Reidel, 1979, p. 26-39 ; F. de Roose, « Ethics and Marginal Cases : The Rights of the Mentally Handicapped », *Journal of Applied Philosophy*, 1989, n°1, p. 87-95 ; et sur l'argument des cas marginaux en éthique animale, voir R. G. Frey, « The Significance of Agency and Marginal Cases », *Philosophica*, 1987, n°39, p. 39-46, E. B. Pluhar, *Beyond Prejudice. The Moral Significance of Human and Nonhuman Animals*, Duke University Press, 1995, D. A. Dombrowski, *Babies and Beasts : The Argument from Marginal Cases*, Urbana & Chicago, University Illinois Press, 1997, A. Norcross, « Puppies, Pigs, and People : Eating Meat and Marginal Cases », *Philosophical Perspectives*, 2004, n°18, p. 229-45. Pour une définition générale de l'argument des cas marginaux, voir J. L. Nelson, « Marginal Cases », dans M. Bekoff et C. A. Meaney (éd.), p. 237-38, *Encyclopedia of Animal Rights and Animal Welfare*, Westport, Greenwood Press, 1998.

3. Voir la liste que dresse D. A. Dombrowski des partisans de l'une ou l'autre positions, dans *Babies and Beasts : The Argument from Marginal* Cases, *op. cit.*, p. 3.

sions, des intentions et des buts inconscients », etc.), son article est à l'origine de l'un des courants majeurs de l'éthique environnementale contemporaine, en dépit des intentions de son auteur [1], à savoir le biocentrisme, en entendant par là une éthique qui confère à la vie comme telle une valeur moralement contraignante. Car s'il est possible de montrer que tous les êtres vivants, les plantes aussi bien que les animaux, possèdent un bien qui leur est propre et des intérêts à ce que ce bien se réalise, ce qui est manifestement le cas, alors ne sommes-nous pas tenus de dire, en bonne logique, qu'ils méritent tous de faire l'objet d'une considération morale – la « considérabilité morale » désignant alors le statut moral des « patients » (ceux qui bénéficient du traitement qui leur est réservé) par opposition au statut moral des « agents » (ceux qui initient l'action) ? Telle est du moins la conclusion que n'hésite pas à tirer Kenneth Goodpaster, dans l'article auquel nous faisions allusion précédemment, où il défend la toute première théorie d'inspiration biocentrique présentée en éthique environnementale, plusieurs années avant celle que développera Paul Taylor dans *Respect for Nature* [2]. La postérité critique de l'article de Joel Feinberg en éthique environnementale, toute paradoxale qu'elle soit, est donc considérable dans la mesure où le concept de « considérabilité morale », dont il a rendu possible indirectement l'élaboration, sera tenu pour équivalent à celui de « valeur intrinsèque » par certains éthiciens de l'environnement tels que Robin Attfield et, occasionnellement, J. Baird Callicott [3].

Bien que les deux articles s'ignorent l'un l'autre, et pour cause puisqu'ils ont été écrits à peu près au même moment, l'article de Feinberg entre étrangement en consonance avec celui de Christopher Stone intitulé « Should Trees Have Standing ? », en exerçant sur les jeunes courants d'éthique animale et environnementale une influence allant dans le même sens.

1. Ce qui ne veut pas dire qu'il se soit désintéressé des questions environnementales, mais plutôt qu'il en a traité *ailleurs* et dans une perspective qui n'est *jamais* celle du biocentrisme : voir « Environmental Pollution and the Threshold of Harm », *The Hastings Center Report*, n°14, 1984, p. 27-31, et « Responsibility for the Future », *Philosophy Research Archives*, n°14, 1988-1989, p. 93-113.

2. P. Taylor, *Respect for Nature. A Theory of Environmental Ethics*, Princeton, Princeton University Press, 1989.

3. Voir R. Attfield, *The Ethics of Environmental Concern*, Oxford, Basil Blackwell, 1983, p. 149 et p. 159, et J. B. Callicott, « Intrinsic Value, Quantum Theory, and Environmental Ethics », *Environmental Ethics*, n°7, 1985, p. 258.

Le propos de Stone a pu prêter à confusion dans la mesure où l'auteur lui-même a d'abord plaidé pour l'attribution de droits à ces entités du monde naturel que sont les arbres, avant de rectifier la perspective pour présenter ces derniers, non plus comme des titulaires potentiels de droit, mais plutôt comme des êtres possédant des intérêts qui leur sont propres méritant comme tels, au titre de bénéficiaires potentiels du traitement qui leur est réservé, de faire l'objet d'une « considération juridique » (*legal considerateness*)[1].

Lue de cette manière, la proposition controversée de Stone ne viserait pas fondamentalement à instituer la nature comme sujet de droit, ni à conférer aux objets naturels des droits légaux qui pourraient, le cas échéant, être dénombrés, mais plutôt à faire valoir que ces derniers peuvent avoir une existence au regard de la loi *autre que celle de titulaires de droit, à savoir celle de sujets bénéficiaires* pour peu qu'ils puissent satisfaire les trois conditions que sont : (1) la capacité à intenter des actions juridiques à leur profit ; (2) la capacité à subir un préjudice ; et (3) la capacité à bénéficier directement d'une éventuelle réparation. Reconnaître aux entités du monde naturel un « *legal standing* » ce n'est donc pas tant leur reconnaître un ensemble cohérent de droits subjectifs, que leur reconnaître cette qualité fondamentale de pouvoir poursuivre en justice (*quality to sue*) l'auteur du préjudice qu'ils ont subi et de pouvoir en demander réparation au nom des intérêts qui leur sont propres – bref, c'est leur reconnaître la possibilité générale d'exister à la façon d'êtres dont les intérêts ont une signification juridique.

Par conséquent, attribuer à un être ou à une entité un « *legal standing* » revient à lui attribuer un « droit » d'avant le droit, un « droit » antérieur à toute institution juridique, un « droit » qui n'est pas compris en toute rigueur dans l'ensemble des droits déclarés parce qu'il est au principe de la déclaration de tous les droits et parce qu'il en est la condition même. Le fait d'avoir un « *legal standing* » signifie pour l'être ou l'entité auquel cette qualité est attribuée qu'une « valeur propre » s'attache au regard de la loi à son existence même, justifiant en tant que telle la mise en place de mesures de protection juridique des intérêts dont cet être ou cette entité est porteur.

Il n'est sans doute pas utile de souligner l'intérêt que ce genre d'analyses peut présenter pour une éthique environnementale d'inspiration

1. Nous lisons donc le premier article de 1972 à la lumière du second, datant de 1985, où Stone prend en compte toutes les objections qui lui ont été adressées dans l'intervalle (voir « *Should Trees Have Standing ?* Revisited : How Far Will Law and Morals Reach ? A Pluralist Perspective », *Southern California Law Review*, 1985, n°59, p. 1-154).

biocentrique, pas plus qu'il n'est besoin de préciser de quelle façon elles ont préparé le terrain de la réception du livre fondateur de Peter Singer intitulé *La libération animale*[1]. Comme le fait remarquer Eugene Hargrove[2], la publication du livre de Peter Singer en 1975 a immédiatement été perçue dans les pays anglo-saxons comme étant une contribution de plus à la vaste réflexion initiée par Feinberg et Stone sur les conditions d'attribution de droits aux entités non conventionnelles, selon une lecture au demeurant assez inexacte puisque l'on sait que la théorie de la libération des animaux de Singer n'est pas une théorie des droits, en dépit de l'usage qu'il lui est arrivé de faire du concept de « droit » dans la Préface et dans le premier chapitre de son livre – usage sur lequel il s'est maintes fois expliqué depuis.

Parvenus à ce stade, il nous semble qu'il convient d'insister sur le fait de la *relative indétermination*, au début des années 1970, entre les domaines de recherche de l'éthique animale et celui de l'éthique environnementale, lesquelles élaborent l'une et l'autre leurs problématiques respectives dans *le même cadre théorique* en s'appuyant sur *les mêmes références.*

L'analogie frappante entre ces diverses entreprises explique qu'un philosophe comme John Rodman, dans un article remarquable intitulé « The Liberation of Nature ? » publié en 1977 dans la revue *Inquiry*[3], ait pu soumettre à la même critique les positions défendues par Peter Singer et Christopher Stone en mettant en évidence leurs similitudes, au motif que tous deux sont censés développer une théorie du droit qui élève à certains égards le statut des animaux et les formes de vie végétale au sein de la hiérarchie des communautés humaines, mais qui les dégrade dans le même temps en leur assignant un statut comparable à celui des êtres humains déficients :

> D'une part, les êtres non humains sont élevés au niveau des êtres humains en vertu de leur sensibilité et/ou de leur conscience; ils ont à présent des droits (du moins, quelques-uns). D'autre part, les êtres humains sont, du même geste, ravalés au rang d'être humains inférieurs, au rang des anomalies de l'espèce, parmi les êtres atteints d'idiotie, de sénilité, ou parmi les « légumes humains » – tous ceux qui sont affectés d'une sorte de bâtar-

1. P. Singer, *Animal Liberation* (1975), trad. fr. L. Rousselle relue par D. Olivier, *La libération animale*, Paris, Grasset, 1993.

2. E. Hargrove, « Preface : Animal Welfare Ethics vs. Environmental Ethics : The Problem of Sentient Life », dans E. Hargrove (éd.), *The Animal Rights/Environmental Ethics Debate : The Environmental Perspective*, Albany, SUNY Press, 1992, p. XIII.

3. J. Rodman, « The Liberation of Nature ? », *Inquiry*, 1977, n°20, p. 83-145.

dise morale et qui ont des droits sans avoir d'obligations, les « mineurs juridiques » qui ont besoin que des êtres humains interprètent et représentent leurs intérêts dans une relation de tutelle/de surveillance perpétuelle. Est-ce là le beau résultat auquel nous étions censés parvenir : apprendre à voir les animaux non humains à la façon d'êtres atteints d'idiotie, la nature sauvage à la façon d'un « légume humain » ? [1].

Nulle distinction ne semble donc devoir être faite entre le domaine de l'éthique animale et celui de l'éthique environnementale, si ce n'est que le premier se donne un objet de réflexion relativement plus limité que le second, dans la mesure où les formes de vie végétale et les ensembles naturels tels que les écosystèmes ne sont pas pris en considération.

Récapitulons à présent les résultats de cette enquête préliminaire. Les spécialistes de l'éthique animale et ceux de l'éthique environnementale semblent devoir être unis par le même combat contre les agents de la destruction multiforme de la nature en ses multiples composantes, conformément à la géométrie des triades mise en lumière par Theodore Caplow où l'existence d'une communauté d'intérêts est censée conduire irrésistiblement à la formation d'une coalition de deux groupes sociaux contre un. L'union naturelle entre ces deux communautés de personnes conjointes agissant dans le même intérêt semble devoir être d'autant plus inéluctable que la cause animalière fait originairement souche commune avec les préoccupations écologiques, ainsi que l'atteste l'historien de la civilisation qui montrera qu'elles sont l'une et l'autre le fruit de la même mutation de la sensibilité, et ainsi que l'atteste l'historien des idées qui établira qu'elles élaborent l'une et l'autre une bonne partie de leurs problématiques respectives dans le même cadre théorique, à un changement près d'objet ou d'échelle spatiale qui par lui-même ne semble pas significatif.

Et pourtant, contre toute attente, l'histoire de l'évolution de ces deux courants philosophiques à partir de la fin des années 1970 fait bien plutôt état de leur opposition permanente, de l'individualisation progressive de chacun de ces deux domaines de recherche et de la volonté de plus en plus affirmée, surtout sous la plume de certains spécialistes d'éthique environnementale, de faire reconnaître la spécificité des problèmes qu'ils examinent, voire leur irréductibilité à ceux que peut soulever une éthique animale.

1. J. Rodman, « The Liberation of Nature ? », art. cit., p. 94.

Une triade s'est bel et bien formée, mais, paradoxalement, loin de souder entre eux les spécialistes de l'éthique environnementale et ceux de l'éthique animale en unissant leurs forces contre un adversaire commun, elle les a divisés en les dressant durablement les uns contre les autres. Pour reprendre le titre de l'article qui, pour ainsi dire, a mis le feu aux poudres et qui, comme l'auteur le dira lui-même plus tard, « « a contribué comme nul autre à la brouille et au ressentiment » entre les spécialistes des deux domaines de recherche, à savoir l'article que J. Baird Callicott publie en 1980 sous le titre de « Animal Liberation : A Triangular Affair » [1], les relations entre éthique environnementale et éthique animale sont devenues ouvertement conflictuelles, prenant la forme d'une « affaire triangulaire » où l'humanisme éthique (*ethical humanism*) – selon lequel seuls les êtres humains sont des membres à part entière de la communauté morale – et le moralisme plein d'humanité (*humane moralism*) – selon lequel les frontières de la communauté morale doivent être étendues jusqu'à englober la vie sensible – paraissent faire cause commune contre les intérêts d'une éthique environnementale digne de ce nom.

Si l'on examine attentivement les motifs principaux de cette « brouille » en prenant en compte les arguments de Callicott ainsi que ceux qui ont été avancés après lui par d'autres éthiciens de l'environnement, l'on s'aperçoit que ce qui apparaissait de prime abord comme une simple différence d'échelle spatiale des problèmes posés – l'éthique environnementale prenant en considération des régions de taille très variable, de la niche écologique à l'écosystème, de l'ensemble autorégulé des écosystèmes, des communautés biotiques et de leurs milieux abiotiques à la totalité de la biosphère terrestre; l'éthique animale s'interrogeant, quant à elle, sur la responsabilité morale des hommes à l'égard des animaux pris individuellement – l'on s'aperçoit, donc, que cette différence entraîne en fait avec elle une approche fondamentalement distincte de la nature et des processus qui y sont à l'œuvre.

En quoi consiste cette différence d'approche? La raison pour laquelle les partisans d'une éthique animale ne sont pas de bons environnementalistes, disent certains commentateurs, ne tient pas seulement à ce que

1. J. B. Callicott, « Animal Liberation : A Triangular Affair » (1980), repris dans J. B. Callicott, *In Defense of the Land Ethic. Essays in Environmental Philosophy*, Albany, SUNY Press, 1989, p. 15-38. Nous nous appuyons dans ce qui suit sur la lecture que propose J. Y. Goffi de cet article et de quelques autres du même. Voir J.-Y. Goffi, *Le philosophe et ses animaux. Du statut éthique de l'animal*, *op. cit.*, p. 250-273, et *Qu'est-ce que l'animalité?*, Paris, Vrin, 2004, p. 65-71.

les obligations morales qui opèrent au bénéfice des animaux individuels semblent impuissantes en tant que telles à garantir une protection à des ensembles naturels plus vastes tels que des écosystèmes, mais encore, et plus radicalement, à ceci que l'environnement naturel au sein duquel émergent les formes de vie individuelles au terme d'un long processus évolutif n'est tout simplement pas pris en compte dans ce cadre de réflexion. C'est pourquoi, estime-t-on, l'éthique animale, en sa version moderne, n'est jamais qu'un forme un peu développée des réflexions morales que l'on trouvait déjà sous la plume de Plutarque, de Montaigne, de Rousseau, de Schopenhauer, etc., les seules nouveautés consistant, au fond, en une spécialisation académique du questionnement et en organisation institutionnelle et associative de la protection des animaux individuels, s'inscrivant elle-même dans le prolongement des réformes de l'ère victorienne de l'Angleterre du XIXe siècle soucieuse de réglementer le travail des enfants, de garantir l'émancipation des femmes et de proscrire l'esclavage – réformes dont la principale motivation est à chaque fois d'assurer la protection des droits individuels[1].

Il est peu contestable que les diverses théories d'éthique animale, dans leur version utilitariste ou déontologique, puisent une bonne part de leur inspiration dans le modèle de l'une des morales normatives disponibles, et que, en ce sens, elles prolongent effectivement une réflexion initiée bien avant elles par d'autres penseurs que le problème du statut moral des animaux a interpelé. Mais la critique du spécisme, en entendant par là l'idée selon laquelle l'appartenance spécifique suffit à fonder un certain nombre de privilèges moraux, aurait-elle pu devenir ce qu'elle devenue en éthique animale, c'est-à-dire un véritable cheval de bataille, si elle n'avait reçu une impulsion décisive de la théorie de la descendance avec modification, de l'idée d'un arbre phylogénétique liant les diverses formes de vie les unes aux autres, en rupture avec cette représentation de l'homme qui consiste à le situer dans une hiérarchie de l'être qui serait un ordre de perfection ? Dès lors qu'on en vient à se considérer soi-même comme membre d'une communauté de vie avec laquelle nous avons coévolué, le tracé des frontières de

1. Sur cette filiation historique, voir R. Garner, *Animals, Politics and Reality*, Manchester, Manchester University Press, 1993, ch. 2 ; et du même, *The Political Theory of Animal Rights*, Manchester, Manchester University Press, 2005, chap. 6. Voir aussi l'étude de C. Traïni, *La cause animale (1820-1980). Essai de sociologie historique*, Paris, P.U.F., 2011, et le compte rendu critique que nous en avons proposé dans *Philosophie*, 2011, n°112, p. 92-93. L'anthologie d'éthique animale dirigée par J.-B. Jeangène Vilmar (Paris, P.U.F., 2011) donne une juste idée de l'ancienneté de ce type de questionnement, en réunissant 180 auteurs de toutes époques historiques, de l'antiquité grecque jusqu'à nos jours.

ladite communauté demande à être réexaminé, et c'est bien cet examen qui conduit à se demander quels sont les critères qu'un être ou une entité doit satisfaire pour faire l'objet d'une considération morale.

Il est donc bel et bien question en éthique animale de l'environnement naturel et des processus évolutifs qui l'animent, mais principalement en vue de mettre en lumière une parenté entre les diverses formes de vie beaucoup plus profonde qu'on n'aurait pu le croire, et par là même de brouiller le jeu des différences anthropozoologiques, en montrant, conformément à ce que voulait Darwin, que les caractéristiques que l'on pensait être jusque-là l'apanage des êtres humains sont en fait très largement partagées par le règne animal. De là la question proprement centrale en éthique animale, qui est de savoir pourquoi des êtres fondamentalement semblables sont traités de manière si différente.

Mais ce n'est pas de cette manière-là qu'il est question de la nature en éthique environnementale. Les diverses formes de vie sont non seulement liées les unes aux autres au sein d'une longue histoire évolutive, mais, ajoute-t-on, elles forment des communautés biotiques au sein d'un écosystème traversé par des processus trophiques où elles jouent un rôle spécifique pour maintenir l'intégrité et la stabilité de l'environnement naturel. Il n'est par conséquent pas tant question en éthique environnementale des formes de vie individuelle que des espèces et des espaces au sein desquels elles évoluent, et c'est cette différence fondamentale d'approche qui rejaillit aux multiples niveaux où le conflit entre éthique animale et éthique environnementale a pu s'établir, et qu'il est loisible à présent de détailler.

Les partisans d'une éthique individualiste du bien-être animal, à la suite de Peter Singer, font de la sensibilité un critère en soi pertinent d'inclusion dans la communauté morale. Ce faisant, dit Callicott, ils ont choisi la « voie de la lâcheté » (« *The Uncourageous Approach* »), parce qu'ils considèrent que la souffrance, inconditionnellement, est un mal dont il faut se préserver et qu'il faut éviter aux autres, bêtes comprises. Or la douleur, poursuit Callicott, considérée dans la perspective des processus qui sous-tendent l'histoire de la vie sur terre, est une « méthode merveilleuse, affûtée par l'évolution, pour fournir des informations organiques importantes » :

> La douleur (…), c'est fondamentalement de l'information. Chez les animaux, elle informe le système nerveux central d'un stress, d'une irritation, d'un traumatisme, situé dans les régions périphériques de l'organisme. Un certain niveau de douleur est bel et bien désirable dans des conditions organiques optimales, à titre de stimulant – requis pour maintenir l'organisme en pleine santé, pour rester en forme. (…). Vivre, c'est

> être inquiet à propos de la vie, éprouver à la fois de la douleur et du plaisir, et puis mourir tôt ou tard. C'est la façon dont marche le système. Si la nature comme un tout est bonne, alors la douleur et la mort sont bonnes aussi [1].

L'éthique individualiste du bien-être animal est une éthique prophylactique, exempte de la douleur et de la souffrance qui accompagnent nécessairement la vie ; c'est une axiologie de dégoûtés de la vie qui ne songent qu'à s'économiser. Le propre de la vie organique est qu'elle ne fait preuve ni d'égards, ni de pitié, ni de justice et qu'elle offre à chaque être vivant sensible un lot où sont inextricablement mêlées avec le plaisir toutes sortes d'angoisses, de frustrations, de douleurs et de souffrances intenables.

Ce qui vaut à l'échelle de l'animal individuel vaut bien plus encore à l'échelle des communautés interspécifiques et de la nature prise comme un tout. N'en déplaise aux moralistes plein d'humanité, la nature a bel et bien « les griffes et les crocs sanguinolents » (Lord Alfred Tennyson). Il serait vain de chercher à y faire prévaloir des restrictions normatives qui n'ont de sens qu'à l'intérieur des communautés humaines. La tentative visant à exporter au-delà des frontières des communautés humaines des catégories morales qui n'ont de sens et de validité que pour elles, ne peut engendrer, dit Paul Shepard,

> que de la confusion parce qu'elle conduira à voir dans les comportements et les relations entre les animaux d'infinies cruautés et cherchera à les empêcher. La succion du sang de l'hôte par son parasite, la compétition entre les charognards pour dévorer une carcasse, l'exclusion du faible et de l'invalide, la prédation elle-même, l'énorme mortalité qui, chaque année, frappe la majorité des nouveaux nés de toutes les espèces – tout cela, et bien d'autres choses encore, le moralisme plein d'humanité cherchera à l'empêcher, de la même manière qu'il cherchera à empêcher que les chiens mangent les chats et que les hommes mangent les chiens [2].

Il y a, au fondement d'une éthique individualiste du bien-être animal comme d'une éthique des droits des animaux qui prétendrait pouvoir offrir le cadre au sein duquel développer une éthique de l'environnement, un profond malentendu ou, pire encore, un déni de réalité. Ainsi que l'écrit Callicott,

1. J. B. Callicott, « Animal Liberation : A Triangular Affair », art. cit., p. 32-33.
2. P. Shepard, *Thinking Animals : Animals and the Development of Human Intelligence*, Athens & London, The University of Georgia Press, 1978, p. 248.

entreprendre de protéger les droits de tous les membres, pris un à un, d'un écosystème reviendrait (...) à vouloir interrompre tous les processus trophiques au-delà de la photosynthèse – et même dans ce dernier cas, il nous faudrait encore nous prononcer moralement sur les menaces que fait peser sur la vie (et donc sur les droits) la compétition entre les plantes pour capter la lumière du soleil. Une éthique pour la protection de la nature aurait bien du mal à démarrer du bon pied, si, dès le départ, elle condamne comme injustes et immorales les asymétries trophiques qui sont au cœur des processus évolutifs et écologiques [1].

La vie dans l'univers n'est qu'un perpétuel circuit de production et de destruction et ces moments restent unis entre eux de façon que l'un serve continuellement à l'autre et à la conservation du monde. « Si un seul s'arrêtait », écrivait déjà en son temps Giacomo Leopardi, « le monde se décomposerait aussitôt. C'est pour cette raison que l'existence d'une seule créature qui ne souffrît pas lui causerait d'irréparables dommages » [2]. La triste vérité dont ne veulent pas entendre parler les partisans d'une éthique animale est que la nature n'est pas équitable – « *Nature is not fair* », comme le dit Mark Sagoff [3].

Il y a, au fondement du projet des partisans de la « libération animale » un déni de réalité, lequel est en soi assez touchant en ce qu'il est l'expression d'une sensibilité exacerbée, mais qui inspire de réelles inquiétudes lorsque ces doux rêveurs de Galilée, sous la houlette généreuse de Peter Singer, prétendent vouloir mettre en application leur programme en risquant de mettre en danger la vie des animaux soi-disant émancipés et de causer des dégâts irrémédiables au sein de l'environnement naturel. Callicott élabore à ce sujet plusieurs scénarios catastrophes.

Que se passerait-il si nous « libérions » dans la nature sauvage les animaux domestiques ? Les nouveaux libérés, incapables de survivre dans une nature hostile, seraient mis à mort par les prédateurs ou mourraient de

1. J. B. Callicott, « Libération animale et éthique environnementale : de nouveau ensemble » (1988), trad. fr. H.-S. Afeissa et C. Larrère dans H.-S. Afeissa et J.-B. Jeangène Vilmer (éd.), *Philosophie animale. Différence, responsabilité et communauté*, Paris, Vrin, 2010, p. 314.

2. G. Leopardi, *Petites œuvres morales*, p. 92-93. Voir dans le même sens les déclarations d'E. Katz dans « Organism, Community, and the "Substitution Problem" » (1985), repris dans E. Katz, *Nature as Subject. Human Obligation and Natural Community*, New York, Rowan & Littlefield, 1997, p. 42, et dans « Is There a Place for Animals in the Moral Consideration of Nature ? » (1983), repris dans E. Katz, *ibid.*, p. 16-17.

3. M. Sagoff, « Ethics and Economics in Environmental Law », dans T. Regan (éd.), *Earthbound : Introductory Essays in Environmental Ethics*, New York, Random House, 1984.

faim et de froid. Peut-être certains d'entre eux reviendraient-ils au bout de quelques générations à une forme capable de survivre dans un milieu sauvage : mais alors ils entreraient en compétition avec les animaux sauvages indigènes et pourraient provoquer l'extinction de certaines espèces. On pourrait aussi imaginer que les animaux domestiques soient entretenus aux frais de la communauté humaine, sans être mangés et sans qu'on mène sur eux de douloureuses expériences, mais cela supposerait alors qu'on mette en culture des terres vierges (car comment nourrir autrement tous ces animaux ?), en détruisant du même coup des espèces et des habitats sauvages. Enfin, si l'on imagine qu'on laisse s'éteindre paisiblement les animaux domestiques, on se trouverait dans une situation plutôt paradoxale, où les bénéficiaires du perfectionnement moral de l'humanité seraient détruits en étant sauvés. Drôle de solution, on en conviendra, que celle qui se débarrasse non seulement du problème, mais aussi de tout le reste – en cela comparable à cette vieille plaisanterie de carabin : opération réussie, patient décédé[1] !

A bien y regarder, le slogan invitant à « libérer les animaux » repose sur un malentendu qui est encore plus grave qu'il n'y paraît parce qu'il échoue à effectuer correctement toute distinction sérieusement fondée entre les relations morales que nous entretenons avec les animaux domestiques et celles que nous entretenons avec les animaux sauvages. L'erreur fatale que commettent les moralistes plein d'humanité, c'est de n'avoir pas compris que les animaux, selon qu'ils sont domestiques ou sauvages, appartiennent à deux communautés radicalement différentes. Les animaux domestiques, déclare encore Callicott, sont des « créations humaines », des « artefacts vivants » dont la forme de vie est telle que le concept de « liberté » ne peut pas leur être appliqué de manière significative.

> Les esclaves noirs demeuraient métaphysiquement autonomes : par nature, si ce n'est par convention, ils étaient capables de vivre par eux-mêmes. Ils ne pouvaient être réduits en esclavage que de façon temporaire ; la force inhérente à leur liberté était trop puissante. Ils ne pouvaient, en d'autres termes, être retenus que par l'exercice d'une contre-force, et seulement pour une période limitée. Ceci est également vrai des animaux sauvages enfermés. (…) Mais ce n'est pas vrai des vaches, des cochons, des moutons et des poules. On leur a appris la docilité, l'obéissance, la stupidité et la

1. P. Watzlawick a proposé d'appeler ce type de solution une « ultrasolution », en illustrant cette démarche singulière par les exemples de l'Inquisition et de la Terreur. Voir P. Watzlawick, *Comment réussir à échouer*, trad. fr. A. L. Hacker, Paris, Seuil, 1988.

dépendance. Il est littéralement insensé de parler de libération à leur propos[1].

Aux yeux des partisans de la libération animale, les animaux doivent être tenus pour des bénéficiaires de prestations que la collectivité humaine est en mesure de leur apporter et doit leur apporter, en étendant les avantages qui opèrent déjà au bénéfice des êtres humains et qui ne peuvent être leur être octroyés de manière exclusive que sur la base d'un privilège indu accordé à l'appartenance spécifique.

Or, du point du point d'une éthique environnementale holistique telle que celle que défend Callicott, ce ne sont pas les préférences des *individus*, telles qu'elles se trouvent façonnées par les rencontres de leur histoire personnelle, qui constituent la norme du juste. Au contraire, c'est la forme de vie d'une *communauté* qui détermine la hiérarchie des biens à distribuer : le poids donné aux préférences personnelles dépend rigoureusement de la façon dont les individus promeuvent cette forme de vie. C'est de cette manière qu'il convient de résoudre le problème des obligations morales qui nous incombent dans nos relations aux animaux domestiques et aux animaux sauvages.

Les animaux domestiques font partie d'une communauté mixte où figurent aussi les êtres humains, qui les y ont d'ailleurs fait entrer. Une telle communauté, comme n'importe quelle autre communauté d'êtres sensibles, n'a pu se développer et se perpétuer que parce que des liens de sociabilité y ont opéré: ce sont des liens sentimentaux réciproques de « sympathie, de compassion, de confiance, d'amour et ainsi de suite ». Le scandale de la moderne industrie agro-alimentaire motorisée tient à ce que l'on y dénie la vie subjective des bêtes en les traitant en simples automates insensibles, alors que c'est précisément l'existence d'une telle vie subjective qui a rendu leur domestication possible. Une éthique environnementale soucieuse du bien-être des animaux domestiques n'aura donc rien à objecter contre le principe de l'utilisation des animaux dans le cadre des activités de travail, ni même contre le principe de l'abattage des animaux à des fins alimentaires, pour autant que ce principe n'entre pas en contradiction avec « cette sorte de contrat social implicite noué entre l'homme et l'animal qui est le fruit d'une longue évolution, contrat que viole l'élevage industriel »[2].

1. J. B. Callicott, « Animal Liberation : A Triangular Affair », art. cit., p. 30.

2. J. B. Calicott, « Libération animale et éthique environnementale : de nouveau ensemble », art. cit., p. 324.

Ce « contrat domestique », qui est fondé sur les relations sociales entre les êtres humains et les autres animaux au sein de communautés mixtes, impose un certain nombre d'obligations aux éleveurs d'animaux : une obligation « négative », pour reprendre la terminologie de David DeGrazia et de Martha Nussbaum[1], comme celle « de ne pas les maltraiter », et des obligations « positives », comme celles de les protéger contre les prédateurs, de les soigner, de les nourrir, de leur prêter assistance pour la reproduction, etc., en rendant ainsi concevable une éthique animale où les animaux domestiques sont considérés individuellement en tant qu'il ont acquis de façon présomptive, du fait de leurs relations avec les êtres humains, des *droits* à la sécurité, à la santé, à la subsistance et à la reproduction.

Mais les choses sont tout à fait différentes en ce qui concerne les animaux sauvages. Par définition, leurs relations interspécifiques ne sont pas de domestication, ni d'apprivoisement. Les animaux sauvages sont justiciables d'une éthique environnementale holistique : ils ne devraient pas être pris en compte moralement en tant qu'individus, mais seulement en tant qu'ils jouent un rôle au sein des écosystèmes, des populations ou des espèces. La communauté à laquelle ils appartiennent n'est plus la communauté mixte au sein de laquelle évoluent les animaux domestiques, mais la communauté biotique, laquelle, en tant que communauté morale, articule et construit une forme de bien pour ses membres.

Par conséquent, le sort des animaux individuels au sein de la communauté biotique n'a pas à constituer en tant que tel un objet de préoccupation morale : la souffrance est le prix à payer pour accéder à un certain degré de complexité biologique, et la mort violente est une possibilité permanente au sein d'un environnement naturel déterminé de tout temps par la lutte pour la vie, la prédation et la compétition nutritive.

> Dans l'histoire de la vie de la communauté biotique, écrit Callicott, il n'est aucun fait plus fondamental que celui qui consiste à manger…*et à être mangé*. Chaque espèce est adaptée à une niche trophique ; chacune est un maillon dans une chaîne alimentaire, et un nœud dans un réseau trophique. Quelles que puissent être les prétentions morales d'un être ou d'une entité en tant que membre de la communauté biotique, le droit de vivre *ne* fait *pas* partie de celles-ci. Il importe bien plutôt de laisser chaque être vaquer à ses activités en respectant le mode de vie qui est le sien – même si ce dernier

1. D. DeGrazia, *Taking Animals Seriously. Mental Life and Moral Status*, Cambridge, Cambridge University Press, 1996, p. 272-278 ; M. Nussbaum, *Frontiers of justice. Disability, Nationality, Species Membership*, Cambridge, Belknap Press, 2006, p. 372-380.

> nuit à l'existence d'autres êtres, doués ou non de sensibilité. L'intégrité, la stabilité et la beauté de la communauté biotique dépendent de *tous* les membres de ladite communauté, du nombre des individus composant chaque espèce et de la façon dont les différentes espèces en sont venues à coexister les unes avec les autres [1].

L'une des conséquences les plus troublantes tirées de la théorie des droits des animaux ou de la libération animale concernant la régulation de la nature sauvage est que nous devrions, autant que faire se peut, nous efforcer de soustraire les animaux végétariens innocents aux griffes de leurs prédateurs carnivores. Peter Singer joue avec cette idée au détour d'une page de son livre sur *La libération animale* :

> Il faut admettre pourtant que l'existence d'animaux carnivores pose un problème à l'éthique de la libération animale : devons-nous nous en préoccuper ? A supposer que les êtres humains puissent faire disparaître les espèces carnivores de la planète, et que la quantité totale de souffrance dans le monde s'en trouverait diminuée, devrions-nous le faire ? [2]

Steve Sapontzis tire pour sa part la conclusion que « partout où il nous est possible d'empêcher la prédation sans être la cause d'une souffrance supérieure ou égale à celle que la prédation occasionnerait, nous sommes

1. J. B. Callicott, « Libération animale et éthique environnementale : de nouveau ensemble », art. cit., p. 326.

2. P. Singer, *La libération animale*, *op. cit.*, p. 339. T. Garcia a fait remarquer, dans un livre récent, que ce dilemme moral est d'une certaine manière engendré par la sensibilité même du défenseur de la cause animale, car il en va ici de deux choses l'une : soit, en tant que végétarien, il fait la différence entre le régime qu'il s'impose, qu'il considère pour lui comme naturel, et le comportement des animaux carnivores, qui agissent instinctivement et qui ne peuvent pas ne pas manger de viande, et dans ce cas le végétarien souligne la différence entre l'être humain et les autres espèces, au moment même il prétend viser à une communauté de tout ce qui est animal, en respectant la vie des autres espèces comme celle de la sienne ; soit le végétarien tient à l'identité entre lui et les autres animaux dont il ne veut pas consommer la chair précisément parce qu'elle n'est pas différente de la sienne, et dans ce cas il ne peut que souffrir d'une position intenable, car deux options lui sont alors offertes : soit chercher à éduquer les autres animaux carnivores en leur apprenant à devenir à leur tour végétarien, soit admettre que des animaux pourtant semblables à lui ne se comportent pas comme lui parce qu'ils n'appartiennent pas à la même espèce – par où il réintroduit la différence spéciste qu'il entendait nier. Voir T. Garcia, *Nous, animaux et humains. Actualité de Jérémy Bentham*, Paris, François Bourin, 2011, p. 145-46. La validité de cet argument a été discutée : voir P. Alward, « The Naive Argument Against Moral Vegetarianism », *Environmental Values*, 2000, n°9, p. 81-89, et D. Benatar, « Why the Naive Argument Agaisnt Moral Vegetarianism Really is Naive », *Environmental Values*, 2001, n°10, p. 103-112.

tenus de le faire en vertu du principe selon lequel nous avons le devoir de soulager la souffrance des animaux lorsque celle-ci peut être évitée »[1].

Le cas de Tom Regan est plus complexe et mérite d'être étudié attentivement car la théorie des droits des animaux qu'il défend semble pouvoir échapper à ce que Stéphane Haber a appelé « le paradoxe du prédateur »[2], en entendant par là la situation paradoxale d'un animal qui tue pour survivre, et qui donc viole des droits tout en étant dans son droit. Regan estime que les créatures qui sont sujets-d'une-vie possèdent une valeur inhérente égale, et ne peuvent donc pas être traitées comme de simples moyens des fins que nous poursuivons ou comme des « réceptacles » d'expérience de plaisir ou de souffrance. Le fait de traiter les animaux de cette manière constitue une injustice, une violation de leurs droits, et notre devoir, en tant qu'agents moraux est non seulement de nous interdire de commettre pareilles violations, mais encore d'intervenir pour le compte de ceux qui sont victimes d'un tel comportement :

> De la même manière que notre devoir négatif de ne pas interférer dans la vie des autres ne consiste pas seulement à s'occuper de nos propres affaires, de la même manière notre devoir concernant le traitement respectueux des animaux implique de veiller à les traiter de façon respectueuse. Dans la mesure où ils peuvent légitimement élever une prétention à faire l'objet d'un traitement respectueux, nous avons un devoir en première instance de leur prêter assistance lorsque les autres les traitent de façons qui bafouent leurs droits[3].

Ce devoir d'assistance aux victimes d'une injustice n'implique-t-il pas également une obligation de notre part de protéger la brebis contre le loup, et donc d'intervenir de manière active dans les processus de prédation ? Regan le nie, au motif que seuls les agents moraux peuvent avoir des devoirs. Or les loups et autres prédateurs ne sont pas des agents moraux, et par conséquent

> il est impossible de dire d'eux de manière significative qu'ils ont des devoirs envers qui que ce soit, et pas davantage le devoir particulier de respecter les droits possédés par d'autres animaux. En disant que nous

1. S. F. Sapontzis, « Predation », *Ethics and Animals*, 1984, n°5, p. 36. Voir aussi du même auteur *Moral Reason, and Animals*, Philadelphia, Temple University Press, 1987, p. 229-248. Le problème est encore examiné par M. A. Fox, *Deep Vegetarianism*, *op. cit.*, p. 163-64, lequel reconnaît qu'il est « embarrassant ».

2. S. Haber, « Les apories de la libération animale : Peter Singer et ses critiques », *Philosophique*, Paris, Kimé, 2001, p. 56.

3. T. Regan, *The Case for Animal Rights*, *op. cit.*, p. 282-283.

> avons un devoir en première instance d'assister les animaux dont les droits sont violés, nous ne voulons pas dire que nous avons le devoir de défendre la brebis contre le loup, puisque le loup ne viole pas et ne peut pas violer les droits de qui que ce soit [1].

Mais, comme l'ont fait remarquer de nombreux commentateurs [2], cette réponse est insatisfaisante en ce qu'elle semble suggérer que nous n'avons de devoirs positifs d'assister les animaux que lorsque ces derniers sont victimes de mauvais traitements perpétrés par des agents moraux capables de comprendre les principes de justice, ce qui constitue une restriction abusive de nos devoirs d'assistance. Limiter nos obligations d'intervention exclusivement à la protection des porteurs de droit victimes d'injustice reviendrait à nous libérer de tout devoir d'assistance envers des victimes qui peuvent pourtant légitimement prétendre à bénéficier de notre protection.

> De ce que le loup n'est pas un agent moral, écrit Val Plumwood, il s'ensuit seulement qu'il n'est pas *responsable* du fait d'avoir violé les droits de la brebis, et non pas que les droits de la brebis n'ont pas été violés, ni que les autres n'ont pas l'obligation d'intervenir. Si le loup s'en prenait à un nourrisson, on voit difficilement comment l'on pourrait dire que nous ne sommes pas tenus d'intervenir sous prétexte que le loup n'est pas lui-même un agent moral [3].

Si nous avons l'obligation de protéger les droits des êtres humains qui peuvent être victime d'une injustice de la part des êtres humains ou d'autres animaux prédateurs, alors nous avons aussi l'obligation de protéger les droits des animaux qui peuvent être victimes d'injustice de la part des êtres humains ou d'autres animaux prédateurs. En bref, conclut Callicott, la théorie des droits de Regan, quoi qu'en dise son auteur, implique bel et bien une régulation des processus naturels de prédation visant à l'extermination des prédateurs.

Or, du point de vue d'une éthique de la communauté biotique, on peut difficilement imaginer proposition plus aberrante car

> il faut bien voir que l'éradication des prédateurs, motivée par de bons sentiments, aurait pour effet non seulement de détruire la communauté,

1. *Ibid.*, p. 285.

2. Voir sur ce point entre autres R. Garner, *Animal Ethics*, Cambridge, Polity Press, 2005, p. 146-151.

3. V. Plumwood, « Nature, Self, and Gender : Feminism, Environmental Philosophy and the Critique of Rationalism », *Hypathia*, 1991, n°1, p. 9.

mais encore de détruire les espèces mêmes auxquelles est censée profiter cette mesure de protection que seule une morale qui se trompe d'affaire peut exiger. En vérité, de nombreuses espèces de proies dépendent des prédateurs pour optimiser leurs propres populations. Nous savons également que, à un niveau plus profond, la vivacité, la rapidité, la grâce et les autres qualités que nous admirons le plus chez les animaux herbivores – celles-là mêmes qui font d'eux des « sujets d'une vie » et qui les rendent dignes de considération morale et/ou de droits moraux – sont le fruit d'une étroite coévolution avec leurs symbiotes carnivores [1].

De la même manière, s'il est vrai que les créatures qui sont sujets-d'une-vie possèdent une valeur inhérente égale, et s'il est vrai que le principe de l'égale considération des intérêts doit prévaloir, alors la démarche de protection des espèces en voie d'extinction perd toute légitimité morale :

> La théorie des droits, écrit en ce sens Tom Regan, est une théorie des droits moraux des individus. Les espèces ne sont pas des individus, et la théorie des droits ne reconnaît pas les droits moraux des espèces à quoi que ce soit, pas même la survie. Ce qu'elle reconnaît, c'est le droit en première instance des individus à ne pas être l'objet de mauvais traitements, et par conséquent le droit en première instance des individus à ne pas être tués. Le fait qu'un animal soit parmi les derniers membres d'une espèce ne lui confère aucun droit supplémentaire, et le droit qui est le sien à ne pas être l'objet de mauvais traitements doit être mis en balance équitablement avec les droits de n'importe quel autre individu possédant ce même droit. (…) Le nombre n'est pas un critère pertinent dans ce cas de figure [2].

La protection des membres individuels d'une espèce particulière au motif qu'ils appartiennent à une espèce en voie de disparition semble même prendre à rebours l'un des principes fondamentaux de l'éthique animale, à savoir le principe selon lequel la détermination de la considérabilité morale que mérite un individu ne dépend pas de son appartenance à une espèce.

En revanche, conformément aux critères écocentriques, il importe de reconnaître une valeur morale toute particulière à la survie des membres des espèces en voie de disparition, laquelle n'a rien à voir avec l'agrégation des intérêts des membres individuels de ces espèces, en raison du rôle décisif que certaines espèces jouent dans le maintien de l'intégrité et de la stabilité des écosystèmes.

1. J. B. Callicott, « Libération animale et éthique environnementale : de nouveau ensemble », art. cit., p. 327-328.

2. T. Regan, *The Case for Animal Rights*, *op. cit.*, p. 357.

L'opposition entre les partisans d'une éthique animale et ceux d'une éthique environnementale est même aggravée sur ce point par le fait que les espèces qui sont les plus précieuses d'un point de vue écologique et celles les plus fréquemment menacées d'extinction en raison de l'activité humaine ne sont pas les oiseaux et les mammifères sensibles (bien qu'ils soient eux-aussi en danger), mais les plantes et les animaux invertébrés – c'est-à-dire les formes de vie les moins susceptibles de trouver place au sein des catégories morales traditionnelles. Un écocentriste pourra ainsi tout à fait faire valoir que l'éradication d'une espèce surabondante de mammifères présente au sein d'un écosystème peut non seulement être justifiée d'un point de vue moral, mais qu'elle peut même être obligatoire dans la mesure où cette éradication peut servir l'intégrité de la communauté biotique, tandis que tous les efforts doivent être déployés pour sauver telle espèce de plantes en danger présente au sein du même écosystème en raison du rôle écologique décisif qu'elle joue [1].

Concluons cette seconde partie. Les critères d'inclusion au sein de la communauté morale qu'invoquent les partisans d'une éthique animale (la sensibilité pour Singer et Francione, le fait d'être sujet-d'une-vie pour Regan) conduisent à n'accorder de statut moral direct qu'aux animaux individuels, et ne peuvent conférer qu'une valeur indirecte, instrumentale aux éléments abiotiques du monde naturel – moyennant quoi l'éthique animale paraît bien plus en consonance qu'elle ne veut l'admettre avec les morales humanistes traditionnelles au sein d'une relation triangulaire où toutes deux font front commun contre le programme d'une éthique environnementale proprement dite.

Après quelques années de conjugalité plus ou moins heureuse, les théoriciens des deux champs de recherche considérés ont bien été forcés d'admettre que le couple qu'ils formaient étaient des plus mal assortis. Comme le résumait Mark Sagoff en une formule accrocheuse dont il a le secret, laquelle a servi de titre à l'article polémique qu'il a écrit sur cette question en 1984: « Animal Liberation and Environmental Ethics: Bad Marriage, Quick Divorce » [2].

1. Dans un sens très proche de l'argumentation écocentrique de Callicott, et justifiant la pratique mesurée du végétarisme, voir P. S. Wenz, « An Ecological Argument for Vegetarianism », *Ethics and Animals*, 1984, n°5, p. 2-9.

2. M. Sagoff, « Animal Liberation and Environmental Ethics: Bad Marriage, Quick Divorce », *Osgoode Hall Law Journal*, 1984, n°22, p. 297-307.

Parvenus à ce stade de notre présentation des motifs de la « brouille » entre éthique animale et éthique environnementale, force est de reconnaître que nous avons instruit un procès à charge en n'accordant la parole qu'à l'accusation. Il est donc grand temps de chercher à rééquilibrer les débats et d'écouter enfin ce que les théoriciens de l'éthique animale ont à répondre pour leur défense sur la plupart des points où leur perspicacité a été mise en doute.

Selon Callicott, rappelons-le, les partisans d'une éthique animale sont censés faire profession de minimiser, voire d'éliminer la souffrance partout où elle se produit au nom de l'idée selon laquelle la souffrance est inconditionnellement un mal dont il convient de se préserver et qu'il faut éviter aux autres, bêtes comprises.

Or l'on peut tout à fait estimer que la souffrance est un mal en soi sans considérer pour autant qu'elle doit être systématiquement évitée. La revendication des théoriciens d'éthique animale ne porte pas sur la suppression pure et simple de la souffrance partout où elle se produit, mais sur la réduction ou l'élimination de la souffrance infligée aux animaux *sans nécessité*, lorsque cette « nécessité » est comprise en référence aux intérêts des animaux individuels. En première approximation, il apparaît que la critique de l'élevage industriel et de l'expérimentation animale conduite par les partisans de la libération animale est motivée par l'idée selon laquelle, en admettant que de telles pratiques soient justifiées pour satisfaire les besoins alimentaires de l'humanité et pour mettre au point des remèdes permettant de traiter les maladies graves dont peuvent souffrir les êtres humains, il n'y a aucune raison de ne pas prendre en compte le bien-être des animaux et d'éviter autant que faire se peut de leur faire subir de mauvais traitements sans nécessité en cours de route, en pratiquant par exemple la castration, l'arrachage des molaires ou la section de la queue des porcelets sans anesthésie. Nous ne sommes pas fondés à tenir pour rien la souffrance animale, sauf à se rendre coupable d'une forme particulièrement grossière de spécisme. Ainsi que l'écrit Peter Singer :

> La douleur c'est de la douleur, et l'importance qu'il y a à diminuer la douleur et la souffrance non nécessaires ne diminue pas du fait que l'être qui souffre n'est pas un membre de notre espèce [1].

Une fois ce point acquis, la question est ensuite de savoir s'il est possible de pratiquer l'élevage des animaux pour la consommation sur une

1. P. Singer, *La libération animale*, *op. cit.*, p. 332.

grande échelle sans leur infliger une quantité considérable de souffrance. Comme le fait encore remarquer Peter Singer, même sans les méthodes intensives, l'élevage traditionnel comporte la castration, la séparation de la mère et de ses petits, la rupture des groupes sociaux, le marquage au fer rouge, le transport jusqu'à l'abattoir, et enfin l'abattage lui-même. Il est difficile d'imaginer comment on pourrait élever des animaux pour la nourriture sans leur infliger ces formes de souffrance. Peut-être cela serait-il possible sur une petite échelle, mais nous ne pourrions jamais nourrir les énormes populations urbaines actuelles avec de la viande produite de cette façon [1]. Et Singer de conclure :

> La chair animale produite sans souffrance serait, si tant est qu'elle puisse exister, considérablement plus chère que n'est la viande aujourd'hui (...). La chair d'animaux qui auraient été élevés et tués en accordant l'égalité de considération de leur bien-être pendant leur vie serait un article de luxe à la portée des seuls riches [2].

L'interdiction de faire souffrir sans nécessité et de manière injustifiée les animaux conduit donc logiquement à prohiber le traitement qui consiste à les faire souffrir pour le seul plaisir, divertissement ou agrément des êtres humains. Or dans l'immense majorité des cas où les animaux sont exposés à la souffrance ou sont précipités dans la mort, le traitement que nous leur faisons subir ne peut guère se justifier autrement que par la référence au seul plaisir, divertissement ou agrément que nous y trouvons [3].

De là la proposition avancée par les partisans de la libération animale d'abolir les fermes d'élevage intensif, ce qui n'implique nullement, contrairement à ce que feint de croire Callicott, de relâcher les animaux qui y sont dans la nature [4]. Le boycott des produits de l'élevage intensif, qui constitue une revendication très largement commune en éthique animale,

1. Voir J. S. Foer, *Faut-il manger les animaux*, *op. cit.*, qui note, pour les États-Unis, que « la production des animaux destinés à la consommation est désormais massivement dominé par l'élevage industriel : 99,9% des poulets de chair, 97% des poules pondeuses, 99% des dindes, 95% des porcs et 78% des bovins », p. 139.

2. P. Singer, *La libération animale*, *op. cit.*, p. 249.

3. La logique de cet argument a fait l'objet de nombreuses critiques. Voir M. Fox, « Animal Liberation : A Critique », *Ethics*, 1978, n°88, p. 106-118, T. Young, « The Morality of Killing Animals : For Arguments », *Ethics and Animals*, 1984, n°4, 88-101, J. Weir, « Unnecececssay Pain, Nutrition, and Vegetarianism », *Between the Species*, 1991, p. 13-26, suivi de la réponse de S. Sapontzis, p. 27-32.

4. Cette argumentation de mauvaise foi, il faut bien le dire, a été reprise récemment par F. Wolff, « Libérer les animaux ? Un slogan absurde et immoral », dans J. Birnbaum (éd.), *Qui sont les animaux ?*, Paris, Gallimard, 2010, p. 180-193.

vise à diminuer la quantité des produits de l'élevage intensif délivrés sur le marché et, par-là même, à rendre ce type d'exploitation moins rentable.

> La conséquence en sera, commente Singer, qu'on fera naître moins d'animaux. Le nombre d'animaux dans les élevages industriels déclinera parce que ceux qui sont abattus ne seront pas remplacés, et non pas parce que les animaux seraient « renvoyés » dans la nature. Il se peut qu'à la fin (…) les seuls troupeaux de bœufs et de cochons qui resteront vivront dans de grandes réserves ressemblant un peu à nos parcs naturels. Le choix n'est donc pas entre la vie en élevage intensif et la vie dans la nature, mais consiste plutôt à se demander si les animaux destinés à vivre dans un élevage intensif pour ensuite être abattus pour la consommation devraient naître ou non [1].

A ce point de la réflexion, nous rencontrons l'objection à laquelle il a été fait allusion précédemment, notant que si nous étions tous végétariens, il y aurait bien moins de cochons, de bœufs et de poulets, en sorte que, tout bien pesé, les consommateurs de viande rendent en fait un fier service aux animaux qu'ils consomment puisque sans leur désir de manger de la viande, ces animaux ne seraient même pas nés !

Cette objection, à laquelle nous donnons ici une tournure humoristique, a été formulée très sérieusement par J. Baird Callicott, Michael Leahy,

1. P. Singer, *La libération animale*, *op. cit.*, p. 342. Notons que l'argumentation de P. Singer a été critiquée par R. G. Frey, *Rights, Killling, and Suffering : Moral Vegetarianism and Applied Ethics*, Oxford, Blackwell, 1983, et, sous une forme plus ramassée, avec certains amendements, dans « Utilitarianism and Moral Vegetarianism Again : Protest or Effectiveness ? », dans S. F. Sapontzis (éd.), *Food for Thought : The Debate over Eating Meat*, Amherst, Prometheus Books, 2004, p. 118-123. T. Regan lui-même, pourtant également partisan d'un régime végétarien, a critiqué cet argument. Ce dernier se demande ce que la décision d'un ou même de plusieurs individus se refusant à consommer de la chair animale changerait réellement à la condition des animaux d'élevage. Il se pourrait, déclare-t-il, qu'un tel comportement n'ait en fait aucune incidence sur l'industrie de la viande, ou qu'il produise des effets contraires aux effets escomptés, par où il apparaît que l'argumentation de type utilitariste ou conséquentialiste que mobilise Singer est incapable de justifier le choix du végétarisme. Voir T. Regan, « Ethical Vegetarianism and Commercial Animal Farming », dans R. A. Wasserstom (éd.), *Today's Moral Problems*, New York, Macmillan Publishing, 1985, p. 459-478, et dans le même sens P. E. Devine, « The Moral Basis of Vegetarianism », *Philosophy*, 1978, n°53, p. 481-505, et F. Ferré, « Moderation, Morals, and Meat », *Inquiry*, 1986, n°29, p. 391-406. Voir l'argumentation alternative, d'inspiration déontologique, que propose T. Regan : « Le fondement moral du végétarisme » (1975), trad. fr. V. Giroux et E. Utria, *Klesis*, 2010, n°16, p. 41-71. Pour une critique de l'une et l'autre positions, voir D. Weinberg, « Philosophical Vegetarianism », *Food and Foodways*, 1987, n°2, p. 81-91, et E. Reus, « Utilitarisme et anti-utilitarisme dans l'éthique contemporaine de l'éthique animale », *Les cahiers antispécistes*, 2010, n°32, p. 25-52.

Roger Scruton et Richard Hare qui ont tous fait valoir que le régime végétarien, s'il venait à être adopté universellement, impliquerait la non-existence de milliards d'animaux potentiels et l'éventuelle extinction d'espèces qui n'existent qu'en raison des besoins alimentaires de l'humanité[1]. Dans un article plaisamment intitulé « Pourquoi je suis seulement demi-végétarien », Richard Hare écrit que

> du point de vue d'une telle théorie (sc. une théorie d'inspiration utilitariste, que Richard Hare s'efforce de défendre), il apparaît que la discussion à propos du fait de tuer des animaux, en tant que distinct du fait de les faire souffrir, se ramène, non à la question de savoir si l'on peut tuer sans problème des animaux, mais plutôt à la question : à l'existence de combien d'animaux vivants de différentes espèces, dont l'espèce humaine, devons-nous contribuer ? (...) Ce que nous devons faire est de maximiser la somme des années de vie d'une qualité donnée (...) des êtres sensibles. Et je ne crois pas que c'est ce que nous ferions si nous nous abstenions de manger des animaux. La raison est que si nous arrêtions de manger des animaux, le marché de la viande disparaîtrait, et on n'élèverait plus d'animaux pour la viande. Soit de tels animaux deviendraient sauvages, soit nous les garderions comme animaux de compagnie, ou à d'autres fins économiques comme la production de lait, d'œufs et de laine. Et il est certain qu'il y a aurait beaucoup moins d'animaux domestiques vivants qu'à présent. (...) Dans notre village, il y a (...) un élevage de truites. Les poissons commencent leurs vies dans des étangs où ils ont pas mal d'espace et une vie que je suppose plaisante pour un poisson, avec beaucoup de nourriture. Le moment venu, ils en sont retirés avec des seaux, et placés immédiatement dans des bassins dans des bâtiments de la ferme. Les acheteurs choisissent leur poisson, qui est alors tué d'un coup adroit sur la tête et donné au client. Franchement, je suis certain que si j'avais le choix, tout bien considéré, je préférerais la vie d'un tel poisson à celle de n'importe quel poisson sauvage, et à la non-existence[2].

Avant d'examiner dans son détail cet argument, il faut remarquer qu'il est capable de justifier à peu près tout et n'importe quoi, de l'esclavage des Africains, lesquels, comme le disait James Boswell, doivent se féliciter de

1. Voir J. B. Callicott, « Animal Liberation : A triangular Affair », art. cit., M. P. T. Leahy, *Against Liberation : Putting Animals in Perspective*, London, Routledge, 1991, R. M. Hare, « Pourquoi je suis seulement demi-végétarien » (1993), trad. fr. P. Lauret, *Cahiers philosophiques*, 2004, n°100, p. 77-90, R. Scruton, *Animal Rights and Wrongs*, London, Metro, 2000. Sur cette question, voir l'intéressante mise au point de T. Zamir, *Ethics and the Beast : A Speciest Argument for Animal Liberation*, Princeton, Princeton University Press, 2007, p. 50-56.

2. R. Hare, « Pourquoi je suis seulement demi-végétarien », art. cit., p. 84-85.

leur condition parce qu'elle les a soustraits au risque de la mort violente qui les attendait dans leur pays d'origine en leur donnant accès à un mode d'existence bien plus paisible[1], à la pratique de la corrida, laquelle, comme le soulignait tout récemment Francis Wolff, si elle venait à disparaître, entraînerait avec elle la disparition de l'espèce des taureaux de combat (le *toro bravo*) qui n'existe que pour et par la corrida : « Les taureaux », écrit ce denier, « ne vivent que parce que, *dans le meilleur des cas*, ils sont destinés à mourir dans l'arène – ce qui est un argument suffisant en faveur de la corrida pour ceux qui se préoccupent avant tout de la survie de l'espèce »[2].

Revenons à l'argument tel que Richard Hare le formule. Deux questions distinctes sont entremêlées : la première concerne le bénéfice qu'il y a pour l'animal à être élevé pour servir de nourriture, par comparaison avec le fait de ne pas exister (compris à la fois dans la perspective de l'animal individuel destiné à être tué, et dans celle de l'espèce entière qui n'existerait pas si elle ne servait pas de moyen aux fins que poursuivent les êtres humains); la seconde concerne la mort donnée par la main de l'homme selon une procédure rationalisée moins violente que ne peut l'être la mort naturelle.

Le second point est manifestement le plus faible, car on ne voit pas du tout en quel sens un animal bien portant qui a un intérêt dans la poursuite de sa propre existence pourrait bénéficier de la mort, même adroitement administrée, que peut lui infliger la main de l'homme. Lorsque la mort ne vient pas soulager une souffrance sans issue, lorsqu'elle n'interrompt pas ni n'accélère une lente agonie d'une créature en mauvaise santé, il n'y a aucun sens à considérer que, tout bien pesé, elle lui est profitable.

Le premier point est plus difficile à examiner car il s'agit de spéculer sur les intérêts d'entités qui n'existent pas. Admettons qu'il y ait un sens à dire qu'une entité bénéficie du fait d'être portée à l'existence. Comment convient-il de mettre en balance le bénéfice supposé qu'il y a à exister avec la qualité donnée de l'existence que mène chaque animal individuel ? Au motif que les animaux domestiques nous doivent tous la vie, sommes-nous autorisés à les soumettre à n'importe quel type de traitement et même à les tuer ? Que dirait-on d'une société qui clonerait des êtres humains menant des existences plaisantes et courtes à seule fin de servir de banque d'organes, et qui n'existeraient pas indépendamment de cette finalité ?

1. Cité par M. Spiegel, *The Dreaded Comparison : Human and Animal Slavery*, New York, Mirror Books, 1996, p. 73.

2. F. Wolff, *Philosophie de la corrida*, Paris, Fayard, 2007, p. 62.

Il est remarquable que l'on puisse repérer la même faiblesse argumentative au fondement de l'idée du « contrat domestique » à laquelle il a été fait allusion précédemment. Rappelons qu'un contrat domestique est un contrat fondé sur les relations sociales entre les êtres humains et les autres animaux au sein de communautés mixtes, qui impose un certain nombre d'obligations aux éleveurs d'animaux. L'idée selon laquelle la domestication constituerait une forme de contrat a une longue histoire derrière elle, et elle a connue de nombreuses formulations plus ou moins élaborées. Des versions primitives d'un contrat domestique ont ainsi pu être attribuées à Lucrèce, à Montaigne et à Dupont de Nemours[1]. Henry Salt dans les années 1890 met en discussion une version du contrat domestique qui semble avoir été assez répandue à l'époque, non pas toutefois pour la reprendre à son compte, mais pour exprimer les réserves qu'elle lui inspire, du moins sous cette forme[2]. Plus récemment, Desmond Morris l'a remis au goût du jour dans un livre de vulgarisation scientifique intitulé *The Animal Contract*[3], tandis que Stephen Budiansky faisait de même dans *The Covenant of the Wild*[4]. J. Baird Callicott a avancé la même idée dans un article datant de 1988 intitulé « Animal Liberation and Environmental Ethics : Back Together Again », et il s'y est depuis régulièrement référé dans ses travaux ultérieurs[5]. Les époux Larrère ont à leur tour proposé leur propre version, notamment dans « Animal Rearing as Contract ? »[6]. L'idée est suggérée, si ce n'est expressément développée, par bien d'autres encore[7].

1. Les références sont données dans l'article de C. et R. Larrère, « Animal Rearing as Contract ? », *Journal of Agricultural and Environmental Ethics*, 2000, n° 12, p. 51-58.

2. Voir H. Salt, *Animal Rights*, (1895), trad. fr. L. Hotelin, *Les droits de l'animal*, Paris, H. Welter, 1914, chapitre II.

3. D. Morris, *The Animal Contract*, London, Morris Books, 1990.

4. S. Budiansky, *The Covenant of the Wild : Why Animals Chose Domestication*, New York, Wiedenfeld & Nicholson, 1992.

5. J. B. Callicott, « Libération animale et éthique environnementale : de nouveau ensemble », art. cit.

6. C. et R. Larrère, « Animal Rearing as Contract ? », art. cit. Voir aussi des mêmes auteurs : « L'animal, machine à produire : la rupture du contrat domestique », dans F. Burgat et R. Dantzer (éd.), *Les animaux d'élevage ont-ils droit au bien-être ?*, Paris, Éditions du CNRS, 2001, p. 9-24, « Actualité de l'animal-machine », *Les Temps modernes*, 2005, n°630-31, p. 143-63, « Des animaux-machines aux machines animales », dans J. Birnbaum (éd.), *Qui sont les animaux ?*, *op. cit.*, p. 88-109, « Ethique environnementale et éthique animale », dans J.-P. Engélibert *et al.*, *La question animale. Entre science, littérature et philosophie*, Rennes, Presses universitaires de Rennes, 2011, p. 93-106.

7. Voir E. Telfer, « Using and Benefitting Animals », dans G. H. Becker (éd.), *The Moral Status of Persons : Perspectives on Bioethics*, Amsterdam, Rodolpi, 2000, p. 219-232,

Dans la version qu'en propose Callicott, les relations que les êtres humains soutiennent avec les animaux domestiques peuvent être caractérisées comme reposant sur une « sorte de contrat social implicite noué entre l'homme et l'animal qui est le fruit d'une longue évolution ». Ce contrat domestique a été créé par le processus historique de domestication. Reprenant à son compte certaines observations de Mary Midgley, Callicott avance que les animaux domestiques sont des animaux sociaux ayant la capacité innée de comprendre certains signaux et d'y répondre ; c'est parce que les êtres humains ont pu détourner à leur profit ces réponses, dit-il, que la domestication a eu lieu en vue de faire remplir aux animaux certains rôles dans la communauté mixte. La domestication des animaux définit une condition qui engendre par elle-même des obligations morales humaines, et c'est en ce sens que l'on peut parler d'une « sorte de contrat implicite » qui lie les éleveurs aux animaux – contrat qui ne devrait pas être considéré comme moralement répréhensible, sauf à « mettre en question l'être même de ces créatures » (*sc.* les animaux domestiques) qui « depuis des centaines de générations, (...) ont été génétiquement modifiés par le biais de très anciennes méthodes de sélection reproductive ». Dans la mesure où le contrat repose tout entier sur l'existence même d'une relation entre les êtres humains et les animaux, Callicott conclut qu'un tel contrat est rompu dès lors que la relation est détruite. C'est précisément ce qui se passe de nos jours, dit-il, avec la dépersonnalisation des animaux et leur réduction à l'état de machines dans l'élevage industriel.

Comme le fait remarquer Clare Palmer dans un bel article où elle s'efforce de réfuter l'idée de contrat domestique[1], tous les éléments du problème de la non-identité semblent être ici réunis. Le problème désormais classique de la non-identité a été posé par Derek Parfit[2] en liaison avec les générations futures. Supposons, dit-il, que notre génération adopte des mesures politiques en matière de consommation énergétique ayant pour effet d'épuiser les ressources; dans de telles conditions, les générations futures seront bien moins loties qu'elles n'auraient pu l'être si nous avions adopté d'autres types de mesures. Mais les générations futures auront-elles pour autant une quelconque raison de se plaindre de notre gaspillage ? Comme le souligne Parfit, les mesures politiques que nous

K. K. Smith, « Animals and the Social Contract », *Environmental Ethics*, 2008, n°2, p. 195-207.

1. C. Palmer « Le contrat domestique », trad. fr. H.-S. Afeissa dans H.-S. Afeissa et J.-B. Jeangène Vilmer, *Philosophie animale*, *op. cit.*, p. 333-373.

2. D. Parfit, *Reasons and Persons*, Oxford, Oxford University Press, 1984, p. 363.

adoptons déterminent dans une large mesure les individus particuliers qui viendront à l'existence. Si nous avions adopté d'autres mesures politiques en matière de consommation énergétique, d'autres individus seraient venus à l'existence. Les individus particuliers qui viennent au monde sont donc les produits de nos folies en matière de consommation énergétique. En tant que tels, il semble qu'il ne leur soit pas possible de faire entendre la moindre plainte à ce sujet, car si nous nous étions montrés plus raisonnables, ils n'existeraient pas. Par conséquent, aucun individu *particulier* ne peut se dire plus mal loti du fait de nos folies en matière de consommation énergétique.

De la même manière, aucun animal domestique existant actuellement n'aurait pu exister sans le contrat. Il existerait à leur place une population probablement complètement différente d'animaux sauvages. Par conséquent, aucun animal domestique *particulier* existant actuellement ne peut être dit être plus mal loti du fait du contrat, puisqu'en l'absence de tout contrat il n'aurait pas existé du tout. Nul ne peut demander, même à titre d'hypothèse, si la domestication a réellement bénéficié à un quelconque animal domestique particulier – mettons, le mouton Dolly –, car il est impossible de concevoir Dolly en dehors de tout contexte de domestication (ou, pour être plus précis, hors de tout contexte de modification génétique) : en l'absence d'un tel contexte, Dolly ne serait pas ce qu'elle est. Une Dolly « sauvage » ou « non domestique » n'est pas possible; et la même chose vaut de tous les animaux domestiques. Comme l'écrit Clare Palmer :

> Dire des animaux domestiques existants qu'ils ont consenti tacitement ou hypothétiquement au contrat, a autant de sens que si l'on disait que, du fait même d'être née, j'ai consenti tacitement à être un être humain. Il est bien évident que *je* n'aurai pas pu exister sous une autre forme [1].

Si la domestication constitue une forme de contrat, alors il s'agit d'un contrat qui, pour ainsi dire, fait naître une bonne partie de ceux qui vont être conduits à y prendre part, à savoir les animaux. Le contrat ne se contente pas de déterminer *quels* sont les animaux individuels qui vont être portés à l'existence (même s'il le fait aussi dans une large mesure), mais aussi *ce que* sont de tels animaux individuels. Cet état de fait comporte plusieurs implications importantes. Il s'ensuit tout d'abord que le contrat domestique est irréversible. Une fois que les animaux ont pris part au contrat domesti-

1. C. Palmer, « Le contrat domestique », art. cit., p. 369. J. S. Foer parle à juste titre à ce sujet du « mythe du consentement animal », et déclare que « ce mythe est peut-être l'histoire même de la viande »; voir J. S. Foer, *Faut-il manger les animaux?, op. cit.*, p. 127-128, p. 301.

que, il n'y a plus aucun moyen de le rompre pour la plupart d'entre eux – quand bien même, par la suite, les termes du contrat seraient systématiquement violés par les êtres humains. Les moutons qui paissent dans les montagnes auront toujours la possibilité d'aller voir ailleurs et de s'éloigner des êtres humains si d'aventure ces derniers se montraient hostiles à leur égard – mais cette possibilité n'est pas ouverte pour le mouton Dolly. La domestication exclut la possibilité de modes de vie alternatifs. La façon dont le contrat domestique est censé réguler les relations au sein de la communauté mixte apparaît donc pour le moins assez mystérieuse.

Pour finir, il convient de soumettre à examen ce que nous avions identifié dans la partie précédente comme étant le motif principal du différend entre éthique animale et éthique environnementale, à savoir l'approche fondamentalement distincte de la nature et des processus qui y sont à l'œuvre. Les spécialistes d'éthique animale ne prêtent attention aux processus naturels évolutifs, disions-nous, qu'afin de brouiller le jeu des différences anthropozoologiques en montrant que les caractéristiques que l'on pensait être jusque-là l'apanage des êtres humains sont en fait très largement partagées par le règne animal, tandis que les spécialistes d'éthique environnementale considèrent les diverses formes de vie non seulement en tant qu'elles sont liées les unes aux autres au sein d'une longue histoire évolutive, mais encore en tant qu'elles forment les unes avec les autres des communautés biotiques au sein d'un écosystème traversé par des processus trophiques où elles jouent un rôle spécifique pour maintenir l'intégrité et la stabilité de l'environnement naturel.

Cette différence d'approche se traduit, comme on l'a vu, par une opposition dans la façon dont il convient de penser la régulation de la nature sauvage et des processus de prédation qui y sont à l'œuvre, et notamment de la prédation que les hommes sont susceptibles d'exercer sous la forme de la chasse. Dans l'optique écocentrique et holiste, la chasse constitue une signe de notre appartenance à la vie et de notre insertion dans les chaînes d'interaction, et ne pose de problèmes éthiques particuliers, pour autant que la vertu de prudence s'en mêle. La défense de la chasse en éthique environnementale renoue ainsi avec le primitivisme des *Méditations sur la chasse* d'Ortega y Gasset[1] ou de *The Tender Carnivore and the Sacred Game* de Paul Shepard[2], la chasse apparaissant comme une activité naturelle de

1. O. y Gasset, *Méditations sur la chasse* (1942), trad. fr. C-A. Drolet, Québec, Septentrion, 2008.

2. P. Shepard, *The Tender Carnivore and the Sacred Game*, Athens & London, The University of Georgia Press, 1973.

prédation propre à cette espèce carnivore qu'est l'*Homo sapiens*, une expression de notre participation dans la nature et une manière de surmonter l'aliénation de la culture industrielle occidentale. C'est en ce sens que l'on peut lire dans le petit manuel d'éthique de la chasse écrit par Jim Posewitz, très populaire aux États-Unis que

> l'un des buts principaux de la chasse est de satisfaire notre besoin de demeurer une partie du monde naturel. Nous éprouvons encore le désir de participer aux processus naturels. Notre monde développé est de plus en plus séparé de la nature; il est de plus en plus artificiel. (...) La chasse est l'une des dernières manières que nous avons de satisfaire notre passion d'appartenir à la terre, d'être une partie du monde naturel, de participer au drame écologique, et d'alimenter le feu de sauvagerie qui brûle encore en nous [1].

Il y a au fondement de la critique de la chasse par les partisans des droits des animaux et de la libération animale une incapacité à évaluer le rôle décisif que la prédation a toujours joué dans l'histoire de la vie sur terre, une volonté de transcender la nature et de répudier les processus qui ont fait de nous ce que nous sommes.

> De ce point, écrit Ned Hettinger dans un article où il reprend à son compte et développe des idées défendues par Holmes Rolston, le comportement de ceux qui consomment de la viande et qui pratiquent la chasse permet de mettre en lumière des dimensions de valeur dans la nature que les défenseurs des animaux ont bien du mal à apprécier. Si la prédation carnivore dans la nature est une bonne chose – et non pas simplement un fait déplaisant dont il faudrait s'accommoder – alors la prédation carnivore humaine peut être considérée comme une manière d'affirmer la valeur de ce processus naturel. Respecter la nature signifie respecter la façon dont les valeurs naturelles coulent dans le circuit de la vie, et un tel respect implique de respecter la mise à mort violente de certains animaux en vue de la survie de certains autres [2].

1. J. Posewitz, *Beyond Fair Chase : The Ethic and Tradition of Hunting*, Guilford, falcon Guides, 1994, p. 89-90. Voir aussi J. A., Swan, *In Defense of Hunting*, San Francisco, Harper Collins, 1995, et M. Cartmill, *A View to a Death in the Morning. Hunting and Nature Through History*, Harvard, Harvard University Press, 1993.

2. N. Hettinger, « Bambi Lovers vs Tree Huggers : A Critique of Rolston's Environmental Ethics », *Environmental Ethics*, 1994, n°16, p. 13-14. La question de la chasse a soulevé un vaste débat en éthique environnementale. Voir R. W. Loftin, « The Morality of Hunting », *Environmental Ethics*, 1984, n°6, p. 241-250, A. S. Causey, « On the Morality of Hunting », *Environmental Ethics*, 1989, n°11, p. 327-343, R. J. H. King, « Environmental Ethics and the Case for Hunting », *Environmental Ethics*, 1991, n°13, p. 59-85, M. Bekoff et

Mais la capacité à reconnaître que la souffrance est un mal pour celui qui l'endure, laquelle pousse à vouloir prendre soin de celui qui la subit en le soulageant autant que faire se peut de ses maux, est, tout autant si ce n'est plus que notre activité de prédateur, essentielle à l'histoire évolutive de l'espèce humaine. Par conséquent, la compassion qu'inspirent la terreur et l'agonie des êtres sensibles ne nous rend pas étrangers aux processus naturels, et ne nous situe certainement pas au-delà de ces derniers. Plutôt que d'y voir une forme hyper-culturelle de sentimentalité déplacée, il faut reconnaître dans cette capacité d'empathie l'une des caractéristiques les plus remarquables de la sensibilité des êtres humains, laquelle ne leur appartient pas d'ailleurs en propre comme s'est efforcé de le montrer tout récemment Frans de Waal[1], même si c'est chez les êtres humains qu'elle trouve son expression la plus accomplie.

De la même manière, il n'est pas sûr qu'il faille comprendre l'alimentation carnée comme étant un processus naturel constitutif de ce que nous sommes. Selon Rolston, les végétariens font l'erreur de méconnaître ce processus naturel et sa valeur morale spécifique :

D. Jamieson, « Sport Hunting as an Instinct : Another Evolutionary "Just-so-Story" », *Environmental Ethics*, 1991, n°13, 375-378, J. Curnutt, « How to Argue For and Against Sport Hunting », *Journal of Social Philosophy*, 1996, n°27, p. 65-89, B. Luke, « A Critical Analysis of Hunter's Ethics », *Environmental Ethics*, 1997, n°19, p. 25-44. C. J. List, « Is Hunting a Right Thing ? », *Environmental Ethics*, 1997, n°19, p. 405-416, R. Scruton, « From a View to a Death : Culture, Nature and the Huntsman's Art », *Environmental Values*, 1997, n°6, p. 471-481, P. V. Moriarty et M. Woods, « Hunting vs Predation », *Environmental Ethics*, 1997, n°18, p. 391-404, C. J. List, « On the Moral Significance of a Hunting Ethic », *Ethics and the Environment*, 1998, n°3, p. 157-175, A. S. Gunn, « Environmental Ethics and Trophy Hunting », *Ethics and the Environment*, 2001, n°6, p. 68-95, J. Everett, « Environmental Ethics, Animal Welfarism, and the Problem of Predation. A Bambi Lover's Respect for Nature », *Ethics and the Environment*, 2001, n°6, p. 42-67, T. Raterman, « An Environmentalist's Lament for Predation », *Environmental Ethics*, 2008, n°4, p. 417-434. Voir enfin l'excellente synthèse de F. Wood jr., *The Delights and Dilemmas of Hunting : The Hunting versus Anti-Hunting Debate*, New York, University Press of America, 1996.

1. F. de Waal, *L'âge de l'empathie. Leçons de nature pour une société plus apaisée*, trad. fr. M.-F. de Paloméra, Paris, Les liens qui libèrent, 2010. Voir aussi J. Pierce, « Mice in the Sink : On the Expression of Empathy in Animals », *Environmental Philosophy*, 2008, n°5, p. 75-96. Sur l'origine darwinienne de cette thèse et le développement qu'elle a connu sous la plume des éthologues modernes, voir l'intéressante synthèse de N. Baumard, *Comment nous sommes devenus moraux. Une histoire naturelle du bien et du mal*, Paris, O. Jacob, 2009, p. 229-250.

> Les consommateurs de viande ont une connaissance de l'écologie et de l'histoire naturelle que n'ont pas les végétariens. (...) Je ne suis pas sûr qu'un végétarien comprenne la manière dont le monde est fait [1].

Poussant cet argument à son comble, Eldon Dickens jr. ira jusqu'à écrire que, étant donné que les plantes ont tout autant le « droit » d'occuper un territoire et de se reproduire que les animaux herbivores ont le « droit » de s'en nourrir et que les animaux carnivores, qui se situent au bout de la chaîne alimentaire, celui de se nourrir de ces derniers, il faut en conclure que, quitte à parler de « cruauté », alors le végétarien ne l'est ni plus ni moins que le carnivore, la seule différence notable étant que le carnivore s'inscrit dans le cycle naturel de la vie sur terre sans se poser de fausses questions morales, tandis que le végétarien « ignore et peut-être même dénie l'existence d'une immense source de cruauté – la destruction environnementale et le gaspillage de la vie – tout en se donnant à lui-même l'absolution et en houspillant de manière hypocrite ceux qui consomment de la viande »[2]. Dans cette même veine paradoxale, Michael Pollan – véritable chantre de l'alimentation saine et de la « viande éthique » aux États-Unis – n'hésitera pas à affirmer que, « si notre préoccupation, c'est la bonne santé de la nature plutôt que l'infernale cohérence de nos codes moraux, alors manger de la viande peut paraître le sommet de l'éthique »[3].

Mais qui oserait dire que la consommation de viande dans les sociétés occidentales modernes est une manière de participer à la logique et à la biologie de son écosystème – une « question de symbiose » comme le dit Michael Pollan ? Le fait qu'il nous faille manger pour vivre est assurément une nécessité naturelle. Mais le choix de *ce que* nous mangeons et *de la façon* dont nous le mangeons est évidemment déterminé par la culture.

1. Cité par P. V. Moriarty et M. Woods, art. cit., p. 398.

2. E. W. Dickens jr., « Cruelty in Vegetarianism », *The New York Times*, 26 juin 1976, p. 23.

3. M. Pollan, « Comment je ne suis pas devenu végétarien », *Courrier international*, 17 juillet 2003, n°663. Aux yeux de cet auteur, ce qui pose problème n'est pas l'abattage des animaux, mais leur souffrance, raison pour laquelle il appelle de ses vœux le développement de fermes naturels, dont il pense avoir trouve le modèle dans une ferme installée dans une vallée de Virginie, *Polyface Farm*. Sur cette ferme, voir le site http : //www.polyfacefarms.com. De M. Pollan, voir *The Omnivore's Dilemma : The Search of a Perfect Meal in a Fast-Food World*, Londres, Bloosmbury Publishing, 2006, et *Nutrition, mensonges et propagande*, trad. fr. C. Sobecki, Vergèze, Thierry Souccar Editions, 2008. Ces arguments relèvent de ce que H. S. Salt nommait déjà en 1914 « *those dear old Fallacies* » qui, on le voit, ont la vie longue. Voir H. S. Salt, « The Humanities of Diet », conférence prononcée à Londres devant la *Vegetarian Society*, disponible en ligne à l'adresse suivante : http://www.animal-rights-library.com/texts-c/salt03.htm

Quoi que nous mangions, que ce soit de la viande ou pas, il n'y a rien de purement biologique et de non-culturel dans le fait même de le manger, si ce n'est le fait de mâcher, d'avaler et de digérer les aliments.

Touchant la nourriture carnée en particulier, il est remarquable que *jamais* dans l'histoire de l'humanité et *dans aucune* culture la mise à mort de l'animal à des fins alimentaires n'a été considérée comme moralement indifférente : les animaux ne peuvent pas tous être consommés (il en est des purs et des impurs), et ceux qui sont consommables ne le sont qu'à certaines conditions bien précises (codifiées dans les rites sacrificiels et religieux qui stipulent les conditions de l'abattage et qui font le départ entre ce qui peut être consommé de la chair animale, et ce qui est exclu de la consommation)[1]. Même lorsque, comme c'est le cas de nos jours (sous l'influence du christianisme, qui niera la légitimité du sacrifice sanglant et le remplacera dans le rituel eucharistique par un sacrifice « végétal »), la consommation de viande s'est libérée dans une large mesure de toute pratique sacrificielle, elle demeure prise dans un réseau symbolique, imaginaire, social, culturel et politique, qui fait de l'acte alimentaire un geste hautement significatif, irréductible en tant que tel au biologique[2]. L'alimentation est une *pratique sociale*, offerte aux analyses de l'ethnologue, de

1. Sur la pratique du sacrifice sanglant dans l'Antiquité grecque, voir M. Detienne, *Les jardins d'Adonis. La mythologie des parfums et des aromates en Grèce*, Paris, Gallimard, 1972, p. 58-90, M. Detienne et J.-P. Vernant, *La cuisine du sacrifice en pays grec*, Paris, Gallimard, 1979. Voir aussi pour le monde romain et les Chrétiens d'Orient C. Grottanelli, « La viande et ses rites », dans J.-L. Flandrin et M. Montanari (éd.), *Histoire de l'alimentation*, Paris, Fayard, 1996, p. 117-132. Sur le thème du sacrifice dans l'Antiquité, voir également les travaux classiques de W. Robertson-Smith, de J. G. Frazer, de H. Hubert et M. Mauss et d'E. B. Tylor. Pour la civilisation indienne, voir C. Malamoud, *Cuire le monde. Rite et pensée dans l'Inde ancienne*, Paris, La Découverte, 1989, et S. J. Tambiah, « Animals are Good to Think and Good to Prohibit », *Ethnology*, 1969, n°4, p. 423-459. Sur la distinction entre le pur et l'impur, le comestible et l'immangeable, etc., voir M. Douglas, *De la souillure. Essais sur les notions de pollution et de tabou*, trad. fr. A. Guérin, Paris, Maspéro, 1971, et les travaux de B. Laurioux et de P. Bonnassie pour la période médiévale.

2. La bibliographie des travaux consacrés à l'alimentation de ces divers points de vue est pléthorique. Citons l'article pionnier de R. Barthes, « Pour une psycho-sociologie de l'alimentation contemporaine », *Annales. Economies, sociétés, civilisations*, 1961, n°5, p. 977-986, le livre de C. J. Adams *The Sexual Politics of Meat : A Feminist-Vegetarian Critical Theory*, New York, Continuum, 1990, et la synthèse très réussie de C. Fischler, *L'homnivore. Le goût, la cuisine et le corps*, Paris, O. Jacob, 1990. S. Bratman a signé une étude intéressante sur cette pathologie récente qu'il appelle l'« orthorexie », venant ainsi compléter le tableau clinique des troubles alimentaires constitué par l'anorexie et la boulimie. Voir S. Bratman, *Health Food Junkies. Overcoming the Obsession with Healthful Eating*, New York, Broadway Books, 2000 et H. Bruch, *Les yeux et le ventre, l'obèse, l'anorexique*, trad. fr. F. Verne et M. Manin, Paris, Payot, 1994.

l'anthropologue, du sociologue, du psychologue et même du psychanalyste. Elle est un extraordinaire microcosme du corps social. Elle n'est pas une simple affaire de physiologie, parce que l'homme ne se nourrit pas de glucides, de lipides et de protides : il mange des aliments, non des nutriments. Les catégories du culinaire, comme l'a magistralement montré Claude Lévi-Strauss, constituent une voie royale vers la compréhension des cultures et des sociétés dont la cuisine traduit inconsciemment la structure, et en direction de la pensée humaine – la cuisine offrant l'occasion unique d'isoler des catégories empiriques perti-nentes et opératoires dans toutes les cultures, même si le contenu qu'on leur assigne localement est variable[1]. Il y a une *histoire de l'alimentation carnée*, laquelle excède de toutes parts les déterminations biologiques de la fabrique du corps humain et la nécessité des équilibres naturels, une histoire faite de bruit et de fureur, de décisions éthiques et de choix politiques, où les aliments, plutôt qu'avoir une valeur nutritive, paraissent solidaires de tout un système de valeurs de civilisation et d'humanité, ainsi que les partisans du végétarisme qui se sont employés à mettre l'alimentation au centre de leur réflexion morale, de Pythagore à Peter Singer, ne l'ont jamais méconnu[2].

Tout bien considéré, l'opposition entre les spécialistes d'éthique animale et ceux d'éthique environnementale ne procède pas tant d'une différence fondamentale d'approche de la nature et de ses processus évo-

1. C. Lévis-Strauss, *Mythologiques*. 1. *Le cru et le cuit*; 2. *Du miel au cendre*; 3. *L'origine des manières de table*; 4. *L'homme nu*, Parsi, Plon, 1964-1971. Voir aussi du même, *Le totétisme aujourd'hui*, Paris, P.U.F., 1962, et le célèbre article « Le triangle culinaire », *L'Arc*, 1965, n°26, p. 19-29. Les travaux de Lévis-Strauss demandent eux-mêmes à être lus au regard de ceux de ses prédécesseurs et de ceux qui se sont inspirés de lui, à savoir B. Malinowski, A.I. Richards, M. Harris, M. Douglas et J. Goody. Pour une synthèse des principaux travaux accomplis, en anthropoligie portant sur les déterminants culturels de l'alimentation, voir C.M. Counihan, *The Anthropology of Food and Body. Gender, Meaning and Power*, Londres, Routledge, 1999.

2. Sur l'histoire du végétarisme moral, voir H. Williams, *The Ethics of Diet : An Anthology of Vegetarian Thought* (1883), Guilford, White Crow Books, 2009, D. A. Dombrowski, *The Philosophy of Vegetarianism*, Amherst, The University of Massachusetts Press, 1984, K. S. Walters et L. Portness (éd.), *Ethical Vegetarianism : From Pythagore to Peter Singer*, Albany, SUNY Press, 1999, R. Preece, *Sins of the Flesh : A History of Ethical Vegetarian Thought*, Toronto, UBC Press, 2008. Il n'existe pas encore, à notre connaissance d'histoire de la viande de l'Antiquité à nos jours. Voir cependant quelques éléments chez N. Fiddes, *Meat : A Natural Symbol*, Londres, Routledge, 1991, M. Toussaint-Samat, *Histoire naturelle et morale de la nourriture*, Paris, Bordas, 1987, p. 79-93, J.-L. Flandrin, « La viande », *Entretiens de Bichat*, Centre d'information des viandes, 27 septembre 1989, et S. Fairlie, *Meat. A Benign Extravagance*, White River Junction, Chelsea Green Publications, 2010.

lutifs, que de la manière dont il convient de tracer la frontière entre ce qui relève réellement des processus naturels et ce qui relève des usages culturels. Il semble que les éthiciens de l'environnement soient enclins à proposer une interprétation un peu trop généreuse de ce qu'ils considèrent comme étant de l'ordre de la nature, au point d'y inclure des pratiques et des usages (telles que la chasse et l'alimentation carnée) qui sont manifestement déterminés de part en part par la culture.

Nous voilà arrivés au terme de notre présentation générale des relations souvent tendues entre les théoriciens de l'éthique animale et ceux de l'éthique environnementale. Comment convient-il d'apprécier la portée exacte de ce différend? Sur ce point, comme sur tant d'autres, le jugement des uns et des autres diverge. Dans un entretien que Holmes Rolston nous a accordé à Thierry Hoquet et moi-même à l'occasion d'un séminaire qui lui était consacré à Paris en février 2008, ce dernier répondait de la manière suivante à la question que nous lui posions au sujet du conflit entre éthique animale et éthique environnementale :

> L'éthique animale prend à cœur le bien-être des animaux sensibles, et traite essentiellement des souffrances et des plaisirs auxquels sont sujets les animaux. L'éthique environnementale est bien plus inclusive. C'est une éthique du respect de la vie telle qu'elle se déploie à des multiples niveaux : des animaux aux plantes, en passant par les insectes, les espèces, les écosystèmes et l'ensemble du biosystème terrestre [1].

S'il est un point sur lequel nous avons particulièrement insisté au cours de notre présentation des motifs de la brouille entre les spécialistes des deux domaines de recherche examinés, c'est qu'il est impossible de réduire la controverse à une simple différence d'échelle des objets de considération morale. Mais cela signifie-t-il pour autant que les différences en jeu soient bien plus profondes, si profondes mêmes que l'on puisse estimer que les deux approches morales sont substantiellement distinctes, qu'elles sont liées l'une et l'autre à une certaine manière de concevoir la rationalité pratique, d'interpréter les faits moraux, d'élaborer une théorie de la valeur et de déterminer les limites de la communauté morale au sein de laquelle les normes sont appelées à exercer une régulation? C'est ce que pense Callicott, pour lequel

1. Extrait de l'Entretien avec H. Rolston III, disponible à l'adresse suivante: ttp://www.nonfiction.fr/article-1196-entretien_avec_holmes_rolston_iii.htm.

> la préoccupation prioritaire des partisans de la libération animale en faveur de la souffrance des animaux domestiques [d'une part], (...) et la préoccupation prioritaire [des environnementalistes], d'autre part, en faveur de la disparition des espèces de plantes et d'animaux, de l'érosion des sols et de la pollution des eaux, constituent autant de symptômes non seulement de différences considérables d'approches éthiques, mais encore de visions cosmiques. (...) Le fonds de pensée et de valeur n'est pas du tout le même [1].

Ainsi que nous avons essayé de le montrer précédemment, les points de contact entre les théoriciens des deux bords sont plus nombreux et plus profonds que ne le pense Callicott, à tel point que l'on serait enclin à inverser le sens de son analyse en disant que les « différences considérables d'approches éthiques » qu'il prétend déceler reposent parfois sur des partis pris dont le caractère arbitraire ou ininterrogé n'est jamais plus manifeste que lorsqu'on aborde la délicate question du régime alimentaire carné. L'on songe alors ici irrésistiblement à cet échange criant de vérité entre Elisabeth Costello et son fils dans le roman éponyme de John Maxwell Coetzee :

> – Il me semble [dit le fils à sa mère] que ce que tu cherches à changer dans les comportements est d'un niveau trop élémentaire, trop primaire, pour être changé au moyen de discussions. Le fait d'être carnivore exprime quelque chose de profondément vrai sur les êtres humains, tout comme sur les jaguars. Tu ne voudrais pas soumettre un jaguar à un régime de graines de soja.
>
> – Parce qu'il mourrait de faim [répond Elisabeth Costello]. Les êtres humains ne meurent pas d'un régime végétarien.
>
> – Non, en effet [dit le fils]. Mais ils ne *veulent* pas d'un régime végétarien. Ils aiment manger de la viande. Il y a quelque chose d'ataviquement satisfaisant à cela [2].

Pour parodier le titre d'un article célèbre de Claude Lévi-Strauss, nous avons eu parfois le sentiment qu'il s'agissait pour certains éthiciens de l'environnement de s'exclamer à l'encontre des penseurs de la libération

1. J. B. Callicott, « Animal Liberation : A Triangular Affair », art. cit., p. 17-18.

2. J. M. Coetzee, *Elisabeth Costello*, trad. fr. C. Lauga du Plessis, Paris, Seuil, 2004, p. 144. Sur l'importance de la question animale chez Coetzee, voir S. Mulhall, *The Wounded Animal. J. M. Coetzee and the Difficulty of Reality in Literature and Philosophy*, Princeton, Princeton University Press, 2009.

animale : « Philosophes, ne touchez pas à mon steak ! »[1]. Pour dire la même chose sur un ton moins badin, il nous semble que leur réflexion, sur le point précis du sacrifice carnivore, n'est peut-être pas libre de tout présupposé, qu'elle reste solidaire d'une certaine conception de la subjectivité, de l'humanité et de la culture, qu'elle peine à mettre en question. Jacques Derrida a cherché à montrer que « dans *notre* culture, le sacrifice carnivore est fondamental, dominant, réglé sur la plus haute technologie industrielle, comme l'est aussi l'expérimentation biologique sur l'animal – si vitale à notre modernité », et que « le sacrifice carnivore est essentiel [aussi bien] à la structure de la subjectivité, c'est-à-dire au fondement du sujet intentionnel », en attirant l'attention sur le lien indissociable qui existe entre les deux, c'est-à-dire sur « l'affinité entre [d'une part] le sacrifice carnivore, au fondement de notre culture et de notre droit, et [d'autre part] tous les cannibalismes, symboliques ou non, qui structurent l'intersubjectivité dans l'allaitement, l'amour, le deuil et en vérité toutes les appropriations symboliques ou linguistiques »[2].

Le concept forgé par Derrida de « carno-phallogocentrisme », qui fait sa première apparition dans l'entretien avec Jean-Luc Nancy intitulé « "Il faut bien manger" ou le calcul du sujet »[3], vise précisément à désigner l'indissociabilité des liens entre la carnivoréité, le discours et le masculin. L'on pourrait se demander si les discours de certains éthiciens de l'environnement ne resteraient pas pris à l'intérieur d'une métaphysique carno-phallogocentrique dans la mesure où ils reconduisent, en le justifiant, le sacrifice des animaux, qui n'est pas seulement un sacrifice « réel », mais aussi, comme toujours, un sacrifice « symbolique ». Car la réduction de la mise à mort de l'animal à sa fonction carnivore, c'est-à-dire alimentaire, soi-disant justifiée par « l'histoire de la vie de la communauté biotique » où aucun fait n'est plus fondamental que « celui qui consiste à manger… *et à être mangé* »[4], refuse la possibilité pour cet acte, pris en lui-même et indépendamment des conditions modernes de l'élevage industriel où il est pratiqué, de s'inscrire dans un espace moral et d'être considéré pour ce qu'il est, à savoir un crime. Comme l'écrit fort justement Patrick Llored :

1. Voir C. Lévi-Strauss, « Philosophes, ne touchez pas aux mythes ! », *Le Figaro*, 24 avril 1971.

2. J. Derrida, *Force de loi. Le fondement « mystique » de l'autorité*, Paris, Galilée, 1994, p. 42-43.

3. J. Derrida et J.-L. Nancy, « "Il faut bien manger" ou le calcul du sujet », *Confrontation* (1989), repris dans *Points de suspension. Entretiens*, Paris, Galilée, 1992, p. 269-301.

4. J. B. Callicott, « Libération animale et éthique environnementale : de nouveau ensemble », art. cit., p. 326.

Réduire l'acte de mise à mort de l'animal à quelque chose de réel et d'empirique revient en réalité à refuser à l'animal toute appartenance à un champ symbolique susceptible d'en faire un être dont la vie ne serait pas seulement biologique. Le geste qui met fin à l'existence toujours unique et singulière d'un vivant non humain échappe à toute évaluation en termes juridiques et moraux : ce qui revient circulairement confirmer la thèse commune que l'animal reste un être qui ne peut intégrer l'ordre symbolique, puisque celui-ci est un privilège des hommes, c'est-à-dire le propre de l'humain ; l'animal n'a pas droit au symbolique pour le sujet souverain lors de sa mise à mort sacrificielle au nom de la supériorité ontologique de la souveraineté humaine [1].

Il nous semble que, trop souvent, le discours des éthiciens de l'environnement, sur le point particulier de l'alimentation carnée, échoue à déconstruire, ainsi que Derrida y a patiemment travaillé, cette opposition entre le « réel » et le « symbolique », en jouant de façon arbitraire avec le tracé de la frontière censée discriminer les pratiques et les êtres relevant de la « nature » et ceux relevant de la « culture ». De manière générale, en dépit de certaines déclarations de Callicott, nous n'avons pas le sentiment que la déconstruction de ce qu'il appelle assez curieusement le « sujet cartésien » [2] (en entendant par là un sujet qui se confère à lui-même un mode d'existence radicalement distinct de celui des choses réduites à l'état de matière inerte) ait été poussée très loin en éthique environnementale où d'autres partages ontologiques, inédits dans une certaine mesure, continuent d'opérer en sous-main, ainsi qu'il apparaît assez clairement lorsqu'il en va de décider de la signification de la mise à mort de l'animal à des fins alimentaires. Le sacrifice carnivore est, à sa façon, comme l'a fort bien vu Derrida, une institution rituelle fondatrice par laquelle l'homme se donne, par et dans la violence, une subjectivité qui lui permet d'installer une limite infranchissable entre lui et l'animal par une opération de dénégation de l'acte de mise à mort lui-même. Sur ce point, les réflexions des théoriciens de l'éthique animale nous paraissent bien plus prudentes en ce qu'elles sont continûment habitées par un doute sur la différence entre l'homme et l'animal, lequel va, non pas à *nier* cette différence, mais bien plutôt à *multiplier* les différences, et à les rendre par là mêmes toutes problématiques.

1. P. Llored, « Les deux corps sacrifiés de l'animal. Réflexions sur le concept de zoopolitique dans la philosophie de Jacques Derrida », *Philosophie*, 2011, n° 112, p. 51-52.

2. Voir les dernières pages de l'article de J. B. Callicott, « La valeur intrinsèque dans la nature : une analyse métaéthique » (1999), trad. fr. H.-S. Afeissa et C. Larrère dans H.-S. Afeissa (éd.), *Ethique de l'environnement*, *op. cit.*, p. 220-223.

Moyennant quoi l'éthique animale, en certaines de ses composantes et tendances, peut prétendre remplir le programme esquissé par Derrida visant à montrer comment la division entre l'homme et l'animal est traversée par toute une série de différences :

> Plus de différences, oui. Car dans le même temps, vous devrez prendre en compte d'autres discriminations, par exemple entre la société humaine et la société animale. Il y a beaucoup de choses à faire et à dire sur ce point. (...) Toutes ces différences doivent être prises en compte d'une nouvelle manière; alors que si vous tracez une ligne unique ou même deux, vous obtenez des ensembles homogènes de sociétés ou de groupes ou de structures indifférenciés. Non, non, je ne cherche pas à *brouiller* les différences. Bien au contraire, j'essaie d'expliquer de quelle manière le fait de tracer une limite oppositionnelle *revient* à brouiller les différences, la différance et les différences, non pas seulement entre l'homme et l'animal, mas au sein des sociétés animales – il y a un nombre infini de sociétés animales et, au sein des sociétés animales et de la société humaine, tellement de différences [1].

Le lieu crucial de la réflexion sur les relations de l'homme et de l'animal, d'où il serait peut-être possible d'examiner et de traiter à nouveaux frais la question de l'alimentation carnée, pourrait bien être, au bout du compte, celui des modalités selon lesquelles il convient de penser le jeu de différences et de forces, de devenirs et de rapports où sont pris l'homme et l'animal, qui rend si difficile de dire où commence l'« humanité » et où finit l'« animalité », car le fonctionnement des institutions éthiques et politiques des sociétés où le sacrifice carnivore est pratiqué est largement fondé sur cette distinction problématique. La réflexion doit reprendre en ce point où il s'agit de travailler à penser le processus de différenciation ou de différ*a*nce lui-même en visant à élaborer une différence que l'on pourrait dire constituante, c'est-à-dire une différence qui se construit pas à pas dans un jeu de renvoi de l'homme à l'animal et de l'animal à l'homme, où l'identité de l'un et l'autre termes n'est jamais ni assurée ni définitive.

1. J. Derrida, « On Reading Heidegger: An Outline of Remarks to the Essex Colloquium », *Research in Phenomenology*, 1987, n°17, p. 183.

L'HOMME AU MIROIR DE L'ANIMAL A PARTIR DE CONDILLAC

De manière, à nos yeux, paradoxale, un assez large consensus semble régner parmi les historiens de la philosophie pour considérer que l'enjeu philosophique majeur du discours consacré aux animaux, depuis Platon jusqu'à Levinas, n'est pas l'animal. C'est d'abord et avant tout de l'homme qu'il s'agit, dit-on, de ses rapports avec la sphère supérieure du divin, comme avec celle – inférieure – de la bestialité. Les intérêts que les philosophes de tous les temps ont investis dans une réflexion sur l'animal sont les mêmes, prétend-on, que ceux qui animent ordinairement leurs entreprises (intérêts éthiques, métaphysiques, épistémologiques, théologiques), à telle enseigne que l'animal n'y est jamais, au fond, que le prétexte à des développements qui ont tout leur sens sans lui. L'animal, en philosophie, serait ainsi condamné à jouer les utilités.

L'homme serait donc le seul objet réel du discours sur l'animal. Le concept d'animalité, tel qu'il a été construit durant l'histoire de la philosophie, ne serait alors que le substrat sans qualités à partir duquel peut se dire la spécificité de l'humain : l'animal, pensé par opposition au référent normatif « homme » dont il est censé être l'envers, serait défini selon une structure privative mettant invariablement en relief un manque essentiel : de lui l'on dira, au choix, qu'il est sans âme, sans raison, sans liberté, sans conscience, ou encore qu'il est pauvre en monde – bref, il serait toujours appréhendé à travers une série de négations ou de soustractions. L'histoire de la différence entre l'animalité et l'humanité, telle que la tradition philosophique occidentale nous la donnerait à lire, ne serait autre que celle de l'énumération des propres de l'homme. Certains historiens vont jusqu'à baptiser du nom d'« humanisme métaphysique » cette entreprise générale, prétendument multiséculaire, visant à déterminer la vie des êtres non humains par référence à celle des êtres humains, au moyen d'un système d'oppositions et de relations hiérarchiques. Dans les lectures les plus radicales, l'on n'hésitera pas à soutenir que cette entreprise vise moins à dire l'homme qu'*à ne pas dire l'animal*, raison pour laquelle, explique-t-on, la multiplication des « propres » de l'homme n'a jamais ôté toute pertinence à la singularité dont, pourtant, chacun se réclame[1].

Il nous semble toutefois qu'une telle lecture ne rend pas justice aux efforts que les philosophes ont fournis pour penser la différence anthropo-zoologique, lesquels nous paraissent être constamment animés par le souci de cerner la spécificité du mode d'être des animaux, saisie dans sa proximité et son altérité avec celui des êtres humains dont la détermination constitue moins le point de départ de l'enquête, toujours déjà assuré, que son résultat sans cesse remis en question à chaque nouvelle étape de la réflexion. Il nous paraît pour le moins excessif de dire que l'animal n'a jamais été défini autrement que comme l'envers de l'homme – son faux double ou son mauvais double –, car l'indétermination de la nature des « bêtes » affecte *aussi* celle des « êtres humains », même si ce n'est évidemment pas de la même manière, sans quoi toute entreprise de connaissance serait rendue impossible. La double définition qui est recherchée ne pourra par conséquent pas être obtenue par un procédé visant à *déduire* l'essence de l'animal d'une simple *privation* de tous les attributs qui sont censés caractériser l'humain – lesquels, pour l'heure, ne sont pas encore distinctement connus –, mais plutôt par une sorte de *variation* réciproque des termes à définir obéissant à une méthode analogue à celle que Husserl a appelé la « méthode en zigzag », et au sujet de laquelle il dit, dans l'*Introduction* au tome second des *Recherches logiques*, qu'elle implique de « sans cesse

1. Les travaux de F. Burgat – auxquels nous empruntons dans ce passage de nombreuses formulations, parfois de manière littérale – nous semblent caractéristiques d'une telle tendance. Sans doute cette conception de l'histoire du discours philosophique sur l'animal est-elle assez répandue chez les historiens de la philosophie, mais c'est indéniablement sous la plume de F. Burgat qu'elle a trouvée une forme de radicalisation inédite et, pour tout dire, excessive. Le projet même que porte cet auteur, qui est de recourir aux « approches phénoménologiques » pour sortir des « impasses engendrées par les conceptions classiques » de l'animalité (*Une autre existence. La condition animale*, Paris, Albin Michel, 2012, p. 14) souffre d'une sous-évaluation de la richesse desdites « conceptions classiques », bien vite rangées dans le placard des antiquités poussiéreuses et remisées dans ce que Husserl appelait « le grenier des dissertations ». Plutôt que de rejouer une fois de plus la querelle des Anciens et des Modernes, en opposant les « conceptions classiques » à la « tradition phénoménologique », il nous paraît bien plus fécond de se servir de celle-ci pour y puiser des instruments de méthode permettant de soumettre celles-là à une nouvelle lecture qui sache leur restituer toute leur force et leur reconnaître leur originalité. C'est ce à quoi nous nous employons ici en élaborant, à partir de la phénoménologie husserlienne, le concept de co-variation eidétique pour relire la philosophie condillacienne de l'animalité.

revenir aux analyses originaires, (…) [de] les vérifier par les analyses nouvelles », et réciproquement de « vérifier celles-ci par les premières » [1].

Bien qu'elle n'ait pas été formalisée en tant que telle, cette méthode nous paraît constituer l'une des caractéristiques du discours philosophique sur l'animal, depuis la définition antique de l'homme comme *animal rationale* où la détermination d'une différence spécifique s'effectue à la faveur d'un va-et-vient constant entre l'observation des hommes et celle des animaux, à la détermination de la place échue aux diverses créatures au sein de la chaîne des êtres où l'essence de l'humain n'est pas découverte au terme d'une simple soustraction et addition des attributs des formes d'existence supérieures et inférieures, mais par rectification permanente de ce que l'on *croyait* savoir – pour ne rien dire de l'extraordinaire richesse descriptive des histoires naturelles et des apports de l'éthologie moderne qui, en grossissant le faisceau des similitudes et des différences entre les hommes et les animaux, ont contraint à réviser sans cesse le tracé des lignes de démarcation anthropozoologique.

S'il est donc peu contestable que la fonction du discours sur l'animal soit, dans une large mesure, de définir l'homme, le rapport entre les deux termes est toutefois plus complexe qu'il n'y paraît, dans la mesure où chacun a pour tâche d'éclairer l'autre. C'est précisément parce que l'homme n'est pas immédiatement compréhensible à lui-même, c'est parce qu'il n'est jamais sûr d'être un homme, « qu'il presse l'animal de le lui “dire”, et cherche dans cette altérité de quoi déduire sa propre identité » [2], au moyen de ce que l'on pourrait appeler une logique de prédication indirecte procédant par co-variation des termes à définir dont l'indétermination relative (et, d'une certaine manière, indépassable) constitue à la fois le présupposé le plus fondamental et la raison d'être même de ce procédé de méthode.

La différence anthropozoologique ainsi mise au jour est donc une *différence constituante*, c'est-à-dire une différence qui ne peut apparaître comme telle que dans des oppositions ou des structures conceptuelles duelles, où les *deux* termes sont affectés par la relation différentielle qu'ils soutiennent l'un avec l'autre. L'identité de chacun inscrit en soi la possibi-

1. E. Husserl, *Recherches logiques*, t. 2 : *Recherches pour la phénoménologie et la théorie de la connaissance* (1901), trad. fr. H. Elie, A. L. Kelkel et R. Schérer, Paris, P.U.F., 1991, p. 19.

2. Comme le dit excellemment P. Guénancia, « Quelques doutes sur la différence entre l'homme et l'animal », dans H.-S. Afeissa et J.-B. Jeangène Vilmer (éd.), *Philosophie animale. Différence, responsabilité et communauté*, *op. cit.*, p. 56.

lité de sa référence à un autre, en comparaison duquel il est ce qu'il est. La différence obtenue n'est pas une différence *dérivée*, c'est-à-dire relative à une identité déjà constituée, elle est une différence *associée* qui se produit au sein d'une structure de renvoi généralisé où se conjoint le double mouvement de renvoi (à soi et à l'autre) et de déviation ou de différenciation de soi [1].

CO-VARIATION ET FIGURES DU SAVOIR

Il serait intéressant, nous semble-t-il, de relire les grands textes de l'histoire de la philosophie occidentale où la différence entre l'homme et l'animal est interrogée pour montrer que c'est bien cette méthode de co-variation qui a été constamment mise en œuvre afin d'élucider l'essence de l'un et de l'autre. Il faudrait pouvoir montrer en quel sens l'« *oikéiôsis* » selon les Stoïciens, la « *phronésis* » selon Aristote, la sensibilité aux « petites perceptions » selon Leibniz, l'« inquiétude » selon Hegel, l'« oubli » selon Nietzsche, l'« accaparement » selon Heidegger, etc., demandent à être entendus aussi bien comme des propositions originales visant à saisir le mode d'être propre de l'animal que comme des déterminations permettant en retour de préciser la nature de l'homme.

De manière plus générale, l'on pourrait peut-être envisager de distinguer, sous ce rapport, différentes configurations discursives se constituant au sein de la même *épistémè*, au sens foucaldien du terme, c'est-à-dire au sens d'une forme historique du savoir préalable à l'acquisition de connaissances particulières et leur fixant à l'avance l'espace au sein duquel elles prennent place, en même temps qu'elles trouvent leurs significations et leurs objets, comme si ce savoir – se précédant lui-même – conditionnait ses propres manifestations concrètes en tissant la trame de leur possibilité.

1. Par ce moyen, nous souhaiterions prolonger la réflexion engagée dans *La communauté des êtres de nature* (Paris, MF, 2010), et notamment dans le troisième chapitre dans lequel nous faisions valoir que la relative indétermination des critères de différenciation anthropologique chez certains théoriciens d'éthique environnementale et d'éthique animale est largement responsable de la faiblesse et de l'inadéquation des théories morales et juridiques qu'ils édifient. Aussi est-ce en vertu d'un étrange malentendu que l'on a pu nous objecter, comme le fait F. Burgat dans *Une autre existence*, *op. cit.*, p. 71, note 1, d'avoir *confondu* statut juridique et plan ontologique, alors que tout le sens de notre critique consiste précisément à dénoncer l'homogénéisation des modes d'être à seule fin de pouvoir étendre la communauté morale par intégration de nouveaux membres. La comparaison que fait J. Rodman, que nous citons dans ce chapitre, entre les animaux non humains et des débiles légers, des infirmes et des enfants attardés, n'est plaisante que parce que précisément elle suppose une homogénéisation grossière et absurde de modes d'existence ontologiquement distincts.

Il nous paraît en effet frappant que – au sein de cette enquête multiséculaire portant sur la distinction entre l'homme et l'animal, qui n'aura jamais cessé, d'une certaine manière, de se mouvoir dans l'élément de la ressemblance au sens où la connaissance en cette affaire procède essentiellement par la discrimination du même et de l'autre – le jeu des ressemblances et des différences soit gouverné par des schèmes discursifs qui ont sensiblement varié d'une époque à une autre.

Les Grecs, pour ne prendre qu'un exemple, nous paraissent avoir été plus volontiers sensibles aux *similitudes* qu'aux dissemblances entres les hommes et les animaux, plus enclins à se rendre attentifs à ce qu'il peut y avoir de *commun* dans leurs manières d'être et dans leurs compétences respectives, non pas au détriment des *différences* et des *caractères distinctifs* de l'humanité, mais afin bien plutôt de pouvoir les déterminer en les détachant d'un fond qui est essentiellement commun aux hommes et aux animaux. La fonction discriminante est alors exercée, dans cette figure du savoir, non pas par l'existence d'un attribut dont l'homme aurait la possession exclusive et dont les animaux seraient privés, mais par la *forme d'excellence* selon laquelle il possède tel ou tel attribut ou telle ou telle compétence.

La détermination grecque de la *métis* répond parfaitement à cette articulation du savoir – la *métis*, c'est-à-dire cette intelligence de la ruse, cet art de la feinte, cette promptitude et pénétration de l'esprit sur laquelle Marcel Détienne et Jean-Pierre Vernant ont signé une étude classique, et dans laquelle ils montrent que, loin d'y voir une particularité anthropologique, les Grecs la tenaient pour une qualité très largement partagée par le règne animal, au point de considérer que c'est dans l'expérience même du monde animal, au contact des animaux, en étant en permanence confrontée aux pièges, filets, chausse-trappes, lacets et nasses que tendent les animaux, que la *métis* des hommes trouve à se fortifier, à se lester de toutes les ressources indispensables pour rivaliser avec l'astuce des animaux et même la surclasser[1].

Dans le même sens, il est remarquable qu'Aristote fasse de l'homme l'animal *le plus imitateur*, dans un texte célèbre de la *Poétique* qui demanderait à être patiemment commenté et mis en regard du *Traité des animaux* de Condillac avec lequel il entre étonnamment en consonance :

1. J.-P. Vernant et M. Détienne, *Les ruses de l'intelligence. La* mètis *des Grecs*, Paris, Flammarion, 1974.

> Dès l'enfance les hommes ont, inscrites dans leur nature à la fois une tendance à représenter – et l'homme se différencie des animaux parce qu'il est particulièrement enclin à représenter et qu'il a recours à la représentation dans ses premiers apprentissages – et une tendance à trouver du plaisir aux représentations [1].

L'homme est clairement donné dans ce passage comme n'étant pas le seul à être animé par un tel désir d'apprendre ou par une telle curiosité, à quoi s'identifie pour finir la tendance à la représentation. Aristote transfère explicitement ce privilège au règne animal, mais il situe la *différence* en ceci que l'homme est « *particulièrement enclin* » à représenter, c'est-à-dire en ce qu'il *surpasse* les bêtes dans ce domaine – en ce qu'il est l'animal mimétique *par excellence*. Comme pourrait le confirmer la lecture de quelques autres textes du corpus biologique d'Aristote, l'homme y est moins pensé comme étant *l'autre* de l'animal que comme étant le *même* sous une forme accomplie, il est cette forme de vie vers laquelle tendent tous les efforts de la nature, et en ce sens il est le plus naturel de tous les animaux : *il est la nature à son comble* – par où précisément il commence à différer essentiellement de tous les êtres de nature.

Le point remarquable dans ce schéma discursif tient à ce que la détermination du *propre* (de l'homme) s'obtient par différenciation du *même*, par épuisement des similitudes et passage à la limite d'une série ascendante qui culmine avec les êtres humains. De l'homme à l'animal, la transition est douce et conduit du pareil au même, selon une logique de progression continue qui ménage la possibilité de penser la différence en termes de discontinuité [2].

1. Aristote, *La Poétique*, 48b5-9, trad. fr. R. Dupont-Roc et J. Lallot, Paris, Seuil, 1980, p. 43.

2. On trouvera une illustration de cette méthode de lecture de la différence anthropo-zoologique telle qu'elle a été pensée depuis l'Antiquité grecque jusqu'à l'époque moderne dans le livre de D. Heller-Rouzen, Une archéologie du toucher, trad. fr. P. Chemla, Paris, Le Seuil, 2011, consacré à l'analyse de ce mode de saisie de soi que les stoïciens appelaient le sens interne, considéré comme un trait commun aux hommes et aux animaux. Ainsi qu'il l'écrit, « La vérité est que, dans l'histoire de la pensée, l'affirmation d'une distinction entre l'homme et l'animal a été suivie, et pas seulement précédée, par son absence, et, même quand les natures humaines et animales ont été différenciées dans les termes les plus tranchés, une région au sein de laquelle on ne peut pas les séparer a continué de faire retour », p. 96.

LA MÉTHODE DE CO-VARIATION EIDÉTIQUE

De manière plus générale, ainsi qu'il serait loisible de le vérifier à la lecture de quelques autres textes où la différence anthropozoologique est examinée à l'aide d'autres schémas discursifs, il nous paraît assez inexact de dire que l'animal aurait été traditionnellement condamné à jouer en philosophie le rôle de ce que Carol Adams a appelé un « référent absent », en comprenant par là un mode de dénomination qui consiste à parler d'une chose tout en en désignant une autre, selon un procédé par lequel l'évocation des animaux ne servirait à autre chose qu'à apporter une confirmation toute rhétorique de ce que l'on a toujours déjà su concernant le propre des êtres humains [1]. L'enquête multiséculaire portant sur la différence entre les hommes et les animaux nous semble bien plutôt animée par une inquiétude ou un doute sur l'identité des deux termes pris dans la relation différentielle, et s'il est incontestable que la différence est perçue *à partir de* l'un d'eux, qui jouit d'une certaine préséance méthodologique, cela ne signifie pas qu'elle ne soit qu'une fonction de sa démarcation d'avec l'autre qui se trouverait ainsi dotée d'une autonomie essentielle, parce que le terme qui est privilégié au sein de cette différence d'opposition ne peut apparaître comme tel sans la *différence* ou l'*opposition* qui lui donne forme.

Nous souhaiterions proposer ici de penser la différence anthropozoologique non pas dans les termes d'une opposition entre l'« animalité » et l'« humanité » (où chaque terme est censé renvoyer à un type d'être déterminé susceptible d'être décliné en un ensemble de propriétés appartenant spécifiquement et exclusivement à certaines « créatures » identifiables), mais dans les termes d'une opposition entre l'« animalisation » et l'« humanisation », c'est-à-dire en référence à un *processus* continu d'engendrement des différences où les degrés de différenciation s'échelonnent sur un continuum allant de ce qui est simplement étrange, exotique, excentrique, non familier, non conforme ou inconnu, à ce qui est autre, hétérogène, hétéronome, opaque, inaccessible, en passant par les multiples figures de l'étranger, du métèque, de l'allogène. Ce processus de différenciation est non seulement ce qui distingue les différents « genres » de créatures, mais encore ce qui les distingue les unes des autres au sein du même « genre », en sorte que les différences de genres apparaissent ultimement comme des différences de degrés ou de niveaux de différenciation compatibles avec des différences de nature.

1. Voir C. Adams, *The Sexual Politics of Meat : A Feminist-Vegetarian Critical Theory*, New York, Continuum, 1990, p. 40-42.

Notre enquête ne coïncide pas exactement avec la recherche classique d'un « propre développé » de l'homme. Rappelons que dans cette dernière perspective, il s'agit, plutôt que de définir l'humain par la possesssion exclusive d'attributs dont les animaux seraient privés, de déterminer le propre de l'homme comme étant un propre *développé* et non plus *donné* – le plus (culturel) de l'homme demandant à être compris comme résultant d'un moins (naturel). Le propre de l'espèce humaine serait de développer sa *propre* nature, conformément à un schéma d'explication que l'on trouve sous la plume de Rousseau et que le concept de «perfectibilité» met en œuvre [1], ou encore sous la plume de Kant pour lequel «l'insociable sociabilité» est le moteur du développement par l'humain de sa propre raison [2]. L'intérêt de ce type d'approche est de se révéler bien plus sensible, non pas à ce que les hommes auraient en plus et dont les animaux seraient privés, mais, à l'inverse, à ce que l'humain a de moins par rapport à eux. L'accent est ici porté sur un déficit de nature de l'espèce humaine animale, dans la tradition du mythe de Prométhée. Toutefois, ainsi que le faisait récemment remarquer Tristan Garcia, l'on aurait tort d'exagérer l'importance de ce renversement de perspective, car toutes les thèses d'un propre développé de l'humain demeurent à cheval entre une détermination substantielle et événementielle de ce qu'est l'humain :

> Ce qui se développe en l'humain doit toujours d'une manière ou d'une autre être naturellement donné, c'est-à-dire être substantiellement présent en l'espèce animale devenue humaine plutôt que dans les autres. Mais le développement en lui-même n'est plus substantiel, c'est le résultat du travail de l'humain qui acquiert par ce travail des qualités objectives: la technique, l'outillage, le langage, la culture … [3].

Les théories du propre développé rompent avec celles des propres substantiels en ce qu'elles ne font pas résider la distinction dans la possession pour ainsi dire de droit divin d'un attribut dont les animaux auraient été privés, et en ce qu'elles constatent « l'éclosion de qualités objectives, de capacités distinctives qui ne sont pas données, mais développées au cours

1. J.-J. Rousseau, *Discours sur l'origine et les fondements de l'inégalité parmi les hommes* (1754). La perfectibilité, c'est-à-dire, comme le dit la Première partie, « la faculté de se perfectionner, faculté qui à l'aide des circonstances, développe successivement toutes les autres, et réside parmi nous tant dans l'espèce que dans l'individu ».

2 E. Kant, *Idée d'une histoire universelle au point de vue cosmopolitique* (1784), trad. fr. L. Ferry, Œuvres philosophiques, « Bibliothèque de la Pléiade », tome II, Paris, Gallimard, 1985, p. 191.

3. T. Garcia, *Forme et objet. Un traité des choses*, Paris, P.U.F., 2011, p. 247.

du temps par l'espèce humaine». Pour autant, conclut Tristan Garcia, il faut bien que la *possibilité* de ce développement reste donnée et substantielle. «Ces théories sont donc prises, plus ou moins dialectiquement, entre une substantialité du propre de l'humain et une objectivié [ou une événementialité, dirions-nous plutôt] de la différenciation entre l'humain et d'autres espèces animales»[1].

C'est pourquoi il nous semble que ce type d'enquête gagnerait à se dissocier du procédé qui consiste à situer l'apparition des caractéristiques constitutives de l'humain au sein d'un processus évolutif, au bénéfice de la prise en compte des éléments entrant en co-variation, dans une perspective où l'engendrement des différences au sein de l'expérience comprise comme processus évolutif de différentiation demeure secondaire et inessentiel.

L'objectif de l'enquête que nous proposons est d'élucider la logique de l'établissement des différences, pensées comme résultant d'un processus de discrimination *essentiellement* inachevé, qui ne récuse pas l'idée même d'une essence ou d'une détermination eidétique mais qui travaille à réduire à de purs éléments ce qui semble être une synthèse toute constituée, et qui vise à reconstituer, à partir de ces éléments, un ensemble de propriétés que l'on va prendre pour l'essence de tel ou tel être.

Le procédé de méthode permettant de déterminer le réseau de différences au sein duquel prennent place les termes soumis à la comparaison, et que nous proposons comme instrument privilégié d'une détermination de l'«animalité», n'est pas la méthode en zig zag dont il a été question précédemment, telle que Husserl la définit et telle qu'il la met en œuvre dans les *Recherches logiques* ou encore dans la *Krisis*[2], parce que l'objet de notre enquête ne vise pas à une élucidation des concepts de la connaissance ou à celle de l'origine d'une donation de sens. Le *cercle* dans lequel il s'agit de s'installer relie deux termes dont *l'essence* est interrogée, de telle sorte qu'un éclaircissement relatif d'un côté apporte quelque lumière à l'autre, qui à son tour la réfléchit sur le premier. Nous proposons d'appeler cette méthode la méthode de co-variation eidétique, en nous inspirant une nouvelle fois de la phénoménologie de Husserl, mais en un geste assurément hérétique puisque non seulement l'expression, à notre connaissance, est textuellement absente du corpus du fondateur de la phénoménologie, mais l'idée même lui semble assez étrangère. Ce procédé

1. *Ibid.*, p. 248.

2. E. Husserl, *La crise des sciences européennes et la phénoménologie transcendantale* (1935-1936), trad. fr. G. Granel, Paris, Gallimard, 1976.

de méthode se nourrit toutefois de certaines intuitions de la cinquième méditation cartésienne et, plus précisément, de la phénoménologie de l'anomalie du § 55 où l'animal est présenté comme une « variante anormale de l'humanité ».

LA DOUBLE ALTÉRITÉ D'AUTRUI

Rappelons brièvement le mouvement d'ensemble qui mène à ce paragraphe et aux remarques décisives sur les anomalies. Autrui, dit Husserl, partage ce trait commun avec les corps, les choses transcendantes et naturelles, d'être situé en dehors de moi, dans le monde, et sa transcendance est, au même titre qu'elles, le signe d'une altérité irréductible. Est toujours visé plus qu'il n'est effectivement donné en personne, selon une structure permanente d'échappement de l'objet par rapport à son remplissement intuitif par la conscience qui autorise à parler d'un retard ou d'une différance irréductible de la donation sur la visée :

> Du point de vue noématique, il faut distinguer, dans l'objet qui apparaît sur le mode d'être là soi-même propre à une telle perception présentante et apprésentante, entre ce qu'on perçoit véritablement de lui et le surplus de ce qui n'est pas proprement perçu tout en étant pourtant coexistant. Ainsi, toute perception de ce type est-elle transcendante, elle pose plus que le fait d'être là soi-même, plus que ce qu'elle rend à chaque fois effectivement *présent*. Ressortit à cela n'importe quelle perception externe, celle d'une maison, par exemple (façade et arrière); mais, au fond, cela décrit *toute* perception, voire toute évidence en général selon sa plus grande universalité, pourvu que nous prenions le fait de présenter en un sens plus large [1].

L'objet excède le noème. Quelque chose en lui se cache toujours et ne s'indique que par anticipation, analogie, apprésentation. En ce sens, l'apprésentation analogique appartient pour une part à toute perception. Mais tandis que dans le cas de l'autre comme chose transcendante, la possibilité de principe d'une présentation originaire et originale de la face cachée est toujours ouverte par principe et *a priori*, cette possibilité est absolument refusée dans le cas d'autrui. L'altérité de la chose transcendante, bien qu'elle soit déjà irréductible, ne l'est que par l'inachèvement indéfini de mes perceptions originaires. Elle est donc sans commune mesure avec l'altérité aussi irréductible d'autrui qui ajoute à la dimension

1. E. Husserl, *Méditations cartésiennes*, § 55, trad. fr. M. de Launay, Paris, P.U.F., 1994, p. 171.

d'inachèvement (liée à la localisation du corps d'autrui dans l'espace, à l'histoire de nos rapports, etc.) une dimension de non originarité plus profonde, « l'impossibilité radicale de faire le tour pour voir les choses de son côté »[1], en tant qu'autrui est aussi pour lui-même une autre origine absolue et un autre point zéro dans l'orientation du monde. L'autre n'est pas seulement ni fondamentalement dans le monde, il est, comme moi, origine du monde. L'autre est infiniment autre puisque, par essence, aucun enrichissement des profils ne peut me donner la face subjective de son vécu, de son côté, tel qu'il est vécu par lui. Jamais ce vécu ne me sera donné en original comme tout ce qui m'est propre. Si l'autre n'était pas reconnu comme *alter* ego, toute son altérité s'effondrerait.

Mais sans la première altérité, celle des corps (et autrui est aussi d'entrée de jeu un corps), la deuxième ne pourrait surgir. La difficulté particulière qu'il y a à penser l'altérité d'autrui tient à ce qu'il faut pouvoir penser ensemble ces deux altérités, l'une dans l'autre inscrites, intriquées, entremêlées. En ce sens l'énigme que pose la constitution d'autrui en phénoménologie est celle, comme le dit Husserl en une formule remarquable, de l'« accessibilité vérifiable de ce qui est originairement inaccessible »[2]. Autrui n'est pas une représentation ni un simple objet représenté en moi, il n'est pas l'unité synthétique d'une vérification possible en moi, il n'est pas une configuration synthétique qui me serait personnelle ou un « point d'intersection » (*Schnittpunkt*) de mes synthèses constitutives, mais précisément un autre. Et pourtant c'est nécessairement sur le sol de notre ego transcendantal que « s'annonce » (*bekundet*) et se confirme l'alter ego.

L'AUTO-ALTÉRATION DE L'EGO

La solution paradoxale à cette énigme qu'avance Husserl consiste à montrer que c'est du sein de ce qui m'est le plus propre que se dessine l'accès à l'autre comme résultant de mon expérience propre, que c'est lorsque l'on atteint la sphère de coïncidence de soi avec soi que se dégage un accès à l'altérité d'autrui. Le passage décisif est le suivant :

> Si nous nous en tenons à l'ego transcendantal ultime et à l'univers de ce qui est constitué en lui, c'est immédiatement que lui appartient la scission

1. Pour reprendre les mots de J. Derrida, « Violence et métaphysique » (1964), repris dans *L'écriture et la différence*, Paris, Le Seuil, 1967, p. 183. Nous nous référons à son commentaire dans ce qui suit.

2. E. Husserl, *Méditations cartésiennes*, § 52, *op. cit.*, p. 164.

> (*Scheidung*) de tout son champ d'expérience transcendantal en une sphère de sa spécificité – avec la strate coextensive de son expérience du monde où tout ce qui est étranger est scotomisé (*abgeblendet*) – et la sphère de ce qui est étranger. Mais toute conscience de l'étranger, tous les modes de son apparition appartiennent cependant à la première sphère. Quel que soit ce que l'ego transcendantal constitue dans cette première strate comme étant non étranger – comme étant spécifique – cela lui appartient en fait comme composante de son essence concrètement spécifique (…). Mais *au sein de et au moyen* de cette spécificité, il constitue le monde objectif comme l'univers d'un être qui lui est étranger, et, à un premier niveau, l'étranger sur le mode de *l'alter ego* [1].

Dire de la constitution de l'autre qu'elle se produit « au sein de et au moyen de » ce qui m'est propre revient à dire que l'altérité émerge d'un processus d'*auto-altération* ou d'*auto-aliénation* (*Ent-Fremdung*) du moi primordial et de sa sphère primordiale. En effet, il ne s'agit pas seulement ici de dire que, comme tout étant qui a et qui peut avoir un sens, autrui reçoit son sens dans et à partir de ma vie intentionnelle, en se clarifiant et se dévoilant pour moi à partir de synthèses constitutives dans des systèmes de vérifications concordantes, mais que la constitution d'autrui emporte avec elle une modification de la sphère primordiale fondatrice. Husserl fait l'hypothèse d'une altérité à soi primordiale qui structure phénoménologiquement l'expérience d'autrui :

> Je suis nécessairement moi-même un étranger : je ne suis pas seulement un mode originaire pour les étrangers mais je suis aussi pour moi-même l'étranger des étrangers qui existent pour moi [2].

La notion d'« altérité à soi » vise à rendre compte de l'expérience de lui-même que fait l'ego en tant qu'il s'aperçoit comme autre que lui-même. Comme l'a montré de manière convaincante Natalie Depraz, cette aperception en l'ego d'un autre que lui-même procède de deux couches d'expérience distinctes qui entretiennent entre elles une relation de fondation : la première trouve son ancrage paradigmatique dans l'expérience hylétique du temps et de l'imagination, la seconde est liée à la différence de l'ego constituant par rapport à l'ego phénoménologisant spectateur de lui-même [3]. Dans tous les cas, la constitution de l'autre a le sens « inhabituel »,

1. *Ibid.*, § 45, p. 149.
2. E. Husserl, *Sur l'intersubjectivité*, ms. datant de 1934, trad. fr. N. Depraz, t. II, Paris, P.U.F., 2001, p. 563-564.
3. N. Depraz, *Transcendance et incarnation. Le statut de l'intersubjectivité comme altérité à soi chez Husserl*, Paris, Vrin, 1995.

dit Husserl, d'une transgression intentionnelle qui « franchit les limites de mon *ego* monadique dans son autospécificité » et « constitue un *ego*, non en tant que *je-même*, mais en tant qu'il se reflète (*spiegelndes*) dans mon je propre, ma monade »[1].

L'ALTÉRITÉ À SOI ET L'IDÉE DE NORMALITÉ

Aux fins que nous poursuivons, il est utile de considérer plus attentivement le second mode d'auto-modification de la sphère primordiale, à savoir celui de l'imagination dans la mesure où cette dernière faculté est liée au procédé de variation eidétique et donc de co-variation eidétique que nous cherchons à élaborer.

La spécificité du dédoublement à l'œuvre dans la conscience égoïque qui imagine réside dans son orientation, non pas noématique (la présentification imageante), mais noétique, ce que Husserl appelle le « *sich anders fingieren* », c'est-à-dire une auto-variation qui n'est pas la possibilité d'imaginer un autre sujet, un deuxième sujet devant moi, mais la possibilité de se rapporter à soi-même comme à un autre : je m'imagine « que je vis autre chose que ce que je vis réellement, que je suis autre que je ne suis réellement »[2]. Certes il s'agit toujours d'une altérité du moi *à lui-même*, et l'on objectera à juste titre que s'imaginer autre que soi-même, ce n'est pas encore imaginer un autre que soi, mais la modification imageante – et c'est ce qui fait sa spécificité – rompt d'une certaine manière l'identité du moi à lui-même parce qu'elle introduit une distorsion de l'identité du moi du sein de son unité. Le moi coïncide de manière conflictuelle avec le moi effectif actuel parce que cet autre moi est imaginé comme pouvant être présent au même titre que le moi effectif, alors qu'il précisément, dans sa modalité présente, proprement incompatible avec le moi effectif, débouchant sur la position, en co-existence transcendantale, de deux ego dans une unique sphère d'immanence.

L'imagination offre ainsi un mode d'altérité du moi à lui-même qui modélise l'expérience de l'autre. Les deux actes convergent dans la structure commune du *Als-ob*, laquelle est à l'œuvre lorsque j'apprésente le règne d'autrui sur ce corps que j'aperçois là-bas : « c'est la même nature », dit Husserl, « mais sur le mode d'apparition que j'aurais *si je me tenais là-*

1. E. Husserl, *Méditations cartésiennes*, § 44, *op. cit.*, p. 143. Voir aussi § 51, p. 162.
2. Cité par N. Depraz, *Transcendance et incarnation*, *op. cit.*, p. 266 dont nous suivons le commentaire.

bas à la place du corps personnel de l'autre »[1]. Tout se passe comme si je pouvais faire le tour de moi-même pour voir les choses de son côté à lui, pour voir les mêmes choses que celles que je verrais *si* je me tenais à sa place :

> Dans l'apprésentation de l'autre, les systèmes synthétiques sont les mêmes, avec tous leurs modes d'apparition, avec aussi toutes les perceptions possibles et leurs contenus noématiques ; simplement, les perceptions effectives et les modes de donation qui s'effectuent en elles et, partiellement aussi, les objets qui y sont effectivement perçus, ne sont pas les mêmes, mais ils sont précisément à percevoir depuis là-bas et tels qu'ils sont à partir de là-bas[2].

Le sens de l'aperception qui réussit à atteindre l'autre, poursuit Husserl, implique que le monde des autres, comme celui de leurs systèmes d'apparition, puisse être expérimenté précisément comme étant tout à fait le même que celui de mes systèmes d'apparition, ce qui comprend l'identité du système d'apparition, et c'est cette identité des systèmes de phénomènes qui détermine ce que Husserl appelle la « normalité ». Je peux toujours me *figurer* la façon dont le monde apparaît au regard d'un autre en faisant comme si je me tenais à sa place en une perception telle que l'autre regarde en direction de la *même* chose que moi.

L'on parlera par conséquent d'« anormalités » lorsque les systèmes d'apparition ne semblent pas devoir être absolument identiques, et que des strates entières paraissent différer, ainsi que cela se produit lorsque nous sommes témoins de comportements et de manifestations qui excèdent la concordance de la typique familière réglant notre système normal d'aperceptions. La mesure qui fixe ces écarts, précise Husserl, est fournie par l'appréhension moyenne dont fait preuve l'adulte d'âge mûr, se situant entre l'enfance et la vieillesse – la « normalité », transposée au niveau factuel, désignant alors l'état habituel, conforme à la majorité des cas. L'anormal peut dans des cas singuliers s'avérer tout à fait inattendu (Husserl cite le cas des sourds, des aveugles, des idiots, des enfants, des malades, des primitifs, etc.[3]), mais il est remarquable que le système de normalité soit à ce point intégrant qu'il peut intégrer l'anomalie dans la mesure où la typique normale est une typique fluente qui contient en elle

1. E. Husserl, *Méditations cartésiennes*, § 55, *op. cit.*, p. 172.

2. *Ibid.*, p. 173.

3. Voir dans les textes encore non traduits d'E. Husserl, *Husserliana*, Kluwer Academic Publishers, Dordrecht-Boston-London, t. XIV Beilagen XII, p. 119, t. XV, texte n°2, p. 34 et texte n°11, p. 154 et p. 162.

déjà la possibilité de corrections, de déplacements, de compléments. La normalité s'affirme face à l'anomalie en lui prescrivant son type, elle est ce sur le fond de quoi peut s'enlever une différence ou une altération du système. C'est de cette manière également que Husserl comprend le rapport entre le monde natal et le monde étranger, le monde culturel natal fonctionnant comme une sorte de sphère primordiale de seconde degré, selon un parallélisme structurel entre le franchissement des limites de ma sphère primordiale et le dépassement historique du monde culturel natal en direction d'une culture étrangère remarquablement mise au jour par Klaus Held[1].

L'ANIMAL, VARIANTE ANORMALE DE MON HUMANITÉ

C'est dans ce cadre théorique que Husserl fait expressément mention de l'animalité, en tant qu'elle relève à ses yeux de la problématique des anormalités :

> Par rapport à l'animal, l'homme est, du point de vue de la constitution, la norme, tout comme je suis moi-même, du point de vue constitutif, la norme première pour tous les hommes; les animaux sont essentiellement constitués, pour moi, comme des *variantes* anormales de mon humanité bien que je puisse encore distinguer chez eux aussi entre normalité et anormalité[2].

Loin qu'il nous faille regretter que la figure de l'animal soit pour ainsi dire confondue avec celles du tout autre (en commençant par l'altérité à soi, puis celle du fou, celle de l'enfant, celle de cet étranger dont on se demande comme il peut être Persan, etc.), il nous semble que l'intérêt de l'approche phénoménologique de l'altérité animale est de révéler que cette dernière fait corps avec un système d'altérités dont les variantes sont multiples et relativement indéterminées les unes par rapport aux autres. *Les figures de l'altérité sont fondamentalement brouillées*, en sorte que nous passons toujours insensiblement de l'une à l'autre, selon une relativité graduée de la normalité et de l'anomalie à laquelle ne correspond pas phénoménologiquement une distinction entre différents genres d'êtres, si ce n'est en vertu de critères de démarcation sur le bien-fondé desquels il convient précisément de s'interroger.

1. K. Held, « Le monde natal, le monde étranger, le monde un », dans S. Ijsseling (éd.), *Husserl Assgabe und Husserl-Forschung*, Dordrecht-Boston-Londres, Kluwer Academic Publishers, 1990, p. 1-21.

2. E. Husserl, *Méditations cartésiennes*, *op. cit.*, p. 175.

L'on songe ici irrésistiblement à l'*Essai sur l'entendement humain* de John Locke – dont on n'a peut-être pas assez remarqué à quel point il est traversé de bout en bout par les figures de l'anormalité que sont le fou, l'imbécile, l'enfant, etc., et de manière plus générale à quel point il est animé par un doute sur ce que c'est qu'être un homme –, et notamment aux pages célèbres consacrées à la « mesure » et aux « bornes » de chaque espèce par où elle est érigée en une espèce particulière distincte des autres, dont Locke montre qu'elles correspondent à des conventions linguistiques sans référent réel. Ainsi de l'essence nominale d'homme dont la différence essentielle est censée résider dans la possession d'une âme raisonnable, mais qui réside en fait bien plutôt dans la forme extérieure, en elle-même parfaitement contingente, si bien qu'un « visage un peu plus long, ou un nez plus plat, ou une bouche plus fendue »[1] suffit à déterminer les critères d'inclusion ou d'exclusion au sein de l'humanité :

> Quelque estime que certaines gens fassent de la définition d'animal raisonnable pour désigner l'homme, cependant si l'on trouvait une créature qui eût la faculté de parler et l'usage de la raison, mais qui ne participât point à la figure ordinaire de l'homme, elle aurait beau être un animal raisonnable, on aurait je crois bien de la peine à la reconnaître pour un homme (…) [tant il est vrai que] c'est sur la figure que l'on se règle pour déterminer l'espèce[2].

Il se peut que certains animaux ne présentent pas, sous le rapport de la variation anormale qu'ils offrent de mon humanité, une plus grande différence que celle que présentent certains de ces êtres que je tiens pour des compagnons d'humanité :

> Prenez un de ces vieillards décrépits à qui l'âge a fait perdre le souvenir de tout ce qu'il a jamais su : il ne lui reste plus dans l'esprit aucune des idées qu'il avait auparavant, l'âge lui a fermé presque tous les passages à de nouvelles sensations en le privant entièrement de la vue, de l'ouïe et de l'odorat, et en lui ôtant presque tout sentiment du goût; ou si quelques-uns de ces passage sont à demi ouverts, les impressions qui s'y font ne sont presque point aperçues, ou s'évanouissent en peu de temps. Cela posé, je laisse à penser (…) en quoi un tel homme est au-dessus de la condition d'une huître, par ses connaissances et par l'exercice de ses facultés intellectuelles. Que si un homme avait passé soixante ans dans cet état, (…)

1. J. Locke, *Essai philosophique concernant l'entendement humain* (1690), trad. fr. Coste, Paris, Vrin, 1989, p. 367.
2. *Ibid.*, p. 368.

> je ne saurais dire quelle différence il y aurait eu, à l'égard d'aucune perfection intellectuelle, entre lui et les animaux du dernier ordre [1].

Il est bien clair que Husserl ne se réfère pas à un ensemble de caractéristiques psycho-physiques réelles pour régler l'écart entre la normalité et l'anormalité, et que ce n'est certainement pas en vertu de ce type de différences que les Esquimaux, les Indiens et les tziganes « qui vagabondent perpétuellement » sont déclarés ne pas faire partie de l'Europe en tant que figure spirituelle. Husserl invoque en l'occurrence un tout autre critère d'inclusion qui est ici la participation à l'humanité universelle, laquelle, « désormais, [depuis qu'elle s'est éveillée en Grèce], ne veut et ne peut vivre que dans la libre formation de son existence, de sa vie historique, par les idées de la raison, par des tâches infinies » [2]. Mais il reste que l'on ne voit pas bien non plus ce qui fonde *phénoménologiquement* les traits normatifs de l'anthropologie husserlienne (le langagier, le rationnel, l'historique) en fonction desquels les figures de l'altérité anormale sont déterminées. Qu'est-ce qui justifie le privilège reconnu à l'humanité normale et adulte ? Comment la maturité et la normalité peuvent-elles donner lieu à une détermination eidétique transcendantale rigoureuse ? La normalité adulte peut-elle être considérée autrement que comme une modification empirique et factice des normes transcendantales universelles dont relèvent au même titre ces autres cas empiriques que sont la folie et l'enfance ?

LE VERROUILLAGE DE LA MÉTHODE DE VARIATION EDIÉTIQUE

L'absence de réponses claires à ces questions conduit à s'interroger également sur le sens des concepts de « variation » (*Abwandlung*), de « modification » (*Modifikation*), d'« altération » (*Veränderung*) ou de « mutation » (*Unwandlung*) dont Husserl se sert pour penser la relation eidétique de la norme et de l'anomalie, et au-delà sur la validité du procédé de variation eidétique qui est ici à l'œuvre jusque dans l'*Umfiktion*, altérité par rapport à moi-même comme moi imaginé, qui est au fond un autre nom, *modifié*, de la variation eidétique de moi-même par imagination.

Car ici comme ailleurs, il n'est pas sûr que l'intuition des essences fondée sur la méthode de la variation ne soit pas soumise à d'autres contraintes que celles du contenu intuitif, ce qui est pour le moins problé-

1. *Ibid.*, p. 102.
2. E. Husserl, *Krisis*, *op. cit.*, p. 352.

matique dans le cadre d'une philosophie pour laquelle « la conscience donatrice originaire sous toutes ses formes » est censée être « l'ultime source de droit pour toute affirmation rationnelle ». Comme l'a justement montré Dominique Pradelle, la méthode de variation ne pourrait livrer aucun résultat pertinent si elle n'était guidée depuis le début par un intérêt théorique dirigé vers une certaine essence à saisir, une unité idéale de sens que les variantes exemplifient :

> Toute la variation est subrepticement déterminée par une intention théorique préalable, une orientation thématique anticipative qui vise une unité idéale de sens dont elle cherche à assurer le remplissement intuitif ; loin d'être uniquement le résultat final de la variation, la généralité pure est donc déterminée d'avance par un acte d'abstraction thématique qui rend possible la variation, [et] lui fournit son cadre [1].

L'eidétique de l'ego et de ses variantes anormales est verrouillée d'avance parce qu'elle se laisse guider par une pré-compréhension de l'idéalité à constituer. Tout le jeu de l'identité (à soi) et des différences (par rapport aux autres, quels qu'ils soient) est faussé parce que l'on sait toujours déjà ce que c'est qu'être soi et ce que c'est qu'être un homme. Il convient donc de faire entrer en variation les deux termes pris dans la relation différentielle, de mettre en œuvre ce que nous appelons une co-variation eidétique, ce qui ne peut sans doute pas être fait dans le cadre de la phénoménologie husserlienne car l'indétermination relative du terme en fonction duquel se déploient les diverses variantes aurait pour effet de provoquer une illimitation du procédé de variation, en sorte qu'on ne pourrait même plus parler en droit d'une variation *eidétique* puisqu'aucune essence n'est à terme mise au jour, mais tout au plus une généralité empirique par comparaison. Nous proposons néanmoins de maintenir l'expression de co-variation eidétique en ce sens où le procédé de variation vise à stabiliser, par étapes progressives, quelque chose qui est de l'ordre de l'essence, sans que pour autant cette essence soit jamais véritablement fixée.

1. D. Pradelle, *L'archéologie du monde. Constitution de l'espace, idéalisme et intuitionnisme chez Husserl*, Dordrecht-Boston-Londres, Kluwer Academic Publishers, 2000, p. 119-120.

LE SENSUALISME DE CONDILLAC

Dans le cadre de quelle autre démarche philosophique ce procédé peut-il avoir une chance de livrer des résultats pertinents? Le procédé n'est efficace, on l'a vu, qu'à la condition de ne rien présupposer – ou de présupposer le moins de choses possible – sur la « nature » ou l'« essence » des termes qui entrent en variation, en faisant même à la limite l'hypothèse qu'il n'existe pas de « nature ou d'« essence », ou que s'il existe quelque chose portant ce nom sa réalité ne peut nous être connue en dernière instance, afin de ne pas limiter *a priori* l'amplitude de variation dont chaque terme est susceptible. Cette exigence commande, sur le point particulier de la différence anthropozoologique qui nous intéresse ici, de ne pas fonder la différence entre l'homme et l'animal sur des natures posées d'entrée de jeu comme étant antagonistes ou sur la possession *exclusive* d'une propriété ou d'un attribut, mais de privilégier une enquête qui résisterait à toute tentation d'une métaphysique spéciale pour viser plutôt à faire naître une différence ou un réseau de différences à partir d'une indifférenciation originaire.

Il nous semble que l'empirisme est l'école qui, dans l'histoire de la philosophie, a été la plus à même de faire un usage fécond du procédé de co-variation en raison du sens aigu qu'elle manifeste, sous la plume de certains auteurs, du caractère éminemment malléable ou plastique de ce que l'on nomme rapidement la « nature humaine », laquelle ne peut être fixée que sous les traits d'une *seconde nature*, c'est-à-dire qu'autant que les hommes s'efforcent de la faire subsister en contractant des habitudes, par sédimentation d'une action intelligente ou sensée et par sa conservation sur un mode pour ainsi dire mécanique où les processus de transmission culturels et l'éducation jouent un rôle déterminant. Maints empiristes semblent partager l'idée que « la nature de l'homme est tout nature, *omne animal* » (Pascal), qu'aucune ne lui échoit nécessairement et qu'il faut bien de l'artifice pour la fixer provisoirement [1].

Tout se passe comme si l'homme demeurait toujours en germe dans l'homme, comme s'il appartenait à chaque génération de décider du type d'humanité qu'elle veut réaliser. S'il est possible, comme le dit

1. Le thème semble avoir connu une certaine vogue au XVIIIe siècle. Voir J. A. Passmore, « The Malleability of Man in Eighteenth-Century Thought », dans E. R. Wasserman (éd.), *Aspects of Eighteenth Century*, Baltimore, The Johns Hopkins Press, 1965, p. 21-46.

superbement Condillac parlant de Locke, de « regraver l'esprit humain » [1], c'est aussi bien parce que l'esprit n'est en lui-même qu'« une page blanche, un morceau de cire » [2] pouvant être façonné et moulé à notre gré, un champ de pures virtualités qui ne se différencie qu'en fonction des lignes d'actualisation que lui fraye l'expérience, et dont aucune n'est prédéterminée ni proprement nécessaire, et qui ne le devient pas même après avoir été frayée. L'esprit n'est rien en lui-même si ce n'est ce que l'on en fait ou ce qu'en fait l'expérience en son cours ordinaire lorsqu'elle n'est pas guidée par la main de l'éducateur.

Il importe par conséquent d'apprendre à se méfier, comme le dit encore Condillac, de ces métaphysiques « ambitieuses », qui prétendent pouvoir « percer tous les mystères : la nature, l'essence des êtres, les causes les plus cachées » [3]. La vérité, poursuit-il, est que « les sens ne sauraient nous découvrir l'essence d'une substance », qu'« ils ne remontent point à cette propriété première », mais qu'« ils s'arrêtent pour ainsi dire à une superficie qui nous cache l'intérieur » [4]. Ce que les sens atteignent, cette « superficie qui nous cache l'intérieur », n'est qu'une apparence, l'apparence que prennent les objets extérieurs lorsque nous les appréhendons par l'intermédiaire obligé de nos sens. De là cette implication que tire rigoureusement Condillac, et qui détermine l'adoption du phénoménalisme en théorie de la connaissance :

> Dans le système des idées originaires des sens, rien n'est si frivole que de raisonner sur la nature des choses ; nous ne devons étudier que les rapports qu'elles ont à nous. C'est tout ce que les sens peuvent nous en apprendre [5].

De là encore la position ouvertement nominaliste qu'il revendique et qui le conduit à considérer qu'« il n'y a point d'homme en général », que « cette idée partielle n'a (…) point de réalité hors de nous » [6], mais qu'elle

1. Condillac, *Cours d'études pour l'instruction du Prince de Parme* (1798), dans *Œuvres philosophiques*, texte établi et présenté par G. Le Roy, Paris, P.U.F., « Corpus général des philosophes français », 1948, t. II, p. 233.

2. J. Locke, *Quelques pensées sur l'éducation* (1692), trad. fr. G. Compayré, revue M. Malherbe, Paris, Vrin, 1966, p. 279.

3. Condillac, *Essai sur l'origine des connaissances humaines* (1746), *op. cit.*, t. I, p. 3.

4. Condillac, article « essence » du *Dictionnaire des synonymes*, cité par T. Takesada, *La philosophie du langage de Condillac. Réflexions sur le rôle du langage dans l'acquisition des connaissances*, thèse de doctorat (inédite), Paris-I, 1982, p. 120.

5. Condillac, *De l'art de penser* (1780), *op. cit.*, t. I, p. 751 ; réed. M. Malherbe, Paris, Vrin, 2013.

6. Condillac, *La logique ou les premiers développements de l'art de penser*, *op. cit.*, t. II, p. 401.

n'est qu'une abstraction réalisée que les philosophes aiment à se représenter à la façon d'une essence « qui va se placer dans chaque substance pour la déterminer à être ce qu'elle est ». Il n'y a pas de classes dans la nature, il n'y a que des individus : « tout est distinct dans la nature »[1], écrit Condillac dans sa *Logique*, il ne faut voir dans les mots « genres », « espèces » qu'« une manière de classer les choses suivant les rapports qu'elles ont à nous et entre elles »[2].

Contre cette métaphysique trop « ambitieuse », Condillac fait valoir une tout autre « plus retenue, qui proportionne ses recherches à la faiblesse de l'esprit humain, et aussi peu inquiète de ce qui doit lui échapper qu'avide de ce qu'elle peut saisir, (...) sait se contenir dans les bornes qui lui sont marquées, (...) ne cherchant à voir les choses que comme elles sont en effet »[3]. Cette métaphysique devra revêtir la forme d'une psychogenèse, c'est-à-dire d'une histoire naturelle de l'âme dont on décrit la mise en œuvre des opérations à partir de l'expérience sensible sans prétendre découvrir leurs causes réelles dans quelque propriété de la substance pensante. Pour se déprendre de toute ontologie régionale, il faudra montrer que même les facultés psychiques sont justiciables d'une explication génétique au terme de laquelle elles sont ramenées à des opérations s'appliquant à un matériau sensoriel qui ne cesse de se transformer, afin de rompre avec le tableau figé d'un esprit humain dont toutes les compétences seraient disponibles dès son premier exercice. Comme le veut le sensualisme de Condillac, lesdites « facultés de l'esprit » ne sont en elles-mêmes que les diverses modalités de transformation de la sensation qui, seule, est donnée au départ. Suivre les transformations de la sensation dans l'attention, la mémoire, le jugement, etc., c'est suivre la formation génétique de l'esprit humain pris dans la multiplicité des opérations qui en constituent l'explication ou le développement, mais auquel elles n'ajoutent rien de réel ou de substantiel[4].

Sans doute la métaphysique sensualiste de Condillac ne part-elle pas de rien, sans doute n'est-elle pas exempte de tout présupposé, comme il est

1. Condillac, *La logique*, *op. cit.*, p. 381.

2. *Ibid.*, p. 402.

3. Condillac, *Essai sur l'origine des connaissances humaines*, *op. cit.*, p. 3.

4. Sur ce point, voir le commentaire très éclairant d'A. Charrak, *Empirisme et métaphysique. L'*Essai sur les connaissances humaines *de Condillac*, Paris, Vrin, 2003, et du même « Le sens de l'expérience dans l'empirisme des Lumières : le cas de Condillac », *Quaestio*, 2004, n°4, p. 229-48. Voir aussi M. Malherbe, « L'empirisme génétique de Condillac », dans M. Guillaume et J. Dhombres (éd.), *Sciences et techniques en perspective*, Paris, 1983, vol. 2, p. 185-196.

sans doute impossible de le faire; sans doute ne rejette-t-elle ni l'idée d'une simplicité ou indivisibilité de la pensée qui n'est pas dérivée de l'expérience, ni l'idée d'une activité *sui generis* de l'esprit humain, laquelle justifie à la fois l'adhésion à une forme renouvelée de l'occasionnalisme de Malebranche et le recours à des éléments subjectifs et spontanés du sujet pensant qui orientent le processus de transformation qualitative de la sensation[1]. Mais il est remarquable que Condillac ait pris soin de laisser aussi ouvert que possible le jeu de différenciation et d'élaboration sensoriel dont l'homme est le résultat provisoire, sous une forme qui connaît de très nombreuses variantes, comme Condillac ne manque jamais de le souligner.

LES VARIANTES DE L'HUMANITÉ ET DE L'ANIMALITÉ SELON CONDILLAC

Il n'est pas sûr, de ce point de vue, que la célèbre fiction de la statue du *Traité des sensations*, au sujet de laquelle l'on s'est demandé si elle était une image du réel ou une fiction logique, ait toujours été bien entendue[2]. Son principal intérêt méthodologique, nous semble-t-il, tient à l'indétermination ontologique de la statue recouverte initialement d'une pellicule de marbre : non seulement cette dernière n'a pas de *sexe* (l'on ignore jusqu'au bout s'il s'agit d'un homme ou d'une femme), non seulement elle n'a pas d'*âge* bien précis (de nombreux passages la comparent à un enfant, et d'autres à un être d'âge adulte[3]), mais elle n'a pas non plus de *type d'être*

1. Sur ce point, nous tombons d'accord avec la lecture de W. Wojciechowska, « Le sensualisme de Condillac », *Revue philosophique*, 1968, n°158, p. 297-320. L'on pourrait ajouter à cette liste de thèses proprement métaphysiques qui déterminent la nature de l'esprit humain avant toute variation, la thèse de la distinction entre l'âme et le corps, et plus encore celle de l'immortalité de l'âme humaine que Condillac défend à la fin du *Traité des animaux*.

2. Voir B. Baertschi, « La statue de Condillac, image du réel ou fiction logique ? », *Revue philosophique de Louvain*, 1984, n°82, p. 335-364. Cette hypothèse est probablement l'une des plus critiquées, si ce n'est moquées, de l'histoire de la philosophie. D. Badareu, « Le "calcul" logique de Condillac », *Revue philosophique*, 1968, n°158, n'hésite pas à parler de « fiction saugrenue », de cet « être de convention, nul et fol, soustrait jusqu'au bout à toute vie sociale » (p. 338 et p. 339).

3. Voir par exemple *Traité des sensations* (1754), *op. cit.*, t. I, p. 258, p. 295, etc. Pour cette raison, la remarque de H. Joly, selon laquelle « la statue n'est autre que la représentation fictive d'une réalité, qui est celle de l'enfance », nous paraît devoir être corrigée par celle de H. Aarsleff, affirmant que « la vie mentale de la statue est quasiment celle d'un animal ». Voir H. Joly, « Condillac et la critique de l'âge de raison », dans J. Sgard (éd.), *Condillac et les problèmes du langage*, Genève, Slatkine, 1982, p. 22, et H. Aarsleff, « Condillac a-t-il trop

bien déterminé (la statue sans besoin, écrit par exemple Condillac, est « un animal enseveli dans une profonde léthargie »[1], « elle mène une vie purement animale »[2]). Ni homme ni bête, la statue est au choix l'un ou l'autre selon le moment de formation génétique auquel l'on arrête le processus de transformation de la sensation, lequel est lui-même essentiellement indéterminé puisque, en vertu de la thèse de l'équivalence des cinq sens que Condillac soutient (parallèlement à celle qui confère au toucher une certaine préséance), l'on peut à discrétion ouvrir l'un ou l'autre des guichets par lesquels la statue entre en communication avec l'extérieur, et ainsi modifier l'ordre dans lequel ses différents sens se mettent à fonctionner, obtenant donc 5 ! (5.4. 3.2. 1), soit 120 possibilités de combinaisons différentes du contenu sensoriel, 120 possibilités d'orientations du processus de transformation, et donc 120 versions différentes possibles du *Traité des sensations*[3].

Le résultat de ces différentes combinaisons, ainsi que Condillac n'a de cesse de le dire, est essentiellement instable. L'imbécile, le malade, l'aveugle, le sourd, le muet, l'enfant, le sauvage, le jeune homme de Chartres qui se mit soudainement à entendre sonner les cloches, la folie de cet Athénien « qui croyait que tous les vaisseaux qui entraient dans le Pirée étaient à lui », l'enfant-loup de Lituanie, l'homme privé d'un ou de plusieurs sens, celui qui, par hypothèse, serait doué d'un nouveau sens, sans oublier la fiction des deux enfants postdiluviens « égarés dans le désert avant qu'ils connussent l'usage d'aucun signe », présentent autant de variantes de l'humanité, de bifurcations et d'embranchements possibles du processus de transformation de la sensation[4]. Mieux encore : s'il est vrai qu'« avant le péché l'âme était dans un système tout différent de celui où elle se trouve aujourd'hui »[5], la condition postlapsaire de l'homme à l'état actuel fait de l'ensemble de ces variantes une variante au second degré d'une forme primordiale d'humanité que l'on supposera, quant à elle, non susceptible de variation.

donné aux signes ? », dans A. Bertrand (éd.), *Condillac et l'origine du langage*, Paris, P.U.F., 2002, p. 105.

1. Condillac, *Traité des sensations*, *op. cit.*, p. 299.

2. *Ibid.*, p. 309.

3. Cette remarque est faite par S. Berteloot, *Contribution à l'histoire de l'empirisme*, thèse de doctorat (inédite), Aix-en-Provence, 1983, p. 309.

4. Voir l'*Essai sur l'origine des connaissances humaines*, *op. cit.*, p. 44, p. 30, p. 46-47, p. 60, etc.

5. Condillac, *Essai sur l'origine des connaissances humaines*, *op. cit.*, p. 7.

Mais ce principe de variation n'est pas seulement opératoire au sein de l'humanité d'après la chute dont les contours sont essentiellement indéterminés, il affecte encore tous les êtres animés de sorte à les faire apparaître eux aussi comme autant de variantes de l'humanité, c'est-à-dire comme des variantes au troisième degré, parce que les êtres animés font partie du même système matriciel qui a engendré l'homme :

> Quoique le système des facultés humaines soit, dit Condillac à la toute fin du *Traité des animaux*, sans comparaison le plus étendu de tous, il fait cependant partie du système général qui enveloppe *tous les êtres animés*; de ce système où toutes les facultés naissent d'une *même* origine, la sensation; où elles s'engendrent par un *même* principe, le besoin; où elles s'exercent par un *même* moyen, la liaison des idées. Sensation, besoin, liaison des idées : voilà donc le système auquel il faut rapporter toutes les opérations des animaux [comme celles des êtres humains] [1].

Il semble que ce soit d'ailleurs sur le point de savoir si les animaux peuvent être considérés comme des variantes ou des variables de l'humanité que la doctrine de Condillac a le plus sensiblement évolué, car s'il a commencé, dans l'*Essai sur l'origine des connaissances humaines* et dans le *Traité des sensations*, par dénier aux bêtes le langage et la réflexion, les rendant par là même par trop étrangères aux hommes pour pouvoir soutenir la comparaison avec eux, il leur accordera l'un et l'autre dans le *Traité des animaux*. Il ne sera alors plus question pour lui de dire, comme il le faisait auparavant, que « l'âme des bêtes est d'un ordre *essentiellement* différent de celle des hommes » [2]; et s'il écrira encore dans le *Traité des animaux* que « notre âme n'est pas de la même nature que celle des bêtes », c'est au terme d'un raisonnement *explicitement* hypothétique où il est indiqué que

> quoique l'âme des bêtes soit simple comme celle de l'homme, et qu'à cet égard il n'y ait aucune différence entre l'une et l'autre, les facultés que nous avons en partage, et la fin à laquelle Dieu nous destine, démontrent que, *si nous pouvions pénétrer dans la nature de ces deux substances, nous verrions qu'elles diffèrent infiniment* [3].

Dans le *Traité des animaux*, Condillac adoptera donc une position nominaliste et phénoménaliste bien plus conséquente que dans ses travaux précédents en tenant l'idée d'une pensée substantielle – « qui n'est aucune

1. Condillac, *Traité des animaux* (1755), *op. cit.*, t. I, p. 379. Nous soulignons. Voir rééd. M. Malherbe, Paris, Vrin, 2004, p. 200.
2. Condillac, *Traité des sensations*, *op. cit.*, p. 222, note 1.
3. Condillac, *Traité des animaux*, *op. cit.*, p. 371. Nous soulignons.

des modifications de l'âme mais qui est elle-même capable de toutes sortes de modifications » – pour l'une de ces « abstractions réalisées » dont les philosophes ont le secret, et en accordant expressément la pensée aux animaux pour autant que la capacité à éprouver des sensations ne peut pas leur être raisonnablement déniée, car « penser, dans sa signification la plus étendue, c'est avoir des sensations, donner son attention, se ressouvenir, imaginer, comparer, juger, réfléchir, se former des idées, connaître, désirer, vouloir, aimer, espérer, craindre », c'est-à-dire que ce mot ne désigne pas « une manière d'être particulière », mais « toutes les opérations de l'esprit » [1]. « Dans l'impuissance où nous sommes de connaître la nature des êtres, nous ne pouvons juger d'eux que par leurs opérations » [2] : or, sous ce rapport, la différence entre les hommes et les animaux ne se présente pas comme une différence de *nature*, mais de *degrés*, et c'est ce que voulait dire précédemment Condillac lorsqu'il écrivait que « le système des facultés humaines est sans comparaison *le plus* étendu de tous » :

> Chaque espèce a des plaisirs et des peines qui ne sont pas les plaisirs et les peines des autres. Chacune a donc des besoins différents ; chacune fait séparément les études nécessaires à sa séparation : elle a plus ou moins de besoins, plus ou moins d'habitudes, plus ou moins d'intelligence. C'est pour l'homme que les plaisirs et les peines se multiplient davantage [3].

Et ailleurs, dans un passage décisif où Condillac se sert de l'échelle traditionnelle des êtres pour faire apparaître les différents types d'être comme étant, les uns par rapport aux autres, autant de variables ou de variantes dont il est loisible de *conclure* qu'elles se distinguent les unes des autres par quelque propriété essentielle, sans que toutefois nous puissions à proprement parler le *savoir* :

> C'est pourquoi nous voudrions vainement trouver le moyen de marquer à chaque être ses limites : nous ne verrons jamais entre eux que du plus ou du moins. C'est ainsi que l'homme nous parait différer de l'ange, et l'ange de Dieu même, mais de l'ange à Dieu la distance est infinie, tandis que de l'homme à l'ange elle est très considérable, et sans doute plus grande encore de l'homme à la bête.
>
> Cependant, pour marquer ces différences, nous n'avons que des idées vagues et des expressions figurées, *plus, moins, distance.* Aussi je n'entreprends pas d'expliquer ces choses. Je ne fais pas un système de la nature

1. *Ibid.*, p. 377.
2. *Ibid.*, p. 362.
3. *Ibid.*, p. 379.

> des êtres, parce que je ne la connais pas; j'en fais un de leurs opérations, parce que je crois les connaître. Or ce n'est pas dans le principe qui les constitue chacun ce qu'ils sont, c'est seulement dans leurs opérations qu'ils paraissent ne différer que du plus ou du moins; et de cela seul il faut conclure qu'ils diffèrent par leur essence. Celui qui a le moins n'a sans doute pas dans sa nature de quoi avoir le plus. La bête n'a pas dans sa nature de quoi devenir l'homme, comme l'ange n'a pas dans sa nature de quoi devenir Dieu [1].

L'erreur en cette affaire est de croire que l'on peut si aisément «*fixer* l'essence de chaque être» [2], c'est-à-dire croire que l'on peut la *déterminer* en pénétrant le cœur inaccessible des choses, et croire que l'on peut *limiter a priori* l'étendue des constructions combinatoires du matériau sensoriel et des rapports d'idées sur la base desquels s'édifie l'esprit, comme s'il l'on pouvait *suspendre* à volonté l'expansion génétique des opérations de l'esprit, comme s'il dépendait de nous (et non pas du cours de l'expérience) de le faire, comme si nous vivions dans la crainte perpétuelle que chaque être n'échappe à ce qu'il est censé être, qu'il déborde et élude tout à coup sa propre essence. Si les hommes et les animaux *finissent* par différer du plus au moins dans leurs opérations, ce n'est pas parce que *d'abord* ils commencent par différer essentiellement les uns des autres: le germe, insiste toujours Condillac, est le même chez les deux, «mais le *sol* (...) n'est pas propre à le rendre partout également fécond» [3] – le sol, c'est-à-dire la conformation des organes du corps et les circonstances historiques et sociales où les uns et les autres sont appelés à mener leur existence, lesquelles introduisent *de l'extérieur* un principe de variation dont rien ne prouve qu'il condamne chaque individu à devoir réaliser indéfiniment le même type d'être.

1. *Ibid.*, p. 362. C'est ce passage du *Traité des animaux* qui est à l'origine de la polémique entre Condillac et l'abbé de Lignac, et qui conduira ce dernier à consacrer une partie de ses *Lettres à un Amériquain* (1756) à une lecture critique du Traité de Condillac. La XXXIIIe Lettre publiée dans la *Suite des lettres à un Amériquain* atteste que l'abbé de Lignac a été très sensible à la mise en œuvre du procédé de co-variation eidétique, dont il a fort bien vu qu'il conduisait à brouiller toutes les différences qu'enregistre traditionnellement l'échelle des êtres.

2. *Ibid.* Nous soulignons.

3. *Ibid.*, p. 372. Nous soulignons.

LA GENÈSE DE L'ESPRIT HUMAIN ET SON REDOUBLEMENT

Tout semble même clairement indiquer le contraire, comme l'attestent non seulement les multiples variantes que l'expérience met d'elle-même au jour en son cours ordinaire, mais plus encore celles que l'homme peut réaliser volontairement par l'artifice de l'éducation, et d'une éducation qui ne vaut pas seulement pour les autres mais d'abord et avant tout pour soi-même, dans une relation à soi d'*autodidactisme* où il s'agit, en découvrant les mécanismes qui nous ont transformés, d'apprendre du même coup ceux qui nous permettront de nous transformer encore. Car il faut bien voir que l'ambition de Condillac, en dérivant les connaissances humaines d'une « dialectique intérieure à l'ordre de la sensation »[1], n'est pas seulement, comme il le dit dans l'Introduction de l'*Essai sur l'origine des connaissances humaines* « de montrer quelle est la source de nos connaissances, quels en sont les matériaux, par quels principes ils sont mis en œuvre, quels instruments on y emploie », mais surtout – et l'un grâce à l'autre – de prescrire « la manière dont il faut s'en servir »[2], dans la perspective ouvertement affichée d'une réforme de l'entendement par laquelle une relance des démarches cognitives dans des directions nouvelles est proposée.

Tout l'œuvre de Condillac, par son mouvement autant que par ses intentions avouées, n'a d'autre finalité générale que d'amener l'esprit à se ressaisir jusque dans l'extrême limite inférieure de ses activités, dans la constitution de ses habitudes apparemment les moins intellectuelles, pour le révéler à sa première nature, lui apprendre à retransformer ses sensations en idées, ses besoins en habitudes, son instinct en raison[3]. La thèse centrale de l'épistémologie de Condillac est que l'on ne disposera pleinement de la connaissance que lorsqu'on aura appris comment l'on a appris à connaître – démarche à la fois régressive et progressive en ce sens que la pensée aura à peine déterminé ses véritables origines qu'elle appréhendera aussitôt le principe même de ses égarements, en disposant du même coup des moyens d'y remédier. « Arriére-pensée qui va de l'avant »[4], laquelle consiste à *se* découvrir jusque dans les premières idées développées au contact du monde sensible, à examiner les liaisons qu'elles auront alors occasionnées

1. Selon l'excellente formule de J.-C. Pariente, « La construction de la sensation dans l'*Essai* », *Revue de métaphysique et de morale*, 1999, n°1, p. 25.

2. Condillac, *Essai sur l'origine des connaissances humaines*, *op. cit.*, p. 4.

3. Nous nous référons dans ce qui suit à l'interprétation très éclairante de N. Rousseau, *Connaissance et langage chez Condillac*, Genève, Droz, 1986.

4. Formule de P. Swiggers, citée par N. Rousseau, *Connaissance et langage chez Condillac*, *op. cit.*, p. 204, note 26.

et à s'imprégner ainsi des conditions de son futur redressement au point de développer ce que Condillac appelle dans un beau chapitre du *Traité des animaux* « un instinct de vérité »[1]. « Le génie », écrit-il encore d'une formule superbe, « n'est, dans son origine, qu'une grande disposition pour apprendre à sentir »[2], c'est-à-dire une grande disposition pour *rapprendre* à sentir, pour *ré-effectuer* les premières procédures analytiques que la nature nous a enseignées et qui se sont transformées peu à peu en simples réflexes sans que la pensée puisse trouver là de quoi se ressaisir. La pensée devra donc prolonger et réactiver ce mouvement de prolongement et de réactivation des sensations en idées sans lequel aucune faculté intellectuelle n'aurait pu naître. L'autodidactisme signifie qu'il nous faut apprendre à convertir les habitudes d'analyser en analyses d'habitudes, apprendre à retourner sur nous-mêmes cette faculté d'attention qui nous a d'abord constitués comme êtres sentants et pensants, apprendre à observer comment nous avons observé.

La démarche régressive ou génétique ne voit dans l'étude de l'origine que la mise à l'épreuve nécessaire de sa propre réitération, passant ainsi d'une décomposition analytique de la pensée où les sensations n'apparaissent saisissables que rétrospectivement, à travers leur transformation en idées, c'est-à-dire par redoublement de leur propre genèse, à une recomposition ou à une repotentialisation de l'esprit humain où celui-ci se révèle capable de produire de nouvelles combinaisons sur le modèle de celles que forme la nature, l'esprit s'enrichissant de liaisons nouvelles et fécondes dans la mesure où il a appris à reconnaître qu'il lie ses idées comme la nature lui a toujours appris à les lier, et qu'il procède d'après l'ordre naturel de sa propre genèse.

La théorie de la connaissance qui en résulte tend ainsi à l'absolue réversibilité de ses démarches constitutives : non seulement les compositions et recompositions originelles devront pouvoir indifféremment s'effectuer les unes par les autres, mais leur analyse devra signifier tout aussi bien la construction de nouvelles compositions que la décomposition d'anciennes constructions. Elle deviendra, autrement dit, méthode d'invention ouvrant la voie à *une création continuée de l'esprit humain* où celui-ci découvre ce que l'on serait tenté d'appeler sa « perfectibilité », son « être en devenir » pris dans le mouvement de la vie et de l'expérience.

1. Condillac, *Traité des animaux*, *op. cit.*, p. 364.
2. Condillac, *Traité des animaux*, *op. cit.*, p. 365.

De là l'usage récurrent, sous la plume de Condillac, du modèle biologique, vitaliste ou organique qui sert à l'interprétation de la genèse de l'esprit humain et qui imprègne toute sa terminologie[1]. Le concept même de « genèse » demande de toute évidence à être entendu en un sens naturaliste :

> *Génération*, écrit Condillac dans le *Dictionnaire des synonymes*, se dit proprement des animaux, mais on l'étend aux végétaux, à tous les corps. On dit même la *génération* des idées, lorsqu'on veut expliquer la manière dont elles naissent les uns des autres[2].

Les opérations, dit encore Condillac, « naissent » les unes des autres, elles « s'engendrent » les unes les autres. Quant au vocabulaire de la « transformation », il s'agit encore ici assez clairement d'une autre métaphore biologique :

> Pour se (...) *transformer*, il faut changer de forme, de nature, changer au point qu'on soit méconnaissable. (...) *Transformer* (...) se dit des changements qui arrivent aux êtres naturels, lorsqu'ils perdent leur première forme. La chenille se *transforme* en papillon (...). Il peut se dire (...) figurément des opérations de l'âme car elles ne sont que les sensations mêmes qui se *transforment* différemment[3].

Le préambule à *De l'art de penser* n'est au fond qu'une longue métaphore du développement de la pensée, comparable à celui de l'animal, où le terme de « germe » joue un rôle central :

> Le germe de l'art de penser est dans nos sensations : les besoins le font éclore (...). Trois choses sont nécessaires dans un animal aux progrès de son accroissement et de ses forces. Premièrement, il faut qu'il soit organisé pour croître et pour se fortifier; en second lieu, il faut qu'il se nourrisse d'aliments sains; enfin, il faut qu'il agisse (...). Ainsi la pensée croît et se fortifie, parce qu'elle est organisée en quelque sorte pour croître et pour se fortifier, parce qu'elle se nourrit et parce qu'elle agit[4].

1. La remarque a souvent été faite par les commentateurs de Condillac. Voir J. Mosconi, « Analyse et genèse : regards sur la théorie du devenir de l'entendement au XVIIIe siècle », *Cahiers pour l'analyse*, 1966, n°4, p. 47-82, J. Derrida, *L'archéologie du frivole* (1973), Paris, Galilée, 1990, C. Quarfood, *Condillac, la statue et l'enfant. Philosophie et pédagogie au siècle des Lumières*, trad. fr. Y. Johansson, Paris, L'Harmattan, 2002.

2. Condillac, *Dictionnaire des synonymes*, *op. cit.*, t. III, p. 299.

3. *Ibid.*, p. 116-17.

4. Condillac, *De l'art de penser*, *op. cit.*, p. 717.

Or le point remarquable de cette histoire en cours de l'esprit humain dont nul ne peut connaître le terme et qui ne comporte aucunes limites assignables *a priori*, est qu'elle est elle-même projetée sur l'écran de l'histoire de l'humanité que Condillac interprète à la lumière des mêmes principes que ceux qui commandent son analyse du développement de l'esprit.

Ainsi à la lente transformation de la sensation et aux diverses combinaisons des éléments premiers d'où résulte chaque changement correspond l'évolution de la civilisation par une sorte de passage de l'homogène à l'hétérogène, par une lente différenciation des groupes sortis de la nature, selon le milieu, le travail, les circonstances, le hasard – l'histoire de l'éveil de l'humanité obéissant ainsi rigoureusement aux mêmes principes que ceux qui ont arraché la statue recouverte d'une pellicule de marbre à sa léthargie première :

> Après avoir essayé de faire l'analyse des facultés de l'âme, écrit Condillac dans son *Discours de réception à l'Académie française*, j'ai tenté de suivre l'esprit humain dans ses progrès. D'un côté, j'ai observé ces temps de barbarie où une ignorance stupide et superstitieuse couvrait toute l'Europe ; et de l'autre, j'ai observé les circonstances qui, dissipant l'ignorance et la superstition, ont concouru à la renaissance des lettres : deux choses qui s'éclairent mutuellement lorsqu'on les rapproche [1].

De cette analogie, Condillac tire les principes du système d'enseignement qu'il met en œuvre pour l'instruction du prince de Parme :

> La méthode que j'ai suivie pour l'instruction du prince paraîtra nouvelle, quoique dans le fond elle soit aussi ancienne que les premières connaissances humaines. Il est vrai qu'elle ne ressemble pas à la manière dont on enseigne ; mais elle est la manière même dont les hommes se sont conduits pour créer les arts et les sciences. (…) Pour savoir comment nous devons nous conduire avec les enfants, la première précaution à prendre est de savoir comment nous concevons nous-mêmes les choses que nous avons apprises. Il faut décomposer l'esprit humain, c'est-à-dire observer les opérations de l'entendement, les habitudes de l'âme et la génération des idées [2].

1. Condillac, *Discours de réception à l'Académie française* (1768), *op. cit.*, t. I, p. 389. Sur ce point, voir le commentaire de R. Lefèvre, *Condillac ou la joie de vivre*, Paris, Seghers, 1966, p. 65-67.

2. Condillac, *Cours d'études pour l'instruction du Prince de Parme*, Discours préliminaire, *op. cit.*, t. I, p. 398.

S'il est vrai que les connaissances humaines « naissent et se développent dans tout un peuple par les mêmes ressorts qu'elles naissent et se développent dans chaque homme en particulier » [1], alors la pédagogie est une déduction de la psychologie, dont le plan systématique doit suivre l'ordre naturel des sciences et des arts. Ce qui n'implique évidemment pas de faire refaire à l'élève tout ce que les hommes ont fait avant lui, en le forçant à repasser précisément par la route que les premiers hommes ont parcourue pour créer les arts et les sciences. « Il ne s'agit pas de donner à un enfant toutes les connaissances qui lui serviraient un jour, il suffit de lui donner les moyens de les acquérir » [2], il suffit, autrement dit, de lui apprendre à penser, ce qui se fait bien plus aisément (et ce n'est pas là la moindre originalité de la pédagogie de Condillac) si on lui montre les routes où l'esprit humain a pu s'égarer par le passé et la façon dont il a appris à se ressaisir et à corriger progressivement ses erreurs. En matière de pédagogie, l'erreur est toujours bien plus éclairante que la vérité parce qu'en la ré-effectuant, l'élève apprend à connaître à la fois son contraire et la façon de l'obtenir.

La théorie de la répétition est donc opératoire à tous les niveaux de la philosophie de Condillac, au point d'en constituer, nous semble-t-il, le schéma discursif prédominant. Elle nous paraît encore d'autant plus précieuse que, comme nous allons essayons de le montrer, c'est elle qui va permettre de rendre intelligible en dernière instance la différence entre les hommes et les animaux.

LE BARBARE, L'ANIMAL ET LE SAUVAGE

En effet, pour peu que l'on soit bien attentif à la façon dont Condillac décrit les peuples primitifs à l'âge de la barbarie, l'on s'apercevra qu'il les décrit dans les mêmes termes que ceux qu'ils utilisent pour décrire la vie animale :

> (...) Ce sont des barbares qui, au sortir des forêts, fondent des Royaumes. Chaque jour, dans des circonstances où tout est nouveau pour eux, ils ne paraissent pas s'en apercevoir; ils se conduisent comme ils se sont toujours conduits; ils répètent continuellement les mêmes fautes [3].

1. Condillac, *Histoire moderne*, cité par N. Rousseau, *Connaissance et langage chez Condillac*, *op. cit.*, p. 36

2. Condillac, *Discours préliminaire*, *op. cit.*, p. 399.

3. Condillac, *Discours de réception à l'Académie française*, *op. cit.*, p. 389.

Et ailleurs, dans le premier Livre de l'*Histoire ancienne* :

> Le sauvage ne désire que la nourriture et le repos : il ne craint que la douleur et la faim. Il est sans curiosité : rien ne l'étonne : il n'observe que les choses dont il peut se nourrir : il ne sent pas le besoin d'en observer d'autres. N'a-t-il plus faim ? Il dort ou il végète : il n'a plus besoin de penser et il ne pense plus. Il ne porte pas la vue sur l'avenir : il est sans prévoyance. Le sentiment de son existence est en quelque sorte borné au moment présent : il meurt sans avoir eu une idée de la mort. Voilà à quoi se réduisent toutes les facultés qu'il doit à ce premier besoin [1].

Que dit le *Traité des animaux*? Les animaux « apprennent tous à se servir de leurs organes, à fuir ce qui leur est contraire, à rechercher ce qui leur utile, à veiller, en un mot, à leur conservation », « ils étudient sans avoir le dessein d'étudier; ils ne se proposent pas d'acquérir des connaissances pour en faire un système : ils sont tout occupés des plaisirs qu'ils recherchent et des peines qu'ils évitent : cet intérêt seul les conduit : ils avancent sans prévoir le terme où ils doivent arriver » ; etc. [2]

Mieux encore : cet arrêt de développement des facultés intellectuelles s'explique dans les deux cas par la même raison, c'est-à-dire la *limitation des besoins*, elle-même corrélée à la conformation des organes du corps, car, comme le rappelle le *Dictionnaire des synonymes*, l'état d'imbécillité dans lequel se trouvent les sauvages « se dit proprement d'un *tempérament* tout à fait faible », « d'une extrême faiblesse du *corps* » [3], de la même manière que la limitation des facultés des animaux s'explique chez eux par ceci que « *l'organe du tact* est en elles moins parfait, et par conséquent il ne saurait être en elles la cause occasionnelle de toutes les opérations qui se remarquent en nous » [4]. Sous ce rapport, la différence d'un type d'être à un autre (l'homme, l'animal, le sauvage), tels que l'expérience les fait advenir dans leur singularité, et la différence d'un individu à un autre (tel homme, tel animal, tel sauvage), sont d'abord et avant tout, pour Condillac, une différence d'équipement organique, plus précisément sensoriel, le conduisant à inférer à partir des corps une différence parmi les âmes.

Si les animaux sont *bêtes*, au sens où l'on dit d'un homme bête qu'il est *idiot*, c'est parce que, ne disposant pas d'un organe du toucher aussi discriminant et mobile que celui de l'homme, disposant donc d'un *corps*

1. Condillac, *Histoire ancienne*, *op. cit.*, t. II, p. 15.
2. Condillac, *Traité des animaux*, *op. cit.*, *passim*.
3. Condillac, *Dictionnaire des synonymes*, *op. cit.*, p. 174; Réed. J.-C. Abramovici, à paraître Vrin 2012.
4. Condillac, *Traité des sensations*, *op. cit.*, p. 222, note 1.

relativement insensible par rapport à celui dont dispose l'homme, ils manquent par là même de cette médiation physique qui permet à l'esprit d'émerger grâce à l'exercice déjà d'une analyse – celle digitale.

> Enfermés dans une sensorialité globale et peu déterminée, écrit justement Jean-Luc Guichet commentant Condillac, leur rapport au monde et à eux-mêmes ne peut s'articuler – ne s'initiant pas à la maîtrise de la complexité que permet le tact – et s'investit alors seulement dans la réussite de l'acte de survie, dans le résultat, sans passer par une complexité de moyens susceptibles de s'autonomiser, de se réfléchir davantage, de se délivrer alors des buts vitaux trop étroits et de se rendre disponibles pour d'autres fins [1].

Quelque supériorité intellectuelle que l'homme finisse par s'assurer par rapport à l'animal, celle-ci se laisse toujours reconduire au final à une différence d'organisation de la fabrique du corps. Ainsi que Diderot, sur ce point fidèle condillacien, le dira brillamment :

> Toute l'âme d'un chien est au bout de son nez. Affaire d'organisation. Changez la ligne faciale. Arrondissez la tête, etc., et le chien ne quêtera plus des perdrix ; il éventrera des hérétiques. Allongez le nez du docteur de Sorbonne, etc., et il ne chassera plus l'hérétique ; il arrêtera la perdrix [2].

Ce qui vaut de l'animal, *bête* au regard de l'homme, vaut du sauvage, qui fait à la fois figure d'*animal* et d'*idiot* en comparaison de l'homme. Le

1. J.-L. Guichet, *Le* Traité des animaux *de Condillac*, Paris, Ellipses, 2004, p. 44. Ce principe d'explication de la différence anthropozoologique a été repris et développé par celui que l'on peut bien tenir pour le principal disciple de Condillac au XVIIIe siècle : C.-G. Leroy. Voir ses *Lettres philosophiques sur l'intelligence et la perfectibilité des animaux*, qu'il commence à publier en 1762, et son long article intitulé « Instinct des animaux » paru dans l'*Encyclopédie méthodique* en 1794, que le lecteur pourra consulter dans l'édition récente publiée par Ibis Press en 2006, sous le titre *L'intelligence des animaux*. Nous remercions J.-L. Guichet de nous avoir signalé ces textes.

2. D. Diderot, *Commentaire de la* Lettre sur l'homme et ses rapports *de Hemsterhuis* (1774), dans F. Hemsterhuis, *Lettre sur l'homme et ses rapports*, texte établi, présenté et annoté par G. May, Paris-New Haven, P.U.F.-Yale University Press, 1964, p. 103. Voir aussi ce passage issu de son commentaire du livre *De l'esprit* de Helvétius : « Allongez à un homme le museau ; figurez-lui le nez, les yeux, les dents, les oreilles comme à un chien ; couvrez-le de poils ; mettez-le à quatre pattes ; et cet homme, fût-il un docteur de Sorbonne, ainsi métamorphosé, fera toutes les fonctions du chien ; il aboiera au lieu d'argumenter ; il rongera des os au lieu de résoudre des sophismes ; son activité principale se ramassera vers l'odorat ; il aura presque toute son âme dans le nez ; et il suivra un lapin ou un lièvre à la piste, au lieu d'éventrer un athée ou un hérétique. (...) D'un autre côté, prenez un chien ; dressez-le sur les pieds de derrière, arrondissez-lui la tête, raccourcissez-lui le museau, ôtez-lui le poil et la queue, et vous en ferez un docteur, réfléchissant profondément sur les mystères de la prédestination et de la grâce », cité par G. May dans son édition, p. 27.

sauvage est *bête*, dit Condillac, de la même manière que « la brute est une bête tout à fait bête », et ce dernier de reprendre dans l'article « Bête » de son *Dictionnaire* la liste des variantes de l'humanité citée précédemment : l'imbécile, l'idiot, le stupide[1], et de rappeler dans l'article « Animal » que ce mot, « dans un sens moins étendu signifie un homme lourd et stupide »[2]. Le sauvage est donc *à la fois* une variante de l'homme et une variante de l'animal, il partage simultanément des traits avec l'humanité et l'animalité, et par là même il met au jour, du seul fait de son existence, *leurs racines phylogénétiques communes*.

Ce qui rend passionnante la relation qu'a faite le Docteur Itard du cas de cet enfant sauvage trouvé, quelques années seulement après la mort de Condillac, dans les forêts de l'Aveyron, en 1797, et qu'il a baptisé du nom de Victor, c'est que, ayant été délibérément conçue dans le cadre d'une problématique définie par la métaphysique sensualiste de Condillac, elle permet de mettre à l'épreuve les théories du maître en matière de pédagogie et de mieux comprendre que, dans une perspective condillacienne, une variante de l'humanité ou de l'animalité ne se définit pas primordialement par son « anormalité », mais par son irréductibilité aux autre types d'êtres dont elle est l'une des variations possibles.

Lorsque le Docteur Itard, après avoir consacré tant d'efforts à stimuler les sens de Victor – fort de la conviction que ce sont les sens qui nous fournissent les matériaux indispensables à l'édification du système de nos connaissances, et que l'activité intellectuelle ne peut faire son apparition que lorsque la sensibilité a été sollicitée par des impressions en nombre suffisant et suffisamment diversifiées, – lorsque donc, le Docteur Itard se heurte à ce qu'il appelle « le mutisme incurable » de Victor et qu'il doit avouer son échec à le faire passer d'un langage fait de mimiques et de gestes adaptés aux circonstances à un langage fait de sons articulés, il croit immédiatement reconnaître là, non pas le signe d'une pathologie, mais le premier langage de l'humanité tel qu'il a été décrit par Condillac et qui situe Victor quelque part entre l'homme et l'animal :

> Beaucoup de personnes ne voient dans tous ces procédés (sc. les gestes et les cris de Victor destinés à se faire comprendre) que la façon de faire d'un animal; pour moi, je crois y reconnaître dans toute sa simplicité le langage

1. Condillac, *Dictionnaire des synonymes*, *op. cit.*, p. 89.

2. Condillac, *Dictionnaire des synonymes*, *op. cit.*, p. 45. Sur l'importance décisive du corps et de son organisation chez Condillac, voir A. Rauch, « Le souci du corps chez Condillac », *Stadion*, 1977, n°3, p. 60-89, et G. Paganini, « Psychologie et physiologie de l'entendement chez Condillac », *XVIIIe siècle*, 1992, n°24, p. 165-178.

> d'action, ce langage primitif de l'espèce humaine, originellement employé dans l'enfance des premières sociétés, avant que le travail de plusieurs siècles eût coordonné le système de la parole et fourni à l'homme civilisé un fécond et sublime moyen de perfectionnement, qui fait éclore sa pensée même dans son berceau, et dont il se sert toute la vie sans apprécier ce qu'il est par lui, et ce qu'il serait s'il s'en trouvait accidentellement privé, comme dans le cas qui nous occupe [1].

Le langage d'action est la matrice logique qui se trouve au principe de tous les systèmes de communication des êtres vivants, langage articulé inclus, mais dont aucun langage animal ou humain ne présente l'exemplification parfaite. A chaque degré de maîtrise du langage d'action, à chaque niveau de développement génétique des facultés, correspond un être qui est, non pas plus ou moins tout ce qu'il pourrait être, mais un *autre* être, comme finit par l'admettre un peu malgré lui le Docteur Itard : Victor de l'Aveyron est *un petit d'homme*, mais il n'est pas pour autant *un petit homme*, il est autre chose, il n'est ni homme ni animal, il est un être sauvage qui est, à sa manière, tout ce qu'il peut être compte tenu des stades de développement des facultés qu'il réalise en corrélation avec le niveau d'ouverture sensorielle au monde auquel il est parvenu. Il incarne un autre style de développement des ces facultés dont aucune téléologie n'implique qu'elles se développent au-delà de tel ou tel stade, il est le résultat d'un autre jeu de combinaisons que celui qui a engendré l'homme ou l'animal. Il est une autre possibilité d'être et il n'y a pas de sens à le penser en liaison au référent normatif « homme ».

La théorie de la récapitulation

Nous souhaiterions, pour finir, nous attarder sur la conception sous-jacente des processus naturels à l'œuvre dans l'édification des facultés et dans l'émergence des formes de vie, à laquelle Condillac s'efforce lui-même de donner un sens biologique et évolutif sans réellement y parvenir, faute, nous semble-t-il, de disposer du modèle théorique adéquat. Un tel modèle existe pourtant – celui que les biologistes modernes ont élaboré sous le nom de la théorie de la récapitulation ontogénétique des stades de développement phylogénétique[2].

1. J. Itard, *Victor de l'Aveyron*, Paris, Allia, 2009, p. 64. Sur ce texte voir C. Coutel, « Sur Victor de l'Aveyron et le Docteur Itard », *L'enseignement philosophique*, 2002, n°1, p. 22-30.

2. Sur ce point, voir le remarquable livre de synthèse de S.J. Gould, *Ontogeny and Phylogeny*, Cambridge, Harvard University Press, 1977, et le collectif dirigé par P. Mengal,

Rappelons brièvement que la nouveauté de ce modèle tient à ce que les relations entre l'ontogenèse et la phylogenèse sont comprises en termes temporels. Un vertébré est toujours constitué des mêmes matériaux. Qu'on examine un poisson, un oiseau ou un être humain, on y trouvera toujours les mêmes types de cellules et de molécules. Comme le disait François Jacob, la nature n'invente guère, elle fait du neuf avec du vieux, « coupant ici, allongeant là, saisissant toutes les occasions d'ajuster, de transformer », fabriquant « un poumon avec un morceau d'œsophage » : elle combine, elle bricole[1]. Tout cela exige des changements d'horaires dans les processus du développement embryonnaire, des accélérations, des retards. Un individu ne se sépare de l'espèce dont il dérive ou loin de laquelle il va initier une dérive que par l'indice temporel des phases de sa formation. Le développement ontogénétique, ou l'apparition d'une nouvelle forme intra-spécifique, s'effectue, non pas à partir de l'état accompli d'une autre espèce, mais par l'essor donné ou le retard imposé à certaines lignes de développement, par l'emphase marquée sur un certain style de développement que comprend en sa notion la formation ontogénétique de l'espèce considérée. Ainsi nous ressemblons infiniment plus, sous le rapport du développement cérébral, à un jeune singe qu'à un singe adulte. L'homme doit son apparition à un retard de développement, c'est-à-dire à la suspension d'une ligne de caractères somatiques, par laquelle un développement est donné à une structure restée larvaire ou immature dans la formation d'une autre espèce (ce que l'on appelle la néoténie)[2]. Le développement différé est la stratégie ontogénétique fondamentale à laquelle l'espèce humaine doit d'être ce qu'elle est. Chaque vie dans la nature a son propre tempo, l'homme y est simplement le plus lent à se développer en raison de la durée exceptionnellement prolongée de sa formation au stade embryonnaire, entraînant des aptitudes d'adaptation renforcée.

Histoire du concept de récapitulation. Ontogenèse et phylogénèse en biologie et sciences humaines, Paris, Masson, 1993.

1. Voir F. Jacob, *Le jeu des possibles. Essai sur la diversité du vivant*, Paris, Fayard, 1981, p. 65-67.

2. Sur le thème de la juvénilité constitutive de l'être humain, voir L. Bolk, « Le problème de la genèse humaine », *Revue française de psychanalyse*, 1961, p. 243-279, et S. J. Gould, « Le véritable père de l'homme est l'enfant », dans *Darwin et les grandes énigmes de la vie. Réflexions sur l'histoire naturelle*, trad. fr. D. Lemoine, Paris, Le Seuil, 1984, p. 64-71. On trouvera sous la plume de philosophes s'étant penchés récemment sur la question de la différence anthopozoologique un usage intéressant de cette théorie : voir E. Bimbenet, *L'animal que je ne suis plus*, Paris, Gallimard, 2011, p. 69-73, et T. Garcia, *Forme et objet. Un traité des choses*, *op. cit.*, p. 239-262.

Il n'est certes pas question d'attribuer à Condillac le mérite d'avoir le premier énoncé cette théorie qui ne sera développée explicitement qu'au XIXe siècle par Ernst Haeckel. Condillac ne se réfère bien sûr jamais aux relations entre les formes juvéniles et ancestrales dans le développement ontogénétique d'un individu. Mais il nous semble que la théorie de la récapitulation est celle vers laquelle tendent le plus naturellement les diverses idées qu'il défend dans le domaine de la théorie de la connaissance et des sciences naturelles auxquelles il s'est intéressé ou par lesquelles il a été influencé.

Car il n'est pas très facile de savoir à quelle théorie biologique du XVIIIe siècle Condillac se réfère précisément au titre de modèle d'interprétation de la genèse des facultés. S'il paraît assez clair qu'il pense le processus de la formation de l'âme en analogie avec celle du fœtus, en reprenant à son compte la thèse défendue par les animalculistes contre celle des ovistes (la sensation étant tenue pour le germe qui féconde l'âme et rend possible une vie spirituelle : une fois enracinée dans la matrice de l'âme vide, c'est elle qui est censée permettre aux différentes opérations de croître et de se différencier l'une après l'autre) [1], il n'est pas du tout sûr pour autant qu'il s'inspire du modèle épigénétique ou encore du modèle préformationniste, qui sont les seuls disponibles au XVIIIe siècle pour comprendre le développement ontogénétique, car aux yeux de Condillac toutes les transformations à venir de la sensation ne préexistent pas dans le premier ébranlement initial, et pourtant le processus de formation n'est pas non plus le fruit du hasard, mais se déroule selon un ordre qui va du simple au complexe. Il existe bien un plan de développement, mais celui-ci n'est pas prédéterminé.

Si l'on ajoute à ceci l'idée, à laquelle tient beaucoup Condillac, d'une formation de l'esprit qui passe par redoublement de sa propre genèse, l'idée d'une création continuée par réorientation de processus naturels, et enfin l'idée de l'apparition de variantes par permutation des mêmes éléments au sein d'une structure complexe, alors la théorie de la récapitulation ontogénétique des stades de développement phylogénétique nous paraît être celle qui offre le cadre théorique le plus cohérent et le plus adéquat à cet ensemble d'idées.

1. Nous tombons d'accord sur ce point avec C. Quarfood, *Condillac, la statue et l'enfant*, *op. cit.*, p. 174. Sur les théories biologiques du XVIIIe siècle, voir l'étude classique de J. Roger, *Les sciences de la vie dans la pensée française du XVIIIe siècle*, Paris, A. Colin, 1971, à compléter désormais par le beau livre de R. Rey, *Naissance et développement du vitalisme en France de la deuxième moitié du XVIIIe siècle à la fin du Premier Empire*, Oxford, Voltaire Foundation, 2000.

LE BESOIN DE DÉSIRER

Même la thèse centrale qui est développée au sujet du désir, et sur laquelle repose en dernière instance, chez Condillac, la différence immense entre l'homme et l'animal, est susceptible d'être interprétée dans ce cadre théorique[1]. En effet, le propre de l'animal, selon Condillac, est qu'il est sujet à des besoins limités et bornés qui peuvent être satisfaits, tandis que la satisfaction des besoins de l'homme ne comble pas tous ses désirs :

> Au contraire, en nous donnant la jouissance de tous les objets auxquels nos désirs nous portent, on nous mettrait dans l'impuissance de satisfaire au plus pressant de tous nos besoins, celui de désirer. On enlèverait à notre âme cette activité qui lui est devenue nécessaire ; il ne nous resterait qu'un vide accablant, un ennui de tout et de nous-mêmes. Désirer est donc le plus pressant de tous nos besoins : ainsi à peine un désir est satisfait que nous en formons un autre[2].

Le besoin, chez l'homme, ne se repaît pas de sa propre satisfaction, il évolue pour son propre compte en besoin frivole, en désir de désirer, qui étend infiniment le champ des objets auxquels il peut s'appliquer et qui n'ont plus aucun rapport avec nos besoins les plus pressants, au point de susciter des objets du désir dans l'ordre du savoir et se transformer en une curiosité insatiable. Mais comment comprendre que le besoin frivole puisse s'échapper de la conformation des organes et du rapport au milieu dans lequel évolue l'être vivant ? Comment cet écart décisif d'avec la nature, qui permet à l'homme de tracer une nouvelle ligne de développement, est-il possible ? Condillac ne réintroduit-il pas ici un principe métaphysique dont il a constamment cherché à faire l'économie ?

Chez Condillac, le besoin, qui découle de la conformation des organes, ne s'oppose pas au désir, le désir se trouve au contraire au principe de la génération du besoin, car, explique-t-il, le besoin suppose la connaissance d'un bien dont on juge la jouissance nécessaire. Il faut avoir connu la chose dont on a besoin et qu'ensuite elle vienne à manquer, qu'elle disparaisse pour que la privation et le besoin se fassent sentir. La connaissance de cette chose, par l'habitude que nous avons eue d'en jouir, a laissé quelque trace en nous, un souvenir, qui nous donne le loisir d'imaginer le plaisir que la

1. Nous nous appuyons en partie dans ce qui suit sur F. Picou, *Le système de Condillac : connaissances, langage et besoins. Une approche de l'ordre symbolique*, thèse de doctorat (inédite), Créteil, 1988, et J.-P. Marcos, « Le plaisir et la trace chez Condillac », *L'enseignement philosophique*, 1993, n°44, p. 3-21.

2. Condillac, *Traité des animaux*, *op. cit.*, p. 372.

jouissance de cette chose peut nous procurer. La satisfaction du besoin implique donc de sentir qu'on sent un besoin, elle résulte de l'analyse d'une situation et n'est pas une réponse aveugle à un signal physique. Cette conscience d'avoir des besoins, qui va diriger les facultés sur les objets dont la créature sent le besoin, est ce que Condillac appelle le désir. La limite entre ces deux concepts est donc très mince : l'on n'éprouve pas un besoin qu'il se change aussitôt en désir.

Comment le désir, chez l'homme, en vient-il à se détacher de ses origines naturelles pour devenir une activité qui a en elle-même sa propre fin ? Comment le désir peut-il devenir à lui-même son propre objet et non plus ce qui rapporte le besoin à l'objet ? Comment peut-il devenir ce dont l'homme a besoin et non plus l'instrument du besoin ?

Ce qui se passe chez l'homme, répond Condillac, c'est que le plaisir qu'il se procure à l'occasion de la satisfaction d'un besoin n'est jamais le bon. C'est toujours en rapport avec le souvenir d'un plaisir antérieur que le plaisir se laisse apprécier, mesurer, comparer. Ce n'est plus l'objet que le besoin recherche, c'est le désir qui cherche le souvenir du plaisir, fuyant, inaccessible – désir de désir :

> Frustrée dans son espérance, son désir n'en devient que plus violent. La créature fait de nouveaux essais, et elle en fait jusqu'à ce qu'il ne lui soit plus possible de continuer. C'est ainsi que les excès où elle tombe ont toujours pour cause une habitude contractée, et l'ombre d'un plaisir que l'imagination lui retrace sans cesse et qui lui échappe toujours [1].

L'autonomisation du désir, qui se prend lui-même pour objet, est donc susceptible – et c'est le point le plus remarquable, nous semble-t-il, de cette explication – d'une analyse génétique, car c'est au cours de l'expérience que les significations générées par l'expérience du plaisir peuvent devenir l'objet du désir – et c'est bien ce point que soulignait Condillac en précisant, dans le texte que nous citions précédemment, que l'activité désirante nous est *devenue* nécessaire, ce qui signifie qu'elle ne l'était pas au point de départ, et donc que nous n'avons pas affaire ici à une propriété métaphysique appartenant de toute éternité à l'essence de l'homme. Considéré comme être de désir, l'homme est une variante de l'animal, dont la possibilité essentielle était inscrite dans le système naturel des besoins et des désirs, mais que seule l'expérience pouvait porter à l'actualité en combinant différemment les diverses sensations engendrées par le principe de plaisir et les diverses opérations intellectuelles qui sont liées à la

1. Condillac, *Traité des sensations*, cité par F. Picou, *op. cit.*, p. 143.

représentation de l'objet du besoin. Le besoin et le désir forment un *chiasme* et livrent les éléments d'un *système combinatoire* dont la *variation* a produit la possibilité de l'apparition de l'humanité en sa différence spécifique. Seule une méthode de co-variation eidétique pouvait permettre de mettre au jour cette caractéristique en éclairant aussi bien la nature des animaux que celle des êtres humains.

BIBLIOGRAPHIE RAISONNÉE

LA NATURE COMME CONSTRUCTION SOCIALE

BIRD E. A., « The Social Construction of Nature : Theoretical Approaches to the History of Environmental Problems », *Environmental Review,* n°11, 1987, p. 255-264.

BRAUN B. and CASTREE N. (eds), *Remaking Reality : Nature at the Millenium,* Londres, Routledge, 1998.

CALLICOTT J. B. and M. P. NELSON (eds.), *The Great New Wilderness Debate,* Athens, University of Georgia Press, 1998.

– *The Wilderness Debate Rages On,* Athens, University of Georgia Press, 2008.

CRIST E., « Against the Social Construction of Nature and Wilderness », *Environmental Ethics,* 2004, n°26, p. 5-24.

CRONON W. (ed.), *Uncommon Ground : Toward reinventing Nature,* New York, Norton, 1995.

DEMERITT D., « What is the "Social Construction of Nature" A Typology and Sympathetic Critique », *Progress in Human Geography,* 2002, n°6, p. 767-790.

EDER K., *The Social Construction of Nature,* Londres, Sage Publications, 1996.

EVANOFF R. J., « Reconciling Realism and Constructivism in Environmental Ethics », *Environmental Values,* 2005, n°14, p. 61-81.

ESCOBAR A., « Construction Nature : Elements for a Poststructuralist Political Ecology », *Futures,* 1996, n° 28, p. 325-345.

– « After Nature. Steps to an Antiessentialist Political Ecology », *Current Anthropology*, 1994, n° 40, p. 1-30.

HINCHLIFFE S. and WOODWARD K., *The Natural and the Social : Uncertainty, Risk, Change,* Londres, Routledge, 2000.

KEULARTZ J., *The Struggle for Nature : A Critique of Radical Ecology,* Londres, Routledge, 1998.

KIDNER D. W., « Fabricating Nature : A Critique of the Social Construction of Nature », *Environmental Ethics,* 2000, n°22, p. 339-357.

MACNAGHTEN P. and URRY J., *Contested Natures,* Londres, Sage Publications, 1998.

OELSCHLAEGER M. (ed.), *Postmodern Environmental Ethics*, Albany, SUNY Press, 1995, p. 121-135.
PROCTOR J., « The Social Construction of Nature : Relativist Accusations, Pragmatist and Critical Realist Responses », *Annals of the Association of American Geographers,* 1998, n°88, p. 352-376.
ROLSTON H. III, « Nature For Real : Is Nature a Social Construct ? », *in* T. D. J. Chapell (ed.), *The Philosophy of Environment*, Edinburgh, Edinburgh University Press, 1997, p. 38-64.
ROSS A., *The Chicago Gangster Theory of Life : Nature's Debt to Society,* Londres, Verso, 1994.
SOULÉ M. and LEASE G. (eds.), *Reinventing Nature ? Responses to Postmodern Deconstruction,* Washington, Island Press, 1995.
VAN WYCK P., *Primitives in the Wilderness : Deep ecology and the Missing Human Subject,* Albany, SUNY Press, 1997.
VOGEL S., *Against Nature : The Concept of Nature in Critical Theory,* Albany, SUNY Press, 1996.
– « Nature as Origin and Difference : On Environmental Philosophy and Continental Thought », *Philosophy Today*, 1998, n°42, p. 169-181.

INTRODUCTIONS À L'ÉTHIQUE ENVIRONNEMENTALE ET À LA PENSÉE D'ALDO LEOPOLD

AFEISSA H.-S. (éd.), *Ethique de l'environnement. Nature, valeur, respect,* Paris, J. Vrin, 2007.
– *Qu'est-ce que l'écologie ?,* Paris, Vrin, 2009.
ATTFIELD R., *Environmental Ethics : An Overview for the Twenty-first Century,* Cambridge, Blackwell Publishing, 2003.
BARTHOD C., « Aldo Leopold, forestier américain : une histoire de forêts, de “cervidés” et de loups », *Revue forestière française,* 1999, n°6, p. 659-669.
BENSON J., *Environmental Ethics : An Introduction with Readings,* Londres, Routledge, 2000.
BRENNER A., *Manuel d'éthique de l'environnement. De la théorie à la pratique,* Fribourg, Academic Press, 2010.
CALLICOTT J. B. (ed.), *A Companion to a Sand County Almanach : Interpretive and Critical Essays,* Madison, The University of Wisconsin Press, 1987.
– and PALMER C. (eds.), *Environmental Philosophy : Critical Concepts in te Environment,* 5 volumes, Londres, Routledge, 2004.
– and FRODEMAN R. (eds.), *Encyclopedia of Environmental Ethics and Philosophy*, 2 volumes, New York, Macmillan, 2008.
CONAN M., « La nature sauvage, lieu de l'identité américaine », dans A. Roger and F. Guéry (éds.), *Maîtres et protecteurs de la nature,* Seyssel, Champ Vallon, 1991, p. 267-76.
DALSUET A., *Philosophie et écologie,* Paris, Gallimard, 2010.

DES JARDINS J. R., *Ethique de l'environnement. Une introduction à la philosophie environnementale,* Sainte-Foix, Presses de l'Université du Québec, 1995.

FERRET S. *Deepwater Horizon. Ethique de la nature et philosophie de la crise écologique,* Paris, Le Seuil, 2011.

FLADERS S. L., *Thinking Like a Mountain : Aldo Leopold and the Evolution of an Ecological Attitude Towards Deers, Wolves and Forests,* Madison, The University of Wisconsin Press, 1994.

JAMIESON D., *Ethics and the Environment: An Introduction,* Cambridge, Cambridge University Press, 2008.

LARRÈRE C., *Les philosophies de l'environnement*, Paris, P.U.F., 1997.

MARIS V., *Philosophie de la biodiversité. Petite éthique pour la nature en péril,* Paris, Buchet-Chastel, 2010.

NASH R. F., *The Rights of Nature : A History of Environmental Ethics,* Madison, The University of Wisconsin Press, 1989.

NEWTON J. L., *Aldo Leopold's Odyssey,* Washington, Island Press, 2006.

PELLUCHON C., *Eléments pour une éthique de la vulnérabilité. Les hommes, les animaux, la nature*, Paris, Cerf, 2011.

PEPPER D., WEBSTER F. and REVILL G. (eds.), *Environmentalism: Critical Concepts,* 5 volumes, Londres, Routledge, 2003.

SUBERCHICOT A., « La constitution d'une culture écologique et l'apport d'Aldo Leopold », *Cercles,* 2002, n°4, p. 193-222.

ESTHÉTIQUE ET ÉTHIQUE ENVIRONNEMENTALES

BERLEANT A., *Art and Engagement,* Philadelphia, Temple University Press, 1990.

– *Living in the Landscape: Toward an Aesthetics of Environment,* Lawrence, University Press of Kansas, 1997.

– *Aesthetics and the Environment: Variations on a Theme,* Aldershot, Ashgate, 2005.

BERLEANT A. and CARLSON A. (eds.), *The Aesthetics of Human Environment,* Peterborough, Broadview Press, 2007.

BRADY E., « Aesthetic Character and Aesthetic Integrity in Environmental Conservation », *Environmental Ethics*, 2002, n°24, 75-91.

– « Aesthetics, Ethics and the Natural Environment », *in* A. Berleant (ed.), *Environment and the Arts: Perspectives on Environmental Aesthetics,* Aldershot, Ashgate, 2002, p. 113-126.

– *Aesthetics of the Natural Environment,* Edinburgh, Edinburgh University Press, 2003.

BUDD M., *The Aesthetic Appreciation of Nature: Essays on the Aesthetics of Nature,* Oxford, Oxford University Press, 2002

CALLICOTT J. B., « The Land Aesthetic », *in* J. B. Callicott (ed.), *Companion to a Sand County Almanac: Interpretive and Critical Essays,* Madison, University of Wisconsin Press, 1987, p. 157-171.

– « Wetland Gloom and Wetland Glory », *Philosophy and Geography,* 2003, n°6, p. 33-45.

CARLSON A., « Aesthetic Appreciation of Nature », *in* E. Craig (ed.), *Routledge Encyclopedia of Philosophy,* Londres, Routledge, 1998, p. 731-735.

– *Aesthetics and the Environment: The Appreciation of Nature, Art and Architecture,* Londres, Routledge, 2000.

CARLSON A., Hargrove, « Positive Aesthetics, and Indifferent Creativity », *Philosophy and Geography,* 2002, n°5, p. 224-234.

– « "We See Beauty Now Where We Could Not See It Before": Rolston's Aesthetics of Nature », *in* C. J. Preston and W. Ouderkirk (eds.), *Nature, Value, Duty: Life on Earth with Holmes Rolston, III,* Dordrecht, Springer, 2006, p. 103-124.

– *Nature and Landscape: An Introduction to Environmental Aesthetics,* New York, Columbia University Press, 2009.

– and BERLEANT A. (eds.), *The Aesthetics of Natural Environments,* Peterborough, Broadview Press, 2004.

– and LINTOTT S. (eds.), *Nature, Aesthetics, and Environmentalism: From Beauty to Duty,* New York, Columbia University Press, 2008.

– « On Being Moved by Nature: Between Religion and Natural History », *in* S. Kemal and I. Gaskell (eds.), *Landscape, Natural Beauty, and the Arts,* Cambridge, Cambridge, University Press, 1993, p. 244-266.

CRAWFORD D., « The Aesthetics of Nature and the Environment », *in* P. Kivy (ed.), *The Blackwell Guide to Aesthetics,* Oxford, Blackwell, 2003, p. 306-324.

EATON M., *Aesthetics and the Good Life,* Cranbury, Associated University Press, 1989.

ELLIOT R., « Environmental Degradation, Vandalism and the Aesthetic Object Argument », *Australasian Journal of Philosophy,* 1989, n°67, p. 191-204.

GODLOVITCH S., « Icebreakers: Environmentalism and Natural Aesthetics », *Journal of Applied Philosophy,* 1994, n°11, p. 15-30.

– « Evaluating Nature Aesthetically », *Journal of Aesthetics and Art Criticism,* 1998, n°56, p. 113-125.

– « Offending Against Nature », *Environmental Values,* 1998, n°7, p. 131-150.

– « Theoretical Options for Environmental Aesthetics », *Journal of Aesthetic Education,* 1998, n°31, p. 17-27.

– « Valuing Nature and the Autonomy of Natural Aesthetics », *British Journal of Aesthetics,* 1998, n°38, p. 180-197.

HARGROVE E., « The Historical Foundations of American Environmental Attitudes », *Environmental Ethics,* 1979, n°1, p. 209-240.

– *Foundations of Environmental Ethics,* Englewood Cliffs, Prentice-Hall, 1989.

– « Carlson and the Aesthetic Appreciation of Nature », *Philosophy and Geography,* 2002, n°5, p. 213-223.

HEPBURN R., « Contemporary Aesthetics and the Neglect of Natural Beauty », *in* B. Williams and A. Montefiore (eds.), *British Analytical Philosophy,* Londres, Routledge and Kegan Paul, 1966, p. 285-310.

HETTINGER N., « Carlson's Environmental Aesthetics and the Protection of the Environment », *Environmental Ethics,* 2005, n°27, p. 57-76.

– « Objectivity in Environmental Ethics and Protection of the Environment », *in* A. Carlon and S. Lintott (eds.), *Nature, Aesthetics, and Environmentalism : From Beauty to Duty,* New York, Columbia University Press, 2008, p. 413-437.

LINTOTT S., « Toward Eco-Friendly Aesthetics », *Environmental Ethics,* 2006, n°28, p. 57-76.

PARSONS G., *Aesthetics and the Nature,* Londres, Continuum, 2008.

ROLSTON H., III, « The Human Standing in Nature : Storied Fitness in the Moral Overseer », *in* W. Summer, D. Callen and T. Attig (eds.), *Values and Moral Standing*, Ohio, Bowling Greene University Press, 1986, p. 90-101.

– *Environmental Ethics : Duties to and Values in the Natural World,* Philadelphia, Temple University Press, 1988.

– « Does Appreciation of Nature Needs to Be Science Based ? », *British Journal of Aesthetics,* 1995, n°35, p. 374-386.

– « Challenges in Environmental Ethics », *in* M. Zimmerman and al. (eds.), *Environmental Philosophy : From Animal Rights to Radical Ecology*, 143, New Jersey, Prentice Hall, 1998, p. 135-157.

– « Aesthetic Experience in Forests », *Journal of Aesthetics and Art Criticism,* 1998, n°56, p. 157-166.

– « Aesthetics in the Swamps », *Perspectives on Biology and Medicine,* 2000, n°43, p. 584-597.

– « From Beauty to Duty : Aesthetics of Nature and Environmental Ethics », *in* A. Berleant (ed.), *Environment and the Arts : Perspective on Environmental Aesthetics,* Aldershot, Ashgate, 2002, p. 127-141.

SAGOFF M., « On Preserving the Natural Environment », *Yale Law Journal,* 1974, p. 205-267.

SAITO Y., « Appreciating Nature on Its Own Terms », *Environmental Ethics,* 1998, n°20, p. 135-149

– « The Role of Aesthetics in Civic Environmentalism », *in* A. Berleant and A. Carlson (eds.), *The Aesthetics of Human Environments,* Peterborough, Broadview Press, 2007, p. 203-218.

SEEL M., « Aesthetics Arguments in the Ethics of Nature », *Thesis Eleven,* 1992, n°32, p. 76-89.

SEPANMAA Y (ed.), *Real World Design : The Foundations and Practice of Environmental Aesthetics*, Helsinki, University of Helsinki, 1997, p. 51-63.

LE VÉGÉTARISME MORAL, LA CHASSE ET L'ALIMENTATION CARNÉE

BEKOFF M. and JAMIESON D., « Sport Hunting as an Instinct : Another Evolutionary "Just-so-Story" », *Environmental Ethics,* 1991, n°13, p. 375-378.

CAUSEY A. S., « On the Morality of Hunting », *Environmental Ethics,* 1989, n°11, p. 327-343.

CURNUTT J., « How to Argue For and Against Sport Hunting », *Journal of Social Philosophy,* 1996, n°27, p. 65-89.

DEVINE P. E., « The Moral Basis of Vegetarianism », *Philosophy,* 1978, n°53, p. 481-505.

DOMBROWSKI D. A, *The Philosophy of Vegetarianism,* Amherst, The University of Massachusetts Press, 1984.

EVERETT J., « Environmental Ethics, Animal Welfarism, and the Problem of Predation. A Bambi Lover's Respect for Nature », *Ethics and the Environment,* 2001, n°6, p. 42-67.

FAIRLIE S., Meat. A Benign Extravagance, White River Junction, Chelsea Green Publication, 2010.

FERRÉ F., « Moderation, Morals, and Meat », *Inquiry,* 1986, n°29, p. 391-406.

FIDDES N., *Meat : A Natural Symbol,* Londres, Routledge, 1991.

FLANDRIN J.-L., « La viande », *Entretiens de Bichat,* Centre d'information des viandes, 27 septembre 1989.

GUNN A. S., « Environmental Ethics and Trophy Hunting », *Ethics and the Environment,* 2001, n°6, p. 68-95.

KING R. J. H, « Environmental Ethics and the Case for Hunting », *Environmental Ethics*, 1991, n°13, p. 59-85.

LIST C. J., « Is Hunting a Right Thing ? », *Environmental Ethics,* 1997, n°19, p. 405-416.

– « On the Moral Significance of a Hunting Ethic », *Ethics and the Environment,* 1998, n°3, p. 157-175.

LOFTIN R. W., « The Morality of Hunting », *Environmental Ethics*, 1984, n°6, p. 241-250.

LUKE B., « A Critical Analysis of Hunter's Ethics », *Environmental Ethics*, 1997, n°19, p. 25-44.

MORIARTY P. V. and Woods M., « Hunting vs Predation », *Environmental Ethics,* 1997, n°18, p. 391-404.

PREECE R., *Sins of the Flesh : A History of Ethical Vegetarian Thought,* Toronto, UBC Press, 2008.

RATERMAN T., « An Environmentalist's Lament for Predation », *Environmental Ethics,* 2008, n°4, p. 417-434.

REGAN T., « Ethical Vegetarianism and Commercial Animal Farming », *in* R. A. Wasserstom (ed.), *Today's Moral Problems,* New York, Macmillan Publishing, 1985, p. 459-478.

– « Le fondement moral du végétarisme » (1975), trad. fr. V. Giroux et E. Utria, *Klesis,* 2010, n°16, p. 41-71.

REUS E., « Utilitarisme et anti-utilitarisme dans l'éthique contemporaine de l'éthique animale », *Les cahiers antispécistes,* 2010, n°32, p. 25-52.

SCRUTON R., « From a View to a Death : Culture, Nature and the Huntsman's Art », *Environmental Values,* 1997, n°6, p. 471-481

TOUSSAINT-SAMAT M., *Histoire naturelle et morale de la nourriture,* Paris, Bordas, 1987.

WEINBERG D., « Philosophical Vegetarianism », *Food and Foodways,* 1987, n°2, p. 81-91.

WOOD jr. F., *The Delights and Dilemmas of Hunting : The Hunting versus Anti-Hunting Debate,* New York, University Press of America, 1996.

WILLIAMS H., *The Ethics of Diet : An Anthology of Vegetarian Thought* (1883), Guilford, White Crow Books, 2009.

WALTERS K. S. and PORTNESS L. (eds.), *Ethical Vegetarianism : From Pythagore to Peter Singer,* Albany, SUNY Press, 1999.

TABLE DES MATIÈRES

ACHEVÉ D'IMPRIMER
EN AOÛT 2012
PAR L'IMPRIMERIE
DE LA MANUTENTION
A MAYENNE
FRANCE
N° 951675Y

Dépôt légal : 3e trimestre 2012